实务操作全解码

科创板

邵宇 徐海宁 主编

SCI-TECH
INNOVATION
BOARD

中国出版集团　东方出版中心

图书在版编目（CIP）数据

科创板实务操作全解码 / 邵宇，徐海宁主编.—上海：东方出版中心, 2019.12
ISBN 978-7-5473-1570-5

Ⅰ. ①科… Ⅱ. ①邵… ②徐… Ⅲ. ①创业板市场 – 上市公司 – 研究 – 中国 Ⅳ. ①F279.246

中国版本图书馆CIP数据核字（2019）第274294号

科创板实务操作全解码

主　　编　邵　宇　徐海宁
责任编辑　肖春茂
封面设计　陈绿竞

出版发行　东方出版中心
地　　址　上海市仙霞路345号
邮政编码　200336
电　　话　021-62417400
印　刷　者　山东鸿君杰文化发展有限公司

开　　本　890mm×1240mm　1/32
印　　张　11
字　　数　198千字
版　　次　2019年12月第1版
印　　次　2019年12月第1次印刷
定　　价　49.80元

编委成员

（按姓氏首字母排序）

陈达飞　韩　侃　韩瑞杰

李志骞　齐鲁骏　谈润青

周大伟　朱红亮

科创板的历史使命：推动资本市场改革，践行创新发展理念

李 扬

邵宇博士和徐海宁博士指导的东方证券研究团队，出版了一部关于科创板的著作。在付梓之前，邵宇博士找到我，希望我在卷首写几句话，我欣然应允。邵宇和海宁博士等是当前活跃在中国金融研究第一线的学界翘楚，近年来我经常拜读这些"少壮派"的最新研究成果，获益良多。现在有机会能直接参与他们的讨论，我自然不愿错失良机。当然，更重要的是，本书所涉及的论题——科创板，对于中国资本市场发展乃至金融体系的优化都极为重要，需要深入探讨。

在我看来，科创板首先关涉我国资本市场未来的发展。

众所周知，建设高效的资本市场，始终是中国金融改革和金融结构优化的核心内容之一。然而，客观地说，尽管"发展资本市场、提高直接融资比重"的目标，近三十年来始终被写在不断翻新的我国金融改革的

战略部署中，且在优先次序上始终名列前茅，但改革的成效一直不尽如人意。

2007—2008 年全球金融危机之后，发展资本市场对于中国经济和金融发展的意义，除了人们熟知的为经济发展筹集权益资本之外，又多了一重管理风险的意义。

资本市场对于管理金融风险的作用，可以从参与经济活动的微观经济主体的行为及其社会影响的角度加以理解，这集中体现在关于经济金融危机的资产负债表冲击学说之中。在这一分析框架下，微观主体的经济行为，被基于金融周期不同阶段上企业净值发生剧烈变化的特征而加以解释。在金融周期上行阶段，微观主体资产负债表的负债端并不因宏观经济的变化而变化，但是，其资产端，则因经济不断高涨而不断刷新其市场价值。企业净值如此不断攀升，大大激发了人们的"动物精神"，过度举债便在大概率上成为多数企业的行为。但是，既然是周期，宏观经济和金融市场必有向下滑行的一天，这时，资产负债表上的债务合同仍然保持着名义刚性，但所拥有的资产却随经济金融周期下行而一泻千里。此时，微观主体或增加负债，或（和）抛售资产以偿债；无论如何应对，它们都会迅速陷入流动性或偿付危机之中。与此同时，微观主体的目标函数也发生了一百八十度的变化：从利润最大化转变为负债最小化。它们减少乃至停止借贷，几乎将所有现金流都用于偿还债务。多数企业奉行"负债最小化"对策，全社会将形成不事生产和投资、专事还债的"合成谬误"，信用紧缩开始酝酿。经由信贷市场的杠杆作用，这种冲击对经济的影响会被放大，终至经济整体"资产负债表衰退"形成。在 20 世纪 90 年代"失去的二十年"的日本，我们看到了资产负债表冲击的 1.0 版；在 2007—2008 年美国的金融危机中，我们则看到了其 2.0 版。

正是由于资产负债表冲击普遍且长期存在，在本轮金融危机中，传统的债务风险，被进一步聚焦为杠杆率过高的风险，并成为导致传统货币政策进一步失效的主要原因。

近几十年来，由于房地产在经济体系中的地位不断上升、全球范围内贫富差距加剧以及全球经常账户失衡，全球经济增长的债务密集度显著上升。经济增长的债务密集度上升，意味着要驱动同样水平的经济增长，需要提供越来越多的债务增量。然而，债务的累积通常会造成资产价格泡沫的膨胀，最终引爆金融危机。而在金融危机爆发后，由于较高的债务积压的存在，又会使得经济复苏变得非常缓慢，甚至旷日持久。陷入了这一怪圈之中，由于多数企业奉行负债最小化原则，即便银行愿意提供贷款，也没有企业前来借款。进一步，就全社会而言，即便央行实行货币宽松政策，银行也不会提供贷款。货币向信用转变的路径被全面堵塞，全社会形成通货紧缩局面。可以说，当今世界仍然深陷于这种货币泛滥、低利率、低通胀、低增长的新流动性陷阱之中，长期的高杠杆操作难辞其咎。

2019 年 6 月发布的世界银行《全球经济展望》报告，进一步表达了国际社会对新兴经济体和发展中国家金融结构扭曲和债务驱动型经济增长模式的忧虑，该报告一针见血地指出："这些国家需要在通过借贷促进增长与防范过度借贷带来的风险之间取得谨慎的平衡。"换言之，基于间接融资为主的金融体系，这些国家在取得经济增长的辉煌业绩时，也会留下十分严重的债务风险。这些风险，在经济增速下行时，将渐次浮出水面，并成为这些曾经取得经济奇迹的国家进一步发展为现代国家的巨大障碍。

发展资本市场是跳出这种增长／风险怪圈的重要路径。所以，在近年来中国金融改革的各类方案中，发展资本市场始终居于重要位置。例如，2018年中央经济工作会议提出："建设规范、透明、开放、有活力、有韧性的资本市场，完善资本市场基础性制度，把好市场入口和市场出口两道关，加强对交易的全程监管。"在2019年的中央经济工作会议上，中央再次强调："完善资本市场基础制度，提高上市公司质量，健全退出机制，稳步推进创业板和新三板改革。"

应当认为，开设科创板，是我国在新时代深入推进资本市场改革的最新努力。众所周知，虽经近三十年的发展和改革，中国的资本市场仍然存在着诸多与社会主义市场经济不相适应的地方。然而，由于如今的资本市场，无论是资金规模、市场结构、上市公司、投资者，还是其对经济的"周边"影响，都与过去不可同日而语，改革的难度和风险因而也比以往任何时候都大，所以，进一步推进资本市场改革，就必须放弃任何形式"推倒重来"的执念，而应贯彻落实"稳中求进"的总方针，瞻前顾后，协调各方，稳妥推进。

增设科创板，便是在上述多重制度和技术条件约束下，稳步推进资本市场改革的老成谋国之举。在这个市场上，我们既可以借鉴过去几十年改革的经验，使改革平滑地推进，又可以与时俱进，突破现有体制、机制约束，集中引进更有效率的市场因素。只有在这个市场上，我们才能真正坚持从源头上提升上市公司质量，才能够在保持 IPO 常态化的前提下，坚持竞争中性，不唯所有制，不唯大小，不唯行业，只唯优劣，切实做到好中选优。只有在这个市场上，我们才能让注册制平稳落地并发展，真正落实以信息披露为核心的证券发行注册制，提高审核工作透明度和效率，增强上市公司标准的包容性和政策的可预期性。只有在这个市场上，我们才能试验并形成可复制可推广的制度创新，进而统筹推进相关市场板块发展，畅通多层次资本市场机制，吸引更多的优秀企业上市，在整体上全面提升我国资本市场的质量和效益。我以为，这是推出科创板的主要意义。

科创板对于中国经济发展的重要性，还可以从"科创"两字上加以阐发。大家知道，当今世界面临"百年不遇之大变局"，作为大变局之物质基础的，则是科学技术发展的长周期。当今全球经济之所以低迷，盖源于推动上一轮的旧技术已过度利用，潜力耗尽，而推动下一轮增长的技术虽已部分知悉，但还没有完全进入商业化开发利用阶段。在这个意义上，创新发展，是应对百年不遇之大变局的高瞻远瞩的战略安排。金融作为支持实体经济发展的主要力量，自然要有力地支持创新型企业筹集资金乃至上市。

遗憾的是，发展至今，我国的金融体系尚未建立起有效支持高新科技产业化的机制——虽然自20世纪末开始，我们顺次推出过"创业（风险）投资体系""创业板"乃至"新三板"，但高新企业在中国得不到有效的金融支持，仍然是不争的事实。因而，我们非常遗憾地看到，迄今为止，产生自中国本土的新经济公司，大多都是在海外上市的。这种格局，听任"肥水流至外人田"，固然包含大量的效益和经济损失，更不利于中国资本市场整体质量和效率的提高。形成这种格局的原因很多，其中最重要的一点就是，我们现行的资本市场制度（包括整个金融制度）形成了重重门槛；而这套金融制度，在最好的情况下，也只适用于用来支持传统制造业的发展。问题恰恰在于：新经济公司的生命周期与传统制造业存在根本性差别，它们的投入与收益存在较大的时间错配，为了获得更大的市场份额，它们在前期需要大量资本的投入，而且风险极大。同时，随着科技迭代的速度越来越快，企业研发投入也需要大量资金的支持。毋庸置疑，在中国现行的资本市场制度体系下，有着这种资金需求特点的企业，绝难获批上市，同时，它们也无法获得奉行贷款"终身追责"原则的银行类金融机构的贷款支持。科创板的推出，特别是实施注册制，可以大大缩短上市时间，降低盈利要求，特别是，满足了科创企业比较特别的财务需求，大大降低了科创类公司申请上市的难度，顺应了科技革命的发展规律。显然，科创板的运行机制，符合科技企业的生命周期特征，因而必将成为践行创新发展理念的有力支撑。习近平总书记多次指出：中国经济的转型就是驱动力的转型，要从要素投入向全要素生产率的提升转变，向创新驱动发展战略转变。我以为，支持这一战略顺利实施，是科创板的真正使命。

　　显然，要实现上述目标，还有大量工作要做，其中之一，就是进行投资者教育。摆在大家面前的这部著作，就是投资者学习科创板基础知识的读本。正因为如此，我愿意向读者诸君推荐这本书。

（作者系国家金融与发展实验室理事长）

科创板是中国资本市场改革的 "排头兵"

刘 逖

2019 年是中国资本市场重大改革的一年，在上海证券交易所（以下简称上交所）设立科创板并试点注册制正式落地实施。科创板自宣布以来，一直受到市场各界的广泛关注。邵宇博士深耕资本市场多年，不仅在宏观经济、全球大势上造诣深厚，在微观金融领域同样也建树不凡。他们主编的《科创板实务操作全解码》一书，很好地体现了作者们丰富的理论素养与实践经验，使本书兼具战略与战术、国内与国际等多重视角，在对比中突出科创板特点，用案例解析科创板各项制度，娓娓道来，既有想法，又有很强的可读性，值得推荐。我很荣幸受邀为本书作序，也想借此机会谈谈我对科创板的几点想法。

第一，科创板是资本市场供给侧结构性改革的重要环节。近年来，以习近平同志为核心的党中央高度重视资本市场的发展，多次强调了资本市场的重要性。2017

年 7 月的第五次全国金融工作会议上，习近平总书记提出"要把发展直接融资放在重要位置，形成融资功能完备、基础制度扎实、市场监管有效、投资者合法权益得到有效保护的多层次资本市场体系"。2018 年 12 月的中央经济工作会议也提出，资本市场在金融运行中具有牵一发而动全身的作用，要通过深化改革，打造一个规范、透明、开放、有活力、有韧性的资本市场，提高上市公司质量，完善交易制度，引导更多中长期资金进入。

总体上看，当前资本市场的现状距离中央的要求和市场的需求，还存在一定的差距。从资本市场投资和融资两大核心功能看，还存在进一步提升的空间。从融资情况来看，通过资本市场的融资占社会总融资的比重较低，大量企业的 IPO 需求和再融资需求没有得到很好的满足。从投资功能来看，过去 20 年中国 GDP 经历了年均近 10% 的高增长，但上证综指的回报远远赶不上经济增长速度，股市的"经济晴雨表"功能不显著，投资者获得感不强。我认为，从根本上看，资本市场供给短缺是当前资本市场面临的主要矛盾，也是制约资本市场功能发挥的主要因素。资本市场供给短缺包括两个方面：一是一级市场的供给不足，突出表现在企业的 IPO 和再融资需求得不到有效满足；二是二级市场供给受限，主要表现在现行的交易机制如 T+1、融券、减持等制度导致可供交易的存量股票供给不足。

科创板率先试点了注册制，较好地解决了资本市场供给短缺的问题。注册制的核心是以信息披露为中心，把选择权交给市场。上交所不对企业价值作判断，而是督促发行人和中介机构真实、准确、完整地披露信息，同时对发行人是否满足基本的发行条件、上市条件和信息披露要求进行审核。上交所优化了企业上市条件，根据科创企业的特点制定了五套不同的上市条件，并允许红筹企业和特殊股权结构企业上市，极大地增加了对科创企业的资本供给。同时，科创板在二级市场交易机制方面也尝试了一些改革，如提高融券效率、放开/宽涨跌幅等，在一定程度上也增加了二级市场的供给。

第二，科创板在支持科技创新方面将发挥积极作用。相较主板的成熟企业，科创企业具有业务模式新、更新迭代快和不确定性大等特点，发展过程中需要大量的资金支持。长期以来，我国的融资结构以间接融资为主，以银行贷款为主导。在当前宏观经济杠杆较高的背景下，继续主要依赖间接融资可能难以为继。同时，商业银行是风险偏好比较低的金融机构，通常愿意贷款给较为成熟的企业，且贷款往往还需要抵押物，因此，科创企业获得银行贷款的难度较大。资本市场在这个领域恰恰可以弥补银行体系的不足，为科创企业提供有效支持。

我们通过研究发现，和间接融资相比，资本市场的上市股权融资具有乘数效应，也就是说，企业每获得一个单位的股票融资，可以撬动多个单位的资金支持。资本市场的乘数效应具体表现在两个方面：一是直接乘数效应，这和企业的资产负债表有关，由于企业的资产负债率等于总负债除以总资产，直接股权融资会增加所有者权益，从而增加企业总资产，即使企业维持原有资产负债率水平不变，企业也能承担更高的债务融资规模，获得相应的增量债务资金；二是间接乘数效应，即如果企业上市渠道通畅，公司上市后PE和VC退出相对容易，有助于构建从风险投资基金到二级市场的资本市场直接融资生态链，最终可给科创企业带来更多的融资。研究显示，上市股权融资的乘数约在4左右。

截至2019年11月5日，科创板已受理173家企业提交的发行上市申请，其中90家企业已召开上市委会议，87家通过，60家已注册生效。在已通过审核的87家公司中，属于新一代信息技术的31家，生物医药20家，高端装备16家，新材料10家，其余分布在新能源、互联网＋制造业、人工智能＋制造业等领域，充分体现了科创板对科技创新的支持。从科创板审核时间看，从企业申请、上交所受理到审核通过，平均为四个月左右，与美国、中国香港基本接近。总体来看，科创板开市后运行比较平稳，改革的成效初步显现，在改善资本市场供给短缺、引导资本市场有限的资源聚焦科创企业、服务国家创新驱动发展战略等方面起到了积极的作用。

第三，科创板有望率先步入成熟市场。我国资本市场经过30年的发展，从无到有，由小到大，目前市值常年排名全球第二，初步发挥了资本市场支持实体经济的作用。但与境外成熟市场相比，我国的资本市场仍有一定的差距。习总书记在2015年中央经济工作会议上指出，我国资本市场发展仍不成熟，具体表现在"不成熟的交易者、不完备的交易制度、不完善的市场体系、不适应的监管制度"四个方面，并提出"要尽快形成融资功能完备、基础制度扎实、市场监管有效、投资者合法权益得到充分保护的股票市场"。

针对资本市场目前存在的问题，科创板在发行承销制度、二级市场交易机制和持续监管等方面，进行了若干改革探索。在发行承销制度方面，科创板面向专业机构投资者询价，市场化的定价方式提高了科创板对发行人的吸引力；引入保荐＋跟投机制，规定发行人的保荐机构必须参与该发行人的战略配售，并且配售股票设置 2 年的锁定期，督促保荐机构切实履行保荐义务，尽量保证上市公司质量。在二级市场交易机制方面，鉴于科创板的专业性，引入投资者适当性，要求科创板投资者具有 50 万元以上的资产及不少于 24 个月的交易经历，为科创板的理性发展奠定了基础；科创板股票上市前五日不设涨跌幅，第六日起涨跌幅为 20%，以加速形成市场均衡价格；提高融券效率，且上市首日即纳入融资融券标的，以促进市场多空平衡；实施 2% 的有效价格申报范围，避免个股出现瞬间异常波动等。

承前启后，继往开来，目前我国经济已进入由高速增长阶段向高质量发展阶段转型的新时代。通过全面的制度创新和持续的制度完善，科创板有望率先步入成熟市场，打造一个具有国际竞争力的资本市场，为中国的科创企业保驾护航，为新时代的"中国梦"添砖加瓦。

是为序。

（作者系上海证券交易所副总经理）

科创板助力创新中国

潘鑫军

　　从上海证券交易所成立之年（1990年）算起，今年正好是中国资本市场建立30周年。要是从1984年11月18日上海飞乐音响股份有限公司向社会公开发行股票算起，中国资本市场已经有36年历史了。我们这代人都是见证者。我的职业生涯只做了两份工作，第一份工作是在工商银行，第二份就是东方证券，两者时间差不多。所以，我本人对中国资本市场是有感情的，称得上是"命运共同体"。

　　相对于改革开放的起始时间来说，我国资本市场改革起步较晚，节奏也更慢。一个重要原因是，资本市场交易的是债券、股票、期货等金融产品，它们的定价不像一般消费品那样简单。每一种金融产品的定价方法都不同，甚至同样是股票，传统制造业公司和新经济公司的定价方法也很不一样。定价是交易的基础，定价不准确，价格的波动就会比较大，容易暴涨暴跌，从而对企业经营和实体经济造成扰动。

改革开放四十多年，我国建立起了比较完备的工业体系，走完了西方国家两百多年的工业化和现代化之路，实现了从 1800 年前后的"大分流"向"大合流"的转变。改革开放取得的成就，是集劳动力、资本和创新扩散之合力而铸就的，这体现了社会主义市场经济制度的优势。但是，人口红利渐行渐远，资本产出效率不断下降，西方国家对技术扩散和知识产权保护的重视加快了后发优势的消散。与此同时，曾经被高速经济增长掩盖的制度成本也正在不断凸显。其中，具有代表性的就是抑制性的金融体制，表现之一就是利率管制，而利率恰恰就是资产定价的基础。相对滞后的利率市场化改革增加了资产定价的难度，这是阻碍中国资本市场发展的一个重要原因。可喜的是，我国利率市场化改革的完成指日可待，这将为深化和加快资本市场改革奠定基础。

习近平总书记在 2018 年中央经济工作会议上指出，"资本市场在金融运行中具有牵一发而动全身的作用"，这在历次中央经济工作会议对资本市场的定位中是最高的。2019 年可谓我国资本市场改革的大年，这不仅体现在金融开放的各项举措上，还体现在科创板的设立和注册制的实施。如果说，金融开放是边际上的改革，那么，科创板的设立就是从 0 到 1 的突破。它标志着我国资本市场改革进入新的征程，也印证了中央"将改革开放进行到底"和"增强金融服务实体经济"的决心。

作为资本市场的新成员，科创板的意义在于助力中国转型，即从中国制造向中国创造转型。习总书记称，中国，以及全世界都面临着百年未有之大变局，这既是对全球政治经济格局正在重构这种现象的观察，更是对现象背后的机制的认识。这个机制就是创新，经济学家熊彼特将其描述为"创造性毁灭"。产业的升级和经济结构的转型，靠的都是这种"创造性毁灭"的力量。

自英国工业革命以来，人类共经历了五次科技革命。英国是第一次和第二次科技革命的领导者，也是世界政治体系的核心；从第三次科技革命开始，美国就超越了英国，在这个过程中，也诞生了一大批伟大的企业。从大市值公司的更替中可以看出，再伟大的企业，如果没能借助科技革命实现转型，就都将被淘汰。还可以看出，科技在成就伟大企业的过程中扮演着越来越重要的作用。国际政治中所谓的"话语权"，实际上是靠一个个企业挣来的。面临百年未有之变局，我国只有引领创新的大潮，成为新一轮技术革命中基础性创新的规则制定者，才能成为世界体系的中心。

企业生命周期中投入和产出的时间不一致性要求金融市场发挥时间转换的作用，而这恰恰是资本市场的基本功能，即将未来贴现到今天。这一点是不能指望银行的，因为银行是向历史看的，只有现金流充裕且稳定的企业，才能获得银行的贷款。金融学上也有大量证据表明，权益型融资更有助于企业创新。作为资本市场改革的"试验田"，科创板的意义也是牵一发而动全身的，它会带动整个资本市场的改革，让我国的资本市场更具活力，从而为实体企业的创新增添新动能。

任何新事物的成长都不可能是一帆风顺的，科创板也将面临各种挑战。可以说，我们每一位金融从业者，都与中国资本市场的发展紧密结合在一起。中国资本市场的发展历程，就是由我们所有参与者共同书写的。发展得好，有我们的功劳；发展得不好，我们也有推卸不掉的责任。怀着美好的愿景，我们东方证券也希望为科创板的建设添砖加瓦。在集团首席经济学家、总裁助理邵宇博士和总裁助理、财富管理业务总部总经理徐海宁博士的指导下，东方证券博士后工作站在站博士后李志骞博士、齐鲁骏博士、谈润青博士和财富管理业务总部同事陈达飞博士、韩瑞杰、周大伟、朱红亮和韩侃共同努力，编写出版了本书，以帮助投资者更好地了解科创板。

金融的本质是信任——因为信心而投资，因为信念而坚守，因为信仰而收获。对于中国资本市场的改革，我们满怀信心，充满期待，砥砺前行。祝福科创板早日成长为"梧桐树"，吸引更多"金凤凰"！

（作者系东方证券股份有限公司党委书记、董事长）

目　录

第一章　科创板的战略意义

Sci-Tech innovation board

"科学技术也是生产力"是马克思的洞见，邓小平更进一步，认为科学技术是第一生产力。熊彼特认为创新是经济发展的根本现象，是突破平庸的循环流转过程的基本力量。而企业作为科技创新的重要载体，则是"创造性破坏"机制能否得以发挥的关键。

自习近平主席 2018 年 11 月 5 日在首届中国（上海）国际进口博览会开幕式上宣布"将在上海证券交易所设立科创板并试点注册制"之后，历时 8 个多月，首批 25 家科创板企业顺利上市，共募集资金 370 多亿元。上市首个交易日创造了中国资本市场的多项纪录，盘中最大涨幅超 500%，平均涨幅超 140%，换手率超 77%，交易量超 480 亿元，远超市场预期。首日过后，一切又归于平静。毕竟在投资者风险厌恶系数和不确定性指数极高的当下，科创板又怎能撬动整个市场情绪。

中国有句老话："星星之火，可以燎原"。1927 年革命失败后，毛主席曾以此为题，号召革命队伍上下抓住事物的本质，不宜过度悲观。那么，科创板的本质是什么，在新时代的中国和"改革开放 2.0"中，肩负着怎样的使命？这不仅要从构建多层次资本市场的角度，还需要结合中国金融市场的结构、企业的生命周期、资本市场的创新逻辑、金融与实体的关系、改革开放以来的金融抑制结构和供给侧结构性改革，以及以日本为代表的"东亚模式"的转型困境来理解。

第一节　转型的方向

某种意义上来说，中国是幸运的，因为有日本的经验和教训可供参考。中国模式，本质上是"东亚模式"。中国的工业化之路，是日本在二战后开创的"东亚模式"的又一案例。中日两国在人口红利、工业化战略、出口导向、投资驱动、产业政策、汇率低估、资本管制和金融抑制的政策组合上有诸多交集。2008 年金融危机之后的中国，与 20 世纪 70—80 年代的日本，又有诸多相似之处：后刘易斯拐点、人口老龄化、信用膨胀、房地产"泡沫"、经济增速动能不足和动能转换、后工业化、城市化减速、汇率升值、国际收支盈余下降……今日中国的政策逻辑，一定程度上是在绕开"日本的石头"过河。当前阶段，我们知道日本的路是错的，但我们不知道哪条路是对的。过去，我们走的是"东亚模式"的路，未来，则需要自己摸索，寻找转型的方向。

一个现实的问题是，中国经济增速下行，到底是需求侧的问题，还是供给侧的问题？我们的观点是，从周期上来看，是需求侧；从趋势上来看，是供给侧，表现为潜在经济增速，即自然增长率的下行。从表面上来看，中国经济增速下行的直接原因是2008年金融危机，所以是需求侧的冲击，但在此之前，中国潜在经济增速已经下降，这是因为传统的经济增长模式已经遇到了瓶颈。

一方面，2004年前后，中国进入后刘易斯拐点时代（蔡昉，2014），农村转移劳动力供应不足，非熟练劳动力工资开始上升，不断侵蚀中国制造业的全球竞争力。另一方面，2011年前后，中国开始进入老龄化社会，老龄人口占比超10%，且不断上升，劳动人口占比开始出现下降，新出生人口不断创新低。这意味着"人口红利"渐行渐远。经济增长内在地要求要素之间的匹配，在技术不变的情况下，劳动供给不足，自然带来资本产出效率的下降。而且，在投资驱动工业化发展战略的指引下，加上金融配置资源的低效，出现了严重的产能过剩的情况。劳动要素出现短缺，资本要素边际报酬下降，这就是供给侧结构性改革所要面对和解决的问题。党的十九大报告明确指出，中国经济转型的一个维度就是经济增长动能的转型，即由过去依靠要素投入转变为依靠全要素生产率的提升。

所谓全要素生产率，是指在各种要素的投入量既定的情况下，通过提高各种要素的使用效率而产生额外的生产效率，它可以被分解为资源重新配置效率和微观生产效率两部分，前者源自生产要素从低生产率部门向高生产率部门的转移，后者则与熊彼特的"创造性毁灭"有关。由于劳动力和资本这些有形投入均受到报酬递减的约束，若没有全要素生产率的提升，经济增长的稳态将是人均产出的停滞。所以，全要素生产率提升的核心在于提升劳动生产率，是促进经济发展经久不衰的源泉。

改革开放以来，特别是社会主义市场经济改革以来，市场在资源配置中的作用越来越重要，伴随着制度性壁垒的消除，劳动力不断地从农业向制造业和服务业转移，农业在国民经济中的比重越来越低，农业人口占总人口的比重也越来越低，这是过去 40 年中国全要素生产率提升的重要途径。资源配置效率不仅体现在不同产业之间，还体现在产业内部不同行业和企业之间的重新配置，关键问题是配置的方式。计划经济时期，资源配置的方式是政府指令，在一个缺乏价格机制和竞争机制的环境下，"创造性毁灭"的机制也不存在。党的十八届三中全会确立了市场在资源配置中将起决定性作用，以及当前推动的金融供给侧改革，都将为中国全要素生产率的提升打开空间。

微观生产效率是提升全要素生产率的另一个渠道，它与微观主体的激励机制、管理方法和技术创新密切相关。一言以蔽之，由创意和创新所产生的全要素生产率的提升，都可以算在微观生产效率的部分，其中最重要的是技术进步（蔡昉，2014）。就像劳动力供给可以抑制资本边际报酬递减一样，技术进步也可以抑制资本与劳动边际效率的下降，从而为经济的持续增长带来新的动力，这已经成为经济发展理论中的共识。

过去 40 年，中国全要素生产率的提升主要源自劳动要素的优化配置，那么未来，在人口红利不断消失的背景下，全要素生产率的提升，将更加依赖资本的优化配置，这是金融供给侧改革的核心逻辑，也是未来金融市场化改革的主线。资源配置效率和微观主体效率这两者都与金融市场能否发挥资源配置的功能有关。中国仍然是一个银行间接融资占主导的金融结构，如何发挥利率的信号作用，仍然是金融供给侧改革的重点。但是，间接融资结构天然地与科技创新很难融合，特别是在轻资产领域，以互联网为代表。银行贷款的一个基本条件就是抵押品，抵押品价值越高，融资额越大，价值越稳定，融资比例越高。而创新有时候只是一个想法。所以，银行信贷大多处于企业生命周期的末端，在此之前，则需要多层次的资本市场。我们的理解，所谓多层次的资本市场，就是构建与企业生命周期不同阶段相匹配的资本市场，从天使投资到风险投资再到私募股权投资，以及 IPO 股权融资、增发和并购重组等。美国科技创新实力的强大，不只是因为硅谷，还因为华尔街，以及硅谷的风险投资。中国要想转变经济增长动能，在人类"第四次科技革命"中获取有利地位，将更多地依赖资本市场，充分发挥市场的决定性作用。

中国的转型，本质上也是"东亚模式"的转型，是"贸易国家"的转型。二战后，贸易全球化迅速发展，根据比较优势和市场优势，制造业在全球范围内分工。布雷顿森林体系瓦解后，浮动汇率制度成为主流，为保证国内货币政策独立性，资本账户逐步开放，从而开始了金融全球化的进程。在制造业内部分工基础上，又形成了制造业与金融业行业分工。全球失衡不只是经常账户的失衡，也是资本账户的失衡。以东亚为代表的新型市场经济体长期保持着贸易顺差和对外的资本输出，而美国凭借其金融霸权，则长期保持着贸易逆差和资本与金融账户的顺差。看似互补的全球化模式在金融危机之后面临调整，而调整的成本却很大程度上由发展中国家来承担。近年来，美国掀起了全球性的贸易战，还利用其金融霸权进行制裁。全球经济金融格局如何调整、中国如何应对，是迫切需要回答的问题。

"贸易国家"受限于要素边际报酬递减规律、地缘政治和实体经济容量，扩张过程面临瓶颈，而"金融国家"的发展往往呈现"赢家通吃"的局面。因为离岸市场的存在，其面临的国界限制也较小。美国是处于绝对垄断地位的"金融国家"，美元体系下，美国有足够的话语权和定价权。金融权力属于更高一级的权力，这一权力的绝对垄断者是美国，包括日本、韩国和中国在内的亚洲国家，都属于美元体系内的贸易国家。"贸易国家"的比较优势会慢慢褪色，国际收支终将回归均衡。日本曾经是"东亚模式"的头雁，日本的失落，代表着"东亚模式"的失落，也是"贸易国家"的困境。按照李晓（2016）的看法，日本的失落是其从"贸易国家"向"金融国家"转型失败的体现。

金融危机之后，中国也意识到美元体系的弊端，中国央行开始在多边体系内推超主权货币，2009 年前后开始推动人民币国际化，虽然取得了一定的成绩，但在人民币汇率面临贬值压力的情况下，人民币国际化在 2015 年之后出现中断，货币互换基本停止。至今，虽然人民币在贸易结算上取得了一定的成绩，但在官方储备、价值尺度等方面的进展则比较缓慢。

归根到底，一个国家对外的金融权力，很大程度上取决于国内金融市场的开放度和深度，这又依托于金融制度的健全程度。中国改革开放之后和日本二战之后的工业化进程，有诸多相似之处，其中之一就是汇率低估和金融抑制约束下的出口导向和资本积累，金融服务于实体经济，但却以一种抑制的方式服务。与此同时，为了保证金融行业的利益，金融又处于一种被保护的状态。金融抑制可被理解为一种策略（桑德拉·希普，2017）。在这个背景下，对外获取金融权力，不可谓没有难度。而没有金融话语权，就只能在美元霸权的夹缝中生存。

大国博弈和中国转型，需要依靠科技和创新，这就需要进行金融体制改革，充分发挥多层次资本市场的作用，发展股权融资。

第二节　科技的力量

伟大的国家需要伟大的企业和企业家。纵观美国历史上前十位的大公司的变迁路径，就会发现企业的迭代是产业更替和时代进步的缩影，科技在其中发挥着越来越重要的作用。

　　第一次工业革命时期（18世纪60年代—19世纪中期），科学技术发挥的作用相对较小，许多发明都是来自手工业者的经验积累，比如珍妮纺纱机等。19世纪下半叶，人类开始了第二次工业革命，进入电气时代，能源、信息和运输行业都发生了革命。以美国为例，1917年，排名前三的公司分别是美国钢铁、美国电话电报公司和标准石油公司，前十大公司中没有一家是现代意义上的科技公司。二战后的第三次工业革命带领人类进入科技时代。1967年，美国资产规模最大的公司变为国际商业机器公司（IBM），这也是唯一一家科技公司。前十中，石油公司占三个席位——标准石油、德士古、海湾石油。20世纪90年代兴起的互联网革命，又诞生了一批大市值公司。到2017年，在排名前十的美国公司中，前五位分别是苹果、谷歌[1]、微软、亚马逊和脸书，均来自科技行业。企业的更替，完美地诠释了"创造性毁灭"（creative destruction）的含义。

　　"创造性毁灭"的力量不仅体现在企业层面，也体现在国家层面，但其背后的力量是一样的，那就是科技。每一次工业革命都会出现一个或是少数几个"牵一发而动全身"的颠覆式技术创新，比如历史上的蒸汽机、铁路、电力、内燃机和汽车、飞机、无线电和计算机。"第四次工业革命"中的核心技术又是什么？由于事前并不知晓，所以得全面布局。德国在最新发布的《国家工业战

---

[1] 谷歌重组后名为"伞形公司"（Umbrella Company）。

略 2030》（下称"德国战略 2030"）中说，"德国经济必须能够经受住所有主要领域的全球竞争，特别是在关键技术和突破性创新方面"。

对于关键技术的重要性，德国联邦经济事务与能源部部长阿尔特迈尔（Peter Altmaier）在"德国战略 2030"的前言中说："如果德国失去了关键的技术，我们在全球经济中的地位将因此严重受损，这会给我们的生活方式、国家在几乎所有政治领域采取行动的能力和行动的空间带来重大影响，并最终会波及德国国家机构的民主合法性。"

特朗普总统的助理、贸易与制造业办公室主任纳瓦罗一贯宣称：经济安全就是国家安全。在此理念的指导下，美国也在加紧与中国和欧洲在各关键领域展开竞争。从最新资料来看，2019 年 2 月 7 日，白宫科学与技术政策办公室（White House Office of Science and Technology Policy）发表文章——《美国将主宰未来的工业》，将人工智能（AI）、高端制造业（Advanced Manufacturing）、量子信息科学（Quantum Information Science，QIS）和 5G 四大产业纳入其中。自特朗普上台以后，美国加快步伐，目前已经在各个领域形成了全面的战略布局。比如特朗普的首份《国家安全战略》（2017）首次将 AI 纳入其中；针对高端制造业和量子信息科学，美国国家科学技术委员会于 2018 年 9 月和 10 月分别发布了《国家在量子信息科学上的战略概述》（National Strategic Overview for Quantum Information

Science）、《国家在先进制造业的战略规划》（National Strategic Plan on Advanced Manufacturing），特朗普还签署了《国家量子倡议法案》（National Quantum Initiative Act）；美国在 5G 领域的布局和争夺更为明显，除了美国政府在产业政策上的引导和参与之外，针对中国中兴公司和华为公司的制裁措施，也很难被排除在大国博弈的范畴之外。

从全球产业链的角度来看，中国、美国和德国已经分别成了亚洲、美洲和欧洲的贸易中心。

图 1-1 和图 1-2 分别描述的是基于供给侧的简单与复杂全球产业链网络的变迁，它基本可以代表全球贸易网络的密度。所谓供给侧，是指以主要生产国或出口国为核心，如果网络中大多数国家的大部分进口都来自某个国家，则将该国家作为供应中心（supply hub）。气泡大小代表该国的出口增加值在全球总出口增加值中所占的份额；每个贸易伙伴之间的增加值在总增加值中所占的份额由连线的粗细表示；箭头的方向表示增加值的流向；中国、美国和德国作为商品和服务的核心供给者，是外围国家主要的进口来源地，从而在全球贸易总增加值中所占的份额也最大。

从供给侧的演变来看，一方面，较为显著的变化出现在亚洲，即从 2000 年到 2017 年，亚洲的中心国逐渐从日本变为中国，而且同样是作为中心国，日本与中国的地位也是有差异的，日本对美国的依存度更高，而中国在复杂产业链网络中与美国并未直接相

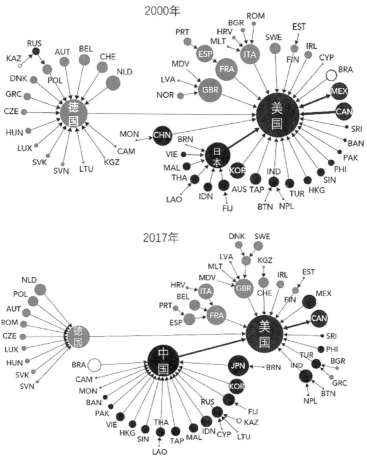

资料来源：WTO 与 OECD 等（2019），
"GLOBAL VALUE CHAIN DEVELOPMENT REPORT 2019"，p.27.

图 1-1 基于供给侧的简单产业链贸易网络的演变（所有商品与服务）

连，与中国直接相连的国家数量反而超过了美国，因为原来从美国
进口的国家很多转向了中国，如日本和韩国等；另一方面，产业链
"闭环"特征更加明显，分工从全球化向区域化转变，这一点如果

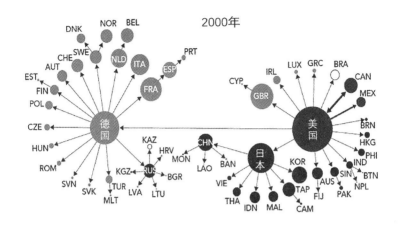

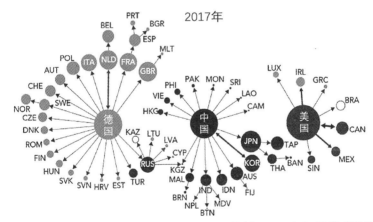

资料来源：WTO 与 OECD 等（2019），
"GLOBAL VALUE CHAIN DEVELOPMENT REPORT 2019"，p.27.

图 1-2　基于供给侧的复杂产业链贸易网络的演变（所有商品与服务）

从需求侧来看会更加明显。

正如"德国战略 2030"所强调的一样，在未来的产业竞争中，规模是关键，规模即效率。这是因为，在前几次工业革命产生的技术进步——如交通运输工具和互联网等的加持下，生产和产品（或服务）的边界几乎被无限拓展了。在很多领域，垄断不再等于低效，"赢家通吃"反而与经济效率相融。这在互联网平台竞争中表现得尤为明显，"先发优势"特别显著，价格战几乎是平台型企业的必经阶段，目的就是规模。"互联网+"这种模式创新的门槛极低，真正的门槛在资本，因为有资本才能赢得市场份额，达到一定规模之后，才能获得"自然垄断"的地位，拥有定价权，实现盈利。美国的强大，不仅在于硅谷，还有华尔街。硅谷的强大，也不只在于科研，还在于天使投资、风险投资和私募股权投资。成熟的多层次资本市场是与科技创新的生命周期相匹配的，只有如此，金融才能更好地支持实体经济。

第三节　金融的角色

金融抑制（financial repression）这个概念由麦金农（R. J. Mckinnon）和爱德华·肖（E. S. Show）提出，认为政府对金融活动和金融体系的干预，抑制了金融体系的发展，而金融体系的不健全又阻碍了经济的发展，从而造成了金融抑制和经济落后的恶性循环。政府干预的具体手段包括利率管制和信贷控制等。即便如此，金融抑制仍然是许多发展中国家的自主选择，因为这被认为是实施赶超战略的基本条件，也可以被看作是"计划理性"。

　　计划经济时期，中国并没有一般意义上的金融。中央银行发挥着财政出纳的作用，商业银行被看作是中国人民银行的分支机构，替财政拨款。这种状态直到 1983 年 9 月 17 日国务院作出《关于中国人民银行专门行使中央银行职能的决定》之后，才逐渐转变。但直到今日，中国的金融市场仍有计划经济的底色，这集中体现为金融在投资驱动和出口导向的工业化战略中发挥的作用。它不仅是中国的特色，也是以日本为代表的"东亚模式"的特色。

　　在《金融体系和专业转型的政治》一书中，齐斯曼从金融市场结构的视角，考察了一个国家执行产业政策的能力（Zysman，1983）。他将金融体系分为三种类型：第一种是以资本市场为主导，发行股票是企业进行长期融资的主要类型，银行更多地是提供短期融资。这种类型以英国和美国为代表，是市场经济的典型。第二种类型是以银行信贷为主导，政府控制资金的价格和分配，资本市场只发挥有限的作用，法国、日本和中国都属这种类型。第三种也是以银行信贷为基础，但金融机构可以自主支配资金和定价，政府较少干预。这种类型的代表是德国。在第一种类型与第三种类型的金融体系中，市场在金融资源配置中起决定性作用，但在第二种类型中，非市场力量起决定性作用。

　　阿瑟·克罗伯（Arthur Kroeber，2011）认为，东亚后发国家为了追求全面的产业发展战略，尽快获取经济增长和技术自主，提升国际竞争力，形成了对配置型金融体系的依赖，其基本特点包括：银行为主的金融结构、以利率管制和资本管制为代表的金融抑制、高储蓄率、汇率低估等。这种金融体系的优点是可以集中资源发展重点产业，正如西达·斯考切波（Theda Skocpol）所说，"就一个国家创设或强化国家组织、雇佣人员、凝聚政治支持、补贴经济企业和资助社会项目的现有能力（及潜在能力）而言，该国筹集和部署金融资源的手段所能告诉我们的，超过任何其他单一要素"[1]。

以银行间接融资为主导，国有银行为主体是中国金融结构的一个特色，利率管制与信贷控制和配给是货币调控的基本内容。[2] 对于后发国家来说，一个重要的发展瓶颈就是资本积累不足，这也是中华人民共和国建立至改革开放初期以来经济建设面临的重要难题。周恩来总理在"关于发展国民经济的第二个五年计划的建议"的报告中说："国家建设规模的大小，主要决定于我们可能积累多少资金和如何分配资金。"在1957年第一届全国人民代表大会第四次会议上，著名经济学家马寅初发表了"新人口论"的重要演讲，认为"我国最大的矛盾是人口增加得太快而资金积累得似乎太慢"，故主张把人口控制起来，进而降低消费比率，增加资金积累。可以说，这是中华人民共和国成立70年以来制定金融政策的重要逻辑，无论是积累还是分配，都是为"四个现代化"服务。

---

[1] 转载自［德］桑德拉·希普：《全球金融中的中国》，辛平、罗文静译，上海人民出版社2017年版，第10页。

[2] 利率市场化的主要内容就是要消除利率管制。目前，信贷控制工具已经很少使用。

要想实现技术赶超和自主，就得先向外国学习，这就需要向国外购买技术，但问题是缺美元。所以，如何积累外汇储备，也是当时政策制定者关心的问题。显而易见，要想挣美元，就得出口。要想多出口，就得使出口商品有竞争力，而在当时的中国，只能靠低价策略，这就需要降低商品的成本和国际价格。商品成本的一大构成就是资金成本，这又得靠利率管制加以解决，因为在资金短缺的情况下，如果由市场来决定利率，必然是较高的。即使在今天，考察温州民间借贷利率和银行贷款利率的差距，也能发现 10 个百分点左右的利差。除此之外，再配合人民币汇率低估和财政补贴，以及 2001 年加入 WTO，中国外汇储备快速积累。人民币汇率低估也是金融抑制的一个体现，也是抑制国内消费的一个因素。

值得强调的是，中国和日本在追求技术自主的战略上有较大的差异，这表现为对外商直接投资（FDI）的态度上。日本持限制态度，中国则相对欢迎（艾肯格林，2013）。日本更加注重自主研发，中国则更加注重技术的外溢效应——学习、消化、吸收、再创新。当然，这在美国看来，叫"技术盗窃"。正是这种对技术外溢的依赖，致使中国在尖端技术领域仍然处于比较落后的地位，这在本轮中美贸易摩擦之中表现得尤为明显。中国虽然已经是世界第二大经济体，世界 500 强上榜企业数量已经超过美国，但能被称为伟大的企业又有多少？把国有企业拿掉，500 强中还剩下多少？有硬科技的企业有多少？让中国骄傲的互联网企业——"BATJ"（百度、阿里巴巴、腾讯、京东），也都是"舶来品"，且是在中国市场相对封闭的环境下发展壮大的。

用"巨婴"这个网红词汇来形容中国的金融市场，非常贴切。一方面，金融在中国 GDP 中的比重已经超过美国；另一方面，金融市场最基本的定价功能还不健全，直接的结果就是资源配置效率低下，具体表现为产能过剩与供给不足并存。就中国而言，2015年底，中央提出供给侧结构性改革任务，"三去一降一补"五大任务——去产能、去库存、去杠杆、降成本和补短板——皆可看作金融抑制的后遗症，因为金融抑制的环境致使资金价格信号的缺失。政府指令替代了价格，发挥着资源配置的作用，一个一个的产业规划和"五年计划"成为信贷资源配置的发令枪和风向标，带有政治属性的信贷投放必然导致资源浪费。

第四节　资本市场与科技创新

据统计，在经济增长中，科技创新平均贡献了 85%（田轩，2018）。所以，著名管理学大师波特（Porter）早在 1992 年就说过，一个国家要想提升国际竞争力，就必须不断地对产业进行创新和升级，而这又来源于对有形资产和无形资产的投资。正如美国《商业周刊》首席经济学家迈克尔·曼德尔（Michael Mandel）所说，"如果技术是美国经济的新引擎，那么金融就是燃料"。创新理论的集大成者熊彼特也强调，金融对于创新的作用不可忽视

（Schumpeter，1911）。决策层一直强调金融支持实体经济，可以说，这集中体现在金融如何支持科技创新上。对有形资产的投资，可以依赖银行间接融资，但对无形资产的投资，则更多地依赖资本市场。资本市场的创新逻辑不只是资金融通，更在于资金融通的形式。

格林伍德和约万诺维奇（Greewood and Jovanovic，1990）指出，在健全的资本市场上，金融中介能够以更低的成本获取信息，再通过筛选和监督，资本寻找到高利润投资机会的可能性大大提高。不仅如此，资本市场还有分散风险的功能，促进投资流向高收益的生产技术领域，从而提升潜在经济增速。古斯塔沃·曼索（Gustavo Manso，2011）的研究显示，激励创新的契约有如下特征：短期内允许试错，容忍失败，同时在长期内又给予成功高额的回报。创新是一种高风险、高回报和高度信息不对称的活动，以互联网、人工智能和大数据等为代表的新一代创新型企业，在早期阶段很难获得银行贷款和其他债务融资，只能依靠资本市场。

如图 1-3 所示，资本市场在企业创新周期中的位置，一般是在想法落地，有了初级产品或工艺的形态之后。此时，资本的进入有助于创新的完善和商业化，形成规模，赚取利润。

金融市场结构——直接融资、间接融资与创新的关系，历来是经济学研究的重点。大量研究显示，资本市场的发展对于高科技企业和依赖外部融资的企业的创新有正向激励作用，而银行信贷则对

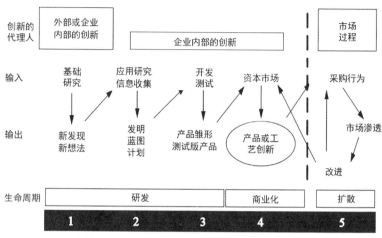

资料来源：Christine Greenhalgh & Mark Rogers，2010，p.7. 笔者绘制。

图 1-3　科技创新的周期与资本市场的角色

此有负面作用。田轩（2018）实证分析了股权市场和信贷市场对依赖外部融资和技术密集型行业创新的影响，发现股权市场的特征更有助于促进创新。一方面，相比于债务融资，权益融资具有风险和收益共享机制，不会增加企业的财务负担。从新一代创新型企业的特征来看，在生命周期的早期阶段，可抵押资产短缺，亏损是常态，不仅难以获得债务融资，获得之后也会由于还本付息的压力，抑制创新的积极性。另一方面，股权投资者还能从市场中提取有用信息，帮助甄别优质的投资项目，这种反馈机制，在债务融资市场中是不存在的，债务投资者只关注抵押品的价值，而不关注企业的估值水平。

　　一旦 IPO 发行成功，股票的流动性对企业的创新也有影响，但正面和负面的证据都有。正面的影响机制是，较高的流动性有助于大股东增持，由于激励相容，大股东会加强对上市公司的治理和监督。公司的股价取决于企业的长期盈利水平，大股东的监督有助于缓解委托-代理问题，有效降低代理人追求短期目标的行为。创新的周期较长，但却是企业长期竞争力的来源，故为了保证股价的良好表现，大股东也会对创新持支持态度。相反，股票流动性太高，也有可能阻碍创新。当公司管理层面临被收购的压力时，就容易作出牺牲公司长期价值而追求短期利好的行为，创新的激励显著不足。投资者结构和交易制度等对股票的流动性都有显著的影响，在对资本市场进行制度设计时，不能只关注融资的便利性，还需关注市场的流动性，特别是专注于科技创新型企业的科创板。

在创新的早期阶段，风险投资和股权机构投资者也发挥着至关重要的作用。风险投资最早可以追溯到 1946 年诞生的美国研究与发展公司（ARD），而中国的第一家风险投资公司——中国新技术创业投资公司——直到 1985 年才成立。随后，国际上的著名风险投资公司，如 IDG、红杉资本和软银等才逐渐进入中国。经济学和金融学的大量研究表明，风险投资对企业创新有显著的促进作用，接受风险投资的企业研发活动更加密集，申请的专利数大幅增加，接受风投前后的全要素生产率有明显差异。从具体机制来看，已有研究证明，风险投资者参与管理的积极性更高，有助于提升企业的治理能力，还能帮助初创公司对接资源，形成商业网络。

总而言之，资本市场在促进企业创新中发挥着重要的作用。党的十八届三中全会在《关于全面深化改革若干重大问题的决定》中提出，让市场在资源配置中起"决定性"作用，推进政策性金融机构改革。健全多层次资本市场体系，推进股票发行注册制改革，多渠道推动股权融资，发展并规范债券市场，提高直接融资比重。沿着这个方向推进金融供给侧改革，才能建立有助于推动创新的金融体系。

第五节　科创板的使命

中国的专利申请数量全球第一，独角兽企业数量全球第二（仅次于美国），但中国 A 股市场留不住优秀的新一代创新型企业，也缺少培育创新型企业的制度基础，致使 BATJ 均在美国或中国香港上市。对比美股和 A 股会发现，美股的大市值公司是微软、亚马逊、苹果、谷歌和脸书，以及中概股中的阿里巴巴，还有曾经的京东、新浪等，而 A 股，银行占据半壁江山，剩下的则是石油、保险和茅台。这反映出资本市场是中国金融市场建设的短板，就是对新一代创新型企业的支持不够，具体原因在于漫长的上市审核周期和同质化的发行条件，而且，制度创新的节奏跟不上新一代创新型企业的特征，比如连续 3 年盈利的要求等，就让众多互联网企业望而却步。为了鼓励科技创新，中国推出了科创板，这将进一步丰富多层次资本市场，为科创型企业提供融资便利和投资者分享创新红利，也成为金融供给侧改革的重要一环。

科创板有着明确的定位——战略新兴产业。《上海证券交易所科创板上市指引推荐》明确将六类战略新兴产业作为重点发行对象：新一代信息技术产业、高端装备、新材料、新能源、节能环保和生物医药，优先推荐互联网、大数据、云计算、人工智能和制造业深度融合的科技创新企业。同时，科创板还设有"负面清单"，包括国家产业政策明确抑制的行业的企业，如危害国家安全、公共安全、生态安全等。不仅如此，即使是来自以上六大类，还要进一步评估该企业是否具有科技创新的能力，具体评估标准为"6个是否"，[1] 强调企业是否掌握自主知识产权，是否拥有高校的研发体系，是否拥有市场认可的研发成果，是否服务于高质量发展，是否具备技术成果转化为经营成果的条件，以及是否具有相对的竞争优势。

为了缩短上市发行周期，科创板首次试点注册制，上海证券交易所负责审核，证监会负责注册。证监会需要在20个工作日内对发行人的注册申请作出同意或拒绝的决定，上海证券交易所审核时间为3个月以内。考虑到不同行业和投票权结构的企业的异质性，上海证券交易所以市值为核心，制定了5套上市市值及财务指标标准，供企业自主选择。除此之外，科创板在战略配售、定价、交易制度、公司治理和退市制度等多个方面都有诸多创新，更多地让

---

[1] 参考《上海证券交易所科创板上市指引推荐》。

市场发挥决定性作用，与主板和创业板等有较大不同。这些具体制度，在本书各个章节都会有更为详细的介绍。

从战略定位上来看，设立科创板的目的是"落实创新驱动和科技强国战略、推动高质量发展、支持上海国际金融中心和科技创新中心建设的重大改革举措，是完善资本市场基础制度、激发市场活力和保护投资者合法权益的重要安排"。可以看出，科创板是资本市场与创新的结合点，被看作是中国资本市场基础制度改革创新的"试验田"，肩负着以增量改革带动存量改革、激发中国资本市场活力的重要使命。

科创板的星星之火，能否起到燎原之势，让我们共同期待！

第二章　科创板概览

Sci-Tech innovation board

第一节　科创板的诞生

　　1990 年，深圳证券交易所和上海证券交易所相继成立，中国股市从实行试点至今已经有近 30 年的历史了。在这 30 年中，中国资本市场不断完善，为中国经济发展注入活力。2004 年，深圳证券交易所在主板市场设立中小板，为创业板的建立打下了基础。2009 年，中国创业板正式设立，为中小企业提供了更多的融资机会。而 2019 年，在上海证券交易所设立科创板无疑为中小企业，尤其是科创企业，提供了新的融资渠道，解决了中小科创企业融资难的问题。另一方面，科创板试点注册制是我国资本市场走向市场化的重要革新举措。

第二节　科创板的定位

一、科创板定位概述

　　中国证券监督管理委员会发布的《关于在上海证

券交易所设立科创板并试点注册制的实施意见》概述了科创板的
定位：

"准确把握科创板定位。在上交所新设科创板，坚持面向世界
科技前沿、面向经济主战场、面向国家重大需求，主要服务于符合
国家战略、突破关键核心技术、市场认可度高的科技创新企业。重
点支持新一代信息技术、高端装备、新材料、新能源、节能环保以
及生物医药等高新技术产业和战略性新兴产业，推动互联网、大数
据、云计算、人工智能和制造业深度融合，引领中高端消费，推动
质量变革、效率变革、动力变革。具体行业范围由上交所发布并适
时更新。"

《人民日报》在2018年11月12日发表的时评这样描述科创
板的定位：

"设立科创板是落实创新驱动和科技强国战略、推动高质量发
展、支持上海国际金融中心和科技创新中心建设的重大改革举措，
是完善资本市场基础制度、激发市场活力和保护投资者合法权益的
重要安排。在这样的市场定位下，科创板要顺利落地生根、茁壮成
长，很关键的一点是要打好'创新牌'。结合市场，科创板定位将
进一步围绕市场功能、市场发展和市场生态进行深化。

"（1）从市场功能看，科创板应实现资本市场和科技创新更加
深度的融合。我们都知道，科技创新具有投入大、周期长、风险高
等特点，间接融资、短期融资在这方面常常会感觉力有不逮，科技
创新离不开长期资本的引领和催化。资本市场对于促进科技和资本

的融合、加速创新资本的形成和有效循环，具有至关重要的作用。这些年，我国资本市场在加大支持科技创新力度上，已经有了很多探索和努力，但囿于种种原因，两者的对接还留下了不少'缝隙'。很多发展势头良好的创新企业远赴境外上市，说明这方面仍有很大提升空间。设立科创板为有效化解这个问题提供了更大可能，补齐资本市场服务科技创新的短板，是科创板肩负的重要使命。

"（2）从市场发展看，科创板应成为资本市场基础制度改革创新的'试验田'。监管部门已明确，科创板是资本市场的增量改革。这一点非常重要，增量改革可以避免对庞大存量市场的影响，而在一片新天地下'试水'改革举措，快速积累经验，从而助推资本市场基础制度的不断完善。以最受关注的注册制为例，在市场中已经讨论多年。此次明确在科创板试点注册制，既是呼应市场需求，又有充分法律依据。几年来，依法全面从严监管资本市场和相应的制度建设也为注册制试点创造了相应条件。注册制的试点有严格标准和程序，在受理、审核、注册、发行、交易等各个环节会更加注重信息披露的真实全面、上市公司质量，更加注重激发市场活力、保护投资者权益。在科创板试点注册制，可以说是为改革开辟了一条创新性的路径。

"（3）从市场生态看，科创板应体现出更加包容、平衡的理念。资本市场是融资市场，也是投资市场。科创板通过在盈利状况、股权结构等方面的差异化安排，将增强对创新企业的包容性和适应性。与此同时，投资者也是需要被关注的一方。在投资者权益保护上，科创板一方面要针对创新企业的特点，在资产、投资经验、风险承受能力等方面加强科创板投资者适当性管理，引导投资者理性参与。同时，应通过发行、交易、退市、证券公司资本约束等新制度以及引入中长期资金等配套措施，让新增资金与试点进展同步匹配，力争在科创板实现投融资平衡，一、二级市场平衡，公司的新老股东利益平衡，并促进现有市场形成良好预期。与投资者携手共成长，科创板定能飞得更高、走得更远。"

二、科创板定位的特点

（一）帮助优质科创企业解决融资难问题

科技创新离不开科创企业的健康发展，而科创板的设立为科创企业融资提供了重要来源与渠道。浦发硅谷银行发布的《中国科创企业展望 2019》报告显示："越来越多的中国的科创企业表示，募集资金越来越难，其中 28% 的企业认为融资环境极具挑战。相比之下，13% 的美国科创企业表示融资环境形势严峻。由于政府针对金融风险的控制，投资机构可能会在一定程度上更为保守，从而影响中国风投市场的基金募集和投资。当然，拥有可持续商业模式的企业将拥有更多机会。"图 2-1 显示了被调查科创企业中认为国内融资环境形势严峻的占比情况。从图中可知，2017 年认为融资环境形势严峻的科创企业占比为 21%，2018 年为 22%，而到2019 年则上升至 28%。由此可见，融资难逐渐成为科创企业发

形势严峻

28%
22%
21%

0%   5%   10%   15%   20%   25%   30%

■2019 ▨2018 □2017

资料来源：浦发硅谷银行，《中国科创企业展望 2019》。

图 2-1　科创企业中认为融资环境形势严峻的占比情况

展面临的难题，且科创企业对融资有较大需求。除此之外，该报告还指出："大多数科创企业认为 IPO 上市是他们的长期目标"，"而希望维持私有的企业更少了。同时，15% 的企业对此表示不确定，这也在一定程度折射出计划推出的难度。"

图 2-2 显示了被调查科创企业各个长期目标的占比情况，被调查的科创企业可以从 IPO 上市、被收购、保持私有和不确定这四个选项中选取一个来形容其长期目标。从图中可以看出，以 IPO 上市作为长期目标的企业占了绝大多数，从 2017 年到 2019 年都超过被调查科创企业总数的 50%，其余三项分布较均匀，几乎平分了剩下的份额。而值得注意的是，其中 2019 年以 IPO 上市作为长期目标的科创企业占到了 62%，这说明了科创企业对上市的渴望，而科创板的设立无疑为科创企业提供了一个良好的融资渠道。另外，从"主要服务于符合国家战略、突破关键核心技术、市场认可度高的科技创新企业。重点支持新一代信息技术、高端装备、新材料、新能源、节能环保以及生物医药等高新技术产业和战略性新兴产业"这段话中可以看出，科创板致力于优先为优质的科

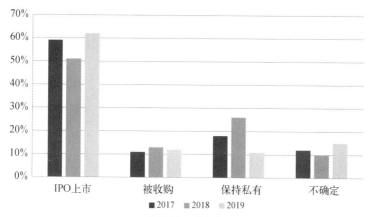

资料来源：浦发硅谷银行，《中国科创企业展望 2019》。

图 2-2 科创企业长期目标占比

创企业提供资金支持，帮助这部分企业解决融资难的问题，从而使优质企业健康发展。

（二）推动国家科技创新驱动发展，满足国家重大需求，落实国家战略

党的十九大报告提出了我国未来发展的"七大战略"："科教兴国战略、人才强国战略、创新驱动发展战略、乡村振兴战略、区域协调发展战略、可持续发展战略、军民融合发展战略。"

鼓励企业创新、掌握核心技术是落实国家"创新驱动发展战略"的重要举措，科创板的设立在为科创企业提供资金支持的同时，也鼓励了科创企业进行创新发展。《上海证券交易所科创板企业上市推荐指引》中对保荐机构重点推荐的科创领域作出了指引：

"第六条　保荐机构应当准确把握科技创新的发展趋势，重点推荐下列领域的科技创新企业：① 新一代信息技术领域，主要包括半导体和集成电路、电子信息、下一代信息网络、人工智能、大数据、云计算、新兴软件、互联网、物联网和智能硬件等；② 高端装备领域，主要包括智能制造、航空航天、先进轨道交通、海洋工程装备及相关技术服务等；③ 新材料领域，主要包括先进钢铁材料、先进有色金属材料、先进石化化工新材料、先进无机非金属材料、高性能复合材料、前沿新材料及相关技术服务等；④ 新能源领域，主要包括先进核电、大型风电、高效光电光热、高效储能及相关技术服务等；⑤ 节能环保领域，主要包括高效节能产品及设备、先进环保技术装备、先进环保产品、资源循环利用、新能源汽车整车、新能源汽车关键零部件、动力电池及相关技术服务等；⑥ 生物医药领域，主要包括生物制品、高端化学药、高端医疗设备与器械及相关技术服务等；⑦ 符合科创板定位的其他领域。"

由此可以看出，科创板对企业发展有导向作用，鼓励其在国家有重大需求的科技领域不断创新、掌握核心技术，从而落实国家"创新驱动发展战略"。

（三）完善资本市场，促进国家经济发展

习近平总书记在《国家创新驱动发展战略纲要》中指出："实施创新驱动发展战略，是加快转变经济发展方式、提高我国综合国力和国际竞争力的必然要求和战略举措。"另外，由证监会发布的《关于在上海证券交易所设立科创板并试点注册制的实施意见》中

提到，科创板的设立是为了"进一步落实创新驱动发展战略，增强资本市场对提高我国关键核心技术创新能力的服务水平，促进高新技术产业和战略性新兴产业发展，支持上海国际金融中心和科技创新中心建设，完善资本市场基础制度，推动高质量发展"。因此，促进国家经济发展、完善资本市场也是科创板的定位之一。科创板试点注册制是中国资本市场走向市场化的重要一步，具有完善资本市场的意义。

除此之外，根据《中国证券报》2019年8月6日报道：

"中国人民银行副行长陈雨露5日在国务院政策例行吹风会上表示，人民银行将积极贯彻党中央国务院指示精神，继续深入推动区域金融改革各项工作。具体来看：

"一是坚持区域金融改革试验服务宏观政策大局。按照宏观政策的要求，统筹运用多种工具，深入探索降低企业特别是民营、小微、科创企业融资成本的有效途径，以高质量的普惠金融、绿色金融和科技金融改革推动供给侧结构性改革的深入和国民经济的高质量发展。

"二是与时俱进、统筹推进区域金融改革创新试点工作。以金融支持上海国际金融中心建设和长三角区域高质量一体化等重大区域发展战略，以区域金融改革支持乡村振兴战略，以金融业高水平对外开放和金融科技的发展与监管等为重点，深入推进先行先试。

"三是更加注重压实地方责任，更加注重对试点地区的好经验、好做法进行总结凝练，将已经形成的可复制的经验加快向更大范围推广。同时，要更加注重防范化解区域金融风险。

"四是建立动态调整的区域金融改革工作机制。对于试点期限已经到期并且顺利达到试验目标的试验区要及时结束试点，对于确有必要继续深入探索的试验区要在第三方科学评估的基础上动态调整试点任务，形成'有进有退'的良性工作机制。"

报道中还提到了与科创企业相关的内容："在支持科创企业的发展上，陈雨露表示，在科创企业中，民营小微企业占了很大比例，所以支持科创企业发展，一方面是供给侧结构性改革和高质量发展的需要，另一方面也是普惠金融发展的需要。只有科创企业发展起来，现代产业体系形成才能够从基础上进行释放，从而防范重大金融风险。如何支持好科创企业，特别是在科创企业生命周期不同的阶段，用什么方式来支持，近几年人民银行都有所探索。"

由此可见，科创企业的发展不仅能推动国家创新驱动发展，而且还迎合了现代产业体系形成和国家经济发展的需要。

第三节　科创板的规则体系

一、科创板规则体系概览

截至 2019 年 9 月，中国证券监督管理委员会（以下简称证监会）、上海证券交易所（以下简称上交所）及中国证券登记结算有限公司（以下简称中国结算）三大监管机构共出台了26个关于科创板的相关规则，其中证监会6个，上交所18个，中国结算2个。

表 2-1　科创板规则体系

证监会	1	《关于在上海证券交易所设立科创板并试点注册制的实施意见》【第 2 号公告】
	2	《公开发行证券的公司信息披露内容与格式准则第 41 号——科创板公司招股说明书》【第 6 号公告】
	3	《公开发行证券的公司信息披露内容与格式准则第 42 号——首次公开发行股票并在科创板上市申请文件》【第 7 号公告】
	4	《公开发行证券的公司信息披露编报规则第 24 号——科创板创新试点红筹企业财务报告信息特别规定》【第 8 号公告】
	5	《科创板首次公开发行股票注册管理办法（试行）》【第 153 号令】
	6	《科创板上市公司持续监管办法（试行）》【第 154 号令】
上交所	1	《上海证券交易所科创板股票上市规则（2019 年 4 月修订）》【上证发〔2019〕53 号】
	2	《上海证券交易所科创板股票发行上市审核规则》【上证发〔2019〕18 号】
	3	《上海证券交易所科创板股票上市委员会管理办法》【上证发〔2019〕19 号】
	4	《上海证券交易所科技创新咨询委员会工作规则》【上证发〔2019〕20 号】
	5	《上海证券交易所科创板股票发行与承销实施办法》【上证发〔2019〕21 号】
	6	《上海证券交易所科创板股票交易特别规定》【上证发〔2019〕23 号】
	7	《上海证券交易所科创板上市保荐书内容与格式指引》【上证发〔2019〕24 号】
	8	《上海证券交易所科创板股票发行上市申请文件受理指引》【上证发〔2019〕25 号】
	9	《上海证券交易所科创板股票盘后固定价格交易指引》【上证发〔2019〕26 号】
	10	《上海证券交易所科创板股票交易风险揭示书必备条款》【上证发〔2019〕27 号】
	11	《上海证券交易所科创板股票发行上市审核问答》【上证发〔2019〕29 号】

（续表）

上交所	12	《上海证券交易所科创板企业上市推荐指引》【上证发〔2019〕30 号】
	13	《科创板创新试点红筹企业财务报告信息披露指引》【上证发〔2019〕32 号】
	14	《上海证券交易所科创板股票发行上市审核问答（二）》【上证发〔2019〕36 号】
	15	《上海证券交易所科创板股票公开发行自律委员会工作规则》【上证发〔2019〕41 号】
	16	《上海证券交易所科创板股票发行与承销业务指引》【上证发〔2019〕46 号】
	17	《上海证券交易所 中国证券金融股份有限公司 中国证券登记结算有限责任公司科创板转融通证券出借和转融券业务实施细则》【上证发〔2019〕54 号】
	18	《上海证券交易所科创板股票异常交易实时监控细则（试行）》【上证发〔2019〕68 号】
中国结算	1	《中国证券登记结算有限责任公司证券登记规则》
	2	《科创板股票登记结算业务细则（试行)》

资料来源：证监会、上交所、中国结算。

二、科创板规则体系内容与意义

表 2-2、表 2-3 和表 2-4 分别总结了证监会、上交所和中国结算三大监管机构对科创板作出的相关规定。

表 2-2　证监会规则

序号	规　则	概　述	意　义
1	《关于在上海证券交易所设立科创板并试点注册制的实施意见》	说明设立科创板的总体要求、意义、制度建设和改革措施，深入贯彻落实习近平新时代中国特色社会主义思想、党的十九大精神以及习近平总书记关于资本市场建设的重要指示	进一步落实创新驱动发展战略，增强资本市场对提高我国关键核心技术创新能力的服务水平，促进高新技术产业和战略性新兴产业发展，支持上海国际金融中心和科技创新中心建设，完善资本市场基础制度，推动高质量发展

（续表）

序号	规　则	概　述	意　义
2	《公开发行证券的公司信息披露内容与格式准则第41号——科创板公司招股说明书》	申请在上交所科创板首次公开发行股票的公司须按照该准则的规定制作招股书并按准则中的要求进行信息披露	使在科创板上首次公开发行股票的公司信息更真实、透明、全面，规范在上海证券交易所科创板试点注册制首次公开发行股票的信息披露行为，保护投资者合法权益
3	《公开发行证券的公司信息披露内容与格式准则第42号——首次公开发行股票并在科创板上市申请文件》	申请在上交所科创板首次公开发行股票的公司须按照该实施意见规定的准则制作申请书并报送上交所发行上市审核业务系统进行审批。附件内的申请文件目录详细明确了各项申请及审核所需提供的信息和文件	使科创板首次公开发行股票的申请标准化，规范在上海证券交易所科创板试点注册制首次公开发行股票申请文件的格式和报送行为
4	《公开发行证券的公司信息披露编报规则第24号——科创板创新试点红筹企业财务报告信息特别规定》	对红筹企业所需披露的财务指标和调节信息以及审计方面的要求作出明确的规定。其中值得注意的是，规定中有一项："为充分保护境内投资者合法权益，红筹企业境内财务信息披露应遵循'就高不就低'原则，对于在境外财务报告中披露的信息，在其境内上市财务报告中也应予以披露"	规范在科创板公开发行证券并上市的创新试点红筹企业财务信息披露行为，支持引导红筹企业更好地发展，保护红筹企业和投资者的合法权益，充分说明监管机构对于保护国内投资者的重视，确保科创板的健康发展
5	《科创板首次公开发行股票注册管理办法（试行）》	对科创板首次公开发行股票的发行人与保荐人的职责义务、股票发行条件、股票发行的注册程序、信息披露要求以及监督管理和法律责任作了详细的说明；此外还总结了主板及创业板的历史经验，对发行与承销行为、发行上市的保荐行为作了特别规定	规范在上交所科创板试点注册制首次公开发行股票募集相关活动，保护投资者合法权益和社会公共利益，为科创板试点注册制的成功打下扎实基础
6	《科创板上市公司持续监管办法（试行）》	对科创板上市企业的公司治理、信息披露、股份减持、重大资产重组、股权激励、终止上市等方面作了详细的规定	规范科创企业股票、存托凭证在上交所科创板上市后相关各方的行为，支持引导科技创新企业更好地发展，保护投资者合法权益

资料来源：证监会。

表 2-3　上交所规则

	序号	规 则	概　　述	意　　义
发行上市审核	1	《上海证券交易所科创板股票发行上市审核规则》	对上交所科创板发行人发行上市股票的申请与受理程序、信息披露的要求和审核制度、发行上市的审核程序、审核程序的中止和终止、审核的相关事项以及管理处罚制度作出了规定	规范科创板试点注册制的发行上市审核制度，完善上交所科创板的制度建设，从而保障投资者的合法权益
	2	《上海证券交易所科创板股票发行上市申请文件受理指引》	对科创板股票发行上市的申请及受理程序提供了指引	有效促进科创板的建设和科创板股票在上交所的发行上市工作
	3	《上海证券交易所科创板企业上市推荐指引》	详细说明保荐机构对科创企业的评估重点和原则，以及重点关注的科技创新领域	帮助保荐机构准确把握科创板的定位，确保科创板服务于科创企业、为有潜力的科创企业提供资金支持
	4	《上海证券交易所科创板股票上市委员会管理办法》	对上交所科创板股票上市委员会的工作和管理机制作出相关规定，并严格规范了委员会的人员组成及其任期、工作职责、上市委会议的组织召开及会议内容和上市委审议工作的监督机制	确保科创板股票上市委员会工作的有序、高效与公平，保证科创板股票发行上市审核工作的质量和规范
	5	《上海证券交易所科创板上市保荐书内容与格式指引》	对科创板股票在上交所上市的保荐程序提供了指引；在《中华人民共和国证券法》《证券发行上市保荐业务管理办法》《科创板首次公开发行股票注册管理办法（试行）》和《上海证券交易所科创板股票发行上市审核规则》等相关规定的基础上，对保荐书的报送和编制作出了具体的解释	保证保荐人及保荐代表人的执业水平和标准，支持和加强科创板的信息披露
	6	《上海证券交易所科技创新咨询委员会工作规则》	在《关于在上海证券交易所设立科创板并试点注册制的实施意见》和《科创板首次公开发行股票注册管理办法（试行）》的基础上，对上交所科技创新咨询委员会的工作作出相关规定，其中包括委员会的构成、人员的选聘机制以及委员的工作职责与机制	确保咨询委员会能够提供专业、客观的咨询和政策建议，保证委员会的正常运作，促进科创板的有效建设

（续表）

	序号	规 则	概 述	意 义
发行上市审核	7	《上海证券交易所科创板股票发行上市审核问答》	对《科创板首次公开发行股票注册管理办法（试行）》《上海证券交易所科创板股票发行上市审核规则》和《上海证券交易所科创板股票上市规则》中的股票发行上市条件及审核程序作出了详细的解释；就市场参与人对上述规定可能会产生的疑问作出了一一解答，并且随着实践经验的丰富，审核问答会不断补充完善	使科创板股票发行上市的审核制度更加透明完善
	8	《上海证券交易所科创板股票发行上市审核问答（二）》	根据在科创板股票发行上市的审核过程中总结出的经验，对《上海证券交易所科创板股票发行上市审核问答》进行补充说明	进一步完善科创板的股票发行上市审核制度，使审核程序更加透明化，明确各市场参与人对科创板的预期
上市	9	《上海证券交易所科创板股票上市规则（2019年4月修订）》	对科创板股票上市发行规则、交易规则、持续督导要求、公司内部治理规定、信息披露要求、信息披露涉及的定期报告要求、需要披露的信息（包括重大交易、行业信息、经营风险和其他重大事项）、股权激励机制、重大资产重组、退市、红筹企业特别规定及涉及境内外事项的协调机制以及《上市规则》中相关规定的监管和惩罚机制等作了详细规定	规范上海证券交易所科创板上市和持续监管事宜，支持引导科技创新企业更好地发展，维护证券市场公开、公平、公正，保护投资者的合法权益
	10	《科创板创新试点红筹企业财务报告信息披露指引》	对上交所科创板红筹企业有关财务报告信息的信息披露要求作出了规定；详细说明红筹企业补充财务信息涉及的财务指标、调节信息以及调节过程等披露事项	完善科创板信息披露管理制度，保障证券市场秩序以及投资者权益
发行承销	11	《上海证券交易所科创板股票发行与承销业务指引》	对参与科创板股票发行承销的各个主体的行为作了详细的规定	进一步规范科创板股票的发行与承销活动
	12	《上海证券交易所科创板股票发行与承销实施办法》	对科创板股票的发行与承销行为作了详细解释。该实施办法中除了对发行人与承销商的发行、定价、申购等行为作出规定外，还说明了对违规行为的处罚及处分措施	维护证券市场的秩序，确保科创板的有序运转

（续表）

	序号	规 则	概 述	意 义
交 易	13	《上海证券交易所科创板股票公开发行自律委员会工作规则》	规定科创板股票公开发行自律委员会的任免及工作职责等相关事项	为科创板提供政策指引和建议，确保科创板的稳健发展
	14	《上海证券交易所科创板股票交易特别规定》	配合其他相关法律法规及业务规则，对科创板的投资者适当性管理工作和投资交易行为作了进一步的细化规定	配合其他规定完善科创板的监管制度，维护证券市场秩序以及保护投资者权益
	15	《上海证券交易所科创板股票盘后固定价格交易指引》	对科创板股票盘后固定价格的交易行为提供了指引	维护证券市场秩序，保证科创板股票交易有序进行，充分保障科创板投资者权益
	16	《上海证券交易所科创板股票交易风险揭示书必备条款》	对风险事项揭示及科创板投资者的适当性管理工作作出了相关规定，严格要求证券公司要充分告知投资者科创板股票交易的相关风险，积极评估投资者的风险意识以及对风控知识的掌握情况，适时提醒投资者注意相应的风险	管控风险，保护投资者权益
	17	《上海证券交易所 中国证券金融股份有限公司 中国证券登记结算有限责任公司科创板转融通证券出借和转融券业务实施细则》	在《转融通业务监督管理试行办法》《科创板首次公开发行股票注册管理办法（试行）》《上海证券交易所转融通证券出借交易实施办法（试行）》《中国证券金融股份有限公司转融通业务规则（试行）》和《中国证券登记结算有限责任公司证券出借及转融通登记结算业务规则（试行）》等部门及业务规则的基础上进一步细化，控制科创板的相关业务风险	促进科创板转融通证券出借及科创板转融券业务的顺利开展，防范业务风险
	18	《上海证券交易所科创板股票异常交易实时监控细则（试行）》	在《上海证券交易所交易规则》《上海证券交易所科创板股票交易特别规定》和《上海证券交易所科创板股票上市规则》等相关业务规则的基础上，提出股票交易的申报要求，并详细定义了股票交易异常波动行为以及投资者异常交易行为等一系列会受到证监会或上交所重点监控的交易行为	保障科创板股票交易的秩序

资料来源：上交所。

表 2-4　中国结算规则

序号	规　则	概　述	意　义
1	《中国证券登记结算有限责任公司证券登记规则》	在 2006 年发布的《证券登记规则》的基础上，对股票发行人初始登记的申请材料作了相应的调整后修订而成，并对科创板股票的登记、存管和结算业务作出规定	为适应科创板试点注册制的改革要求，保证科创板的股票登记结算业务能够有序开展
2	《科创板股票登记结算业务细则（试行）》	原则上参照 A 股现行业务做法执行，不作大的调整，但会根据科创板股票发行上市交易的新机制、新变化、新特点，在特别表决权股份登记等方面作出必要的适应性细化规定	为适应科创板试点注册制改革的要求，完善资本市场制度建设，做好科创板股票登记结算业务的制度保障工作

资料来源：中国结算。

三、科创板规则体系特点

综观证监会、上交所和中国结算的 26 个监管文件，总体体现出了科创板规则体系的几大特点：

（一）重视发行股票的科创企业的信息披露质量

科创板试点注册制以信息披露为核心，因而对科创企业信息披露的要求贯穿了整个科创板的规则体系。从《关于在上海证券交易所设立科创板并试点注册制的实施意见》到《科创板股票登记结算业务细则（试行）》，都提及了对发行上市企业的信息披露要求及其重要意义。作为投资者来说，透明、全面、准确的信息对投资评估以及作投资决定都是有着重要作用的，因此，科创板规则体系对信息披露质量的重视也从侧面说明了科创板在吸引投资者的同时，也在为投资者的风控机制把关。

（二）注重发行股票的科创企业的发展前景和质量

从《关于在上海证券交易所设立科创板并试点注册制的实施意见》可以看出，国家意欲通过科创板大力扶持能够引领科技潮流、具备高新技术并能在未来带动国家发展的科创企业，而这类企业都有未来发展前景好且优质的特点。因此，从市场预期的角度来说，科创板的股票还是有较好的投资前景的。

（三）体现科创板推进我国资本市场市场化进程

股票发行上市程序的审核制度分为三种，分别为核准制、审批制和注册制。上交所科创板试点注册制与主板和创业板的核准制的主要不同点在于，科创板的股票定价完全交由市场决定，因而科创板的规则体系体现了引导各市场参与人在保证证券市场秩序的情况下进行自由交易的特点。

（四）重视保护国内投资者的合法权益

由于科创板股票定交由市场来决定，这对各市场参与人都提出了较高的要求，因此，科创板的规则体系中也体现出监管机构对于各参与方的高要求。综观这些要求，其存在的意义都是为了维护证券市场秩序以及推动科创板健康发展，一方面达到使科创板正常运转、真正发挥其作用的目的，另一方面则是为了保护国内投资者的合法权益。

第四节　科创板的制度概览

科创板的制度概述主要从上市条件、发行程序、交易制度、信息披露要求、保荐制度以及退市制度六个方面展开。表 2-5 概要地总结了科创板的各项制度。

表 2-5　科创板制度概览

上市条件与发行程序	证监会规定	制定更具包容性的科创板上市条件。更加注重企业科技创新能力,允许符合科创板定位、尚未盈利或存在累计未弥补亏损的企业在科创板上市,综合考虑预计市值、收入、净利润、研发投入、现金流等因素,设置多元包容的上市条件
	一般条件	符合证监会规定的发行条件;发行后股本总额不低于人民币 3 000 万元;公开发行的股份达到公司股份总数的 25% 以上;公司股本总额超过 4 亿元的,公开发行股份的比例为 10% 以上;市值及财务指标符合《上海证券交易所科创板股票上市规则(2019 年 4 月修订)》规定的标准
	市值及财务指标	预计市值不低于人民币 10 亿元,最近两年净利润均为正且累计净利润不低于人民币 5 000 万元,或者预计市值不低于人民币 10 亿元,最近一年净利润为正且营业收入不低于人民币 1 亿元;预计市值不低于人民币 15 亿元,最近一年营业收入不低于人民币 2 亿元,且最近三年累计研发投入占最近三年累计营业收入的比例不低于 15%;预计市值不低于人民币 20 亿元,最近一年营业收入不低于人民币 3 亿元,且最近三年经营活动产生的现金流量净额累计不低于人民币 1 亿元;预计市值不低于人民币 30 亿元,且最近一年营业收入不低于人民币 3 亿元;预计市值不低于人民币 40 亿元,主要业务或产品需经国家有关部门批准,市场空间大,目前已取得阶段性成果。医药行业企业需至少有一项核心产品获准开展二期临床试验,其他符合科创板定位的企业需具备明显的技术优势并满足相应条件
	其他条件	红筹企业市值及财务指标:预计市值不低于人民币 100 亿元;预计市值不低于人民币 50 亿元,且最近一年营业收入不低于人民币 5 亿元。有表决权差异安排的发行人的市值及财务指标:预计市值不低于人民币 100 亿元;预计市值不低于人民币 50 亿元,且最近一年营业收入不低于人民币 5 亿元
	发行程序	注册制
交易制度	机制	竞价交易、盘后固定价格交易、大宗交易
		T+1
	涨跌幅	涨跌幅限制为 20%;对首次公开发行上市的股票,上市后前 5 个交易日不设涨跌幅限制
	投资者	申请权限开通前 20 个交易日证券账户及资金账户内的资产日均不低于人民币 50 万元(不包括该投资者通过融资融券融入的资金和证券);参与证券交易 24 个月以上

(续表)

信息披露	要求	强化信息披露监管。切实树立以信息披露为中心的监管理念，全面建立严格的信息披露体系并严格执行。明确发行人是信息披露第一责任人，充分披露投资者作出价值判断和投资决策所必需的信息，确保信息披露真实、准确、完整、及时、公平。明确发行人的控股股东、实际控制人不得要求或协助发行人隐瞒重要信息。 科创板上市公司要根据自身特点，强化对业绩波动、行业风险、公司治理等相关事项的针对性信息披露。明确要求发行人披露科研水平、科研人员、科研资金投入等相关信息，督促引导发行人将募集资金重点投向科技创新领域
	内容	行业信息，经营风险，异常波动和传闻澄清，股份质押，重大诉讼、仲裁
保荐制度	一般规定	为发行人首次公开发行股票提供保荐服务的保荐机构，应当对发行人进行持续督导。上市公司发行股份和重大资产重组的持续督导事宜，按照证监会和上交所有关规定执行。 首次公开发行股票并在科创板上市的，持续督导期间为股票上市当年剩余时间以及其后 3 个完整会计年度。持续督导期届满，如有尚未完结的保荐工作，保荐机构应当继续完成。保荐机构应当与发行人、上市公司或相关方就持续督导期间的权利义务签订持续督导协议。 上市公司原则上不得变更履行持续督导职责的保荐机构。上市公司因再次发行股票另行聘请保荐机构的，另行聘请的保荐机构应当履行剩余期限的持续督导职责。保荐机构被撤销保荐资格的，上市公司应当在 1 个月内另行聘请保荐机构，履行剩余期限的持续督导职责。另行聘请的保荐机构持续督导的时间不得少于 1 个完整的会计年度。原保荐机构在履行持续督导职责期间未勤勉尽责的，其责任不因保荐机构的更换而免除或者终止。 保荐机构应当建立健全并有效执行持续督导业务管理制度。保荐机构、保荐代表人应当制作并保存持续督导工作底稿。工作底稿应当真实、准确、完整地反映保荐机构、保荐代表人履行持续督导职责所开展的主要工作，并作为出具相关意见或者报告的基础。 保荐机构应当指定为发行人首次公开发行提供保荐服务的保荐代表人负责持续督导工作，并在上市公告书中予以披露。前述保荐代表人不能履职的，保荐机构应当另行指定履职能力相当的保荐代表人并披露。保荐机构应当建立健全保荐代表人工作制度，明确保荐代表人的工作要求和职责，建立有效的考核、激励和约束机制。保荐代表人未按本规则履行职责的，保荐机构应当督促保荐代表人履行职责
退市制度	主动退市	上市公司股东大会决议主动撤回其股票在上交所的交易，并决定不再在上交所交易的情形；上市公司股东大会决议主动撤回其股票在上交所的交易，并转而申请在其他交易场所交易或转让的情形；上市公司向所有股东发出回购全部股份或部分股份的要约，导致公司股本总额、股权分布等发生变化不再具备上市条件的情形；上市公司股东向所有其他股东发出收购全部股份或部分股份的要约，导致公司股本总额、股权分布等发生变化，不再具备上市条件的情形；除上市公司股东外的其他收购人向公司所有股东发出收购全部股份或部分股份的要约，导致公司的股本总额、股权分布等发生变化，不再具备上市条件的情形；上市公司因新设合并或者吸收合并，不再具有独立法人资格并被注销的情形；上市公司股东大会决议公司解散的情形；证监会和上交所认可的其他主动终止上市情形

（续表）

退市制度	重大违法退市	上市公司存在欺诈发行、重大信息披露违法或者其他严重损害证券市场秩序的重大违法行为，且严重影响上市地位，其股票应当被终止上市的情形；上市公司存在涉及国家安全、公共安全、生态安全、生产安全和公众健康安全等领域的违法行为，情节恶劣，严重损害国家利益、社会公共利益，或者严重影响上市地位，其股票应当被终止上市的情形
	市场指标退市	连续 120 个交易日实现的累计股票成交量低于 200 万股；连续 20 个交易日股票收盘价均低于股票面值；连续 20 个交易日股票市值低于 3 亿元；连续 20 个交易日股东数量均低于 400 人
	财务指标退市	主营业务大部分停滞或者规模极小；经营资产大幅减少导致无法维持日常经营；营业收入或者利润主要来源于不具备商业实质的关联交易；营业收入或者利润主要来源于与主营业务无关的贸易业务
	财务指标退市风险警示	最近一个会计年度经审计的扣除非经常性损益之前或者之后的净利润（含被追溯重述）为负值，且最近一个会计年度经审计的营业收入（含被追溯重述）低于 1 亿元（上市公司营业收入主要来源于与主营业务无关的贸易业务或者不具备商业实质的关联交易，公司明显丧失持续经营能力的，上交所可以提交上市委员会认定在计算前款规定的营业收入指标时是否扣除前述收入，并通知上市公司）；最近一个会计年度经审计的净资产（含被追溯重述）为负值；研发型上市公司主要业务、产品或者所依赖的基础技术研发失败或者被禁止使用，且公司无其他业务或者产品符合《科创板股票上市规则》第 2.1.2 条第五项规定要求的
	合规指标退市风险警示	因财务会计报告存在重大会计差错或者虚假记载，被证监会责令改正但公司未在规定期限内改正，此后公司在股票停牌 2 个月内仍未改正；未在法定期限内披露年度报告或者半年度报告，此后公司在股票停牌 2 个月内仍未披露；因信息披露或者规范运作等方面存在重大缺陷，被上交所责令改正但公司未在规定期限内改正，此后公司在股票停牌 2 个月内仍未改正；因公司股本总额或股权分布发生变化，导致连续 20 个交易日不再具备上市条件，此后公司在股票停牌 1 个月内仍未解决；最近一个会计年度的财务会计报告被会计师事务所出具无法表示意见或者否定意见的审计报告；公司可能被依法强制解散；法院依法受理公司重整、和解和破产清算申请

资料来源：证监会、上交所。

第五节　国际二板市场案例分析

一、国际二板市场成功案例

　　国际二板市场中较为成功的有美国的纳斯达克市场

（NASDAQ）、英国的另类投资市场（AIM）以及韩国的科斯达克市场（KOSDAQ）。表 2-6 总结了 NASDAQ、AIM 和 KOSDAQ 在制度体系方面的主要特点。

表 2-6　NASDAQ、AIM 和 KOSDAQ 制度概览

	NASDAQ	AIM	KOSDAQ
服务对象	高科技企业	全球高成长性中小企业	中小创业企业
上市标准	全球精选市场到资本市场由高到低	没有最低标准	风险企业高、非风险企业低
交易制度	做市商、指令驱动	做市商、指令驱动	指令驱动

其成功原因可以总结为以下四点：

（一）运作模式独立

NASDAQ 和 KOSDAQ 是独立于主板市场存在的，有独立的制度体系，而 AIM 虽然附属于主板市场，但也有其独立的制度体系。这些成功的二板市场与失败案例相比，有更加独立的运作机制和监管办法，因而规模更大、更能吸引投资者，也更活跃。

（二）有明确的服务对象

由表 2-6 可知，AIM 和 KOSDAQ 都是服务于中小企业的，而 NASDAQ 服务的高科技企业也大多是小型企业，因此，这三个市场都针对不同的服务对象相应地放宽了上市标准、简化了上市流程、提高了上市效率，使中小企业的上市成本更低。在这种良好的条件下，中小企业也更愿意在二板市场上市，增加了市场活跃度。

（三）监管机制严格，保护投资者权益

相比主板市场而言，由于在二板市场上市的企业大多是中小企业，其投资风险也更大。因此，完善的市场监管机制和严格的信息披露要求显得尤其重要。NASDAQ、AIM 和 KOSDAQ 都有严格的监管机制和信息披露要求，以维护市场秩序、保护投资者权益。

（四）引入指令驱动的交易机制

流动性一直是二板市场的一大难题，因此，三个二板市场都采用了指令驱动的交易机制，提高了市场流动性。另外，像 NASDAQ 等市场引入做市商制度，增加了交易的竞争性，进一步提高了市场流动性。

二、国际二板市场失败案例

国际二板市场中典型的失败案例就是德国新市场（Neuer Market）和日本柜台交易市场（JASDAQ）。德国新市场于 1997 年 3 月在德国交易所建立，并曾一度成为欧洲最大的二板市场。然而在 2000 年，受到新经济衰退的冲击，德国新市场遭遇严重下行趋势，并于 2003 年宣布关闭。日本 JASDAQ 于 1991 年建立，由于其长期效率低下而在 2010 年正式关闭，并与大阪交易所整合成为新 JASDAQ 重新启动。比较分析上述三个成功案例和两个失败案例，德国新市场和 JASDAQ 关闭的原因可以总结为以下三点：

(一)监管机制过于宽松

德国新市场和 JASDAQ 的关闭有一个共同的特点就是两者都没有严格的监管机制。上市标准低、信息披露要求不严以及审核宽松都导致了两个市场的股票大幅波动,使投资者对市场逐渐失去信心,最终活跃度降低而不得不关闭。因此,严格的监管制度和信息披露要求是建立二板市场必须要完善的内容。

(二)服务对象不明确

德国新市场是为小型企业提供融资渠道而建立的,但是由于其监管机制宽松、监管机构没有对其服务的企业类型提供导向,因而其服务的对象并非真正的成长型企业,这导致了很多企业在上市后因经营不善而退市。与之相类似,日本 JASDAQ 由于国内经济疲软,其服务的也并不是真正的成长型的高新企业,因此缺乏长期发展的潜力而不善而终。由此可以看出,二板市场需要有明确的服务对象,并且具有一定的成长潜力,这要求监管机构在建立二板市场时有一定的政策导向。

(三)宏观经济衰退

综观两个失败案例,它们都经历了宏观经济疲软时期。宏观经济衰退、新经济不景气也是在两个市场上市的企业经营不善、走向衰退的诱因之一。相比之下,NASDAQ 及 KOSDAQ 等成功的二板市场都是有繁荣的新经济环境支撑的。由此可见,二板市场的建立与新经济的需求和发展的同步也是其成功的重要因素之一。

第三章　科创板的审核

Sci-Tech innovation board

　　科创板的核心是注册制以及相应的上市条件、审核方式的改变。和主板相比，科创板上市条件更具包容性，从关注企业盈利向企业核心技术、研发投入、持续经营等方面转变，审核上强化以信息披露为核心。《上海证券交易所科创板股票发行上市审核规则》按照业务逻辑顺序，对科创板企业上市审核作了全面的规定，包括申请与受理、发行条件、上市条件、信息披露、审核程序、审核中止与终止等方面。《科创板首次公开发行股票注册管理办法（试行）》对科创板企业发行上市审核与注册过程作了详细的规定。

第一节　发行上市标准

一、发行条件

　　《科创板首次公开发行股票注册管理办法（试行）》（以下简称《注册管理办法》）规定申请首发上市应当满足以下四个方面的基本条件。

（一）组织机构健全，持续经营满 3 年

《注册管理办法》第十条规定：发行人是依法设立且持续经营
3 年以上的股份有限公司，具备健全且运行良好的组织机构，相关
机构和人员能够依法履行职责。

有限责任公司按原账面净资产值折股整体变更为股份有限公司
的，持续经营时间可以从有限责任公司成立之日起计算。

（二）会计基础工作规范，内控制度健全有效

《注册管理办法》第十一条规定：发行人会计基础工作规范，
财务报表的编制和披露符合企业会计准则和相关信息披露规则的规
定，在所有重大方面公允地反映了发行人的财务状况、经营成果和
现金流量，并由注册会计师出具标准无保留意见的审计报告。

发行人内部控制制度健全且被有效执行，能够合理保证公司运
行效率、合法合规和财务报告的可靠性，并由注册会计师出具无保
留结论的内部控制鉴证报告。

（三）业务完整并具有持续经营的能力

《注册管理办法》第十二条规定：发行人业务完整，具有直接
面向市场独立持续经营的能力：

（1）资产完整，业务及人员、财务、机构独立，与控股股
东、实际控制人及其控制的其他企业间不存在对发行人构成重大
不利影响的同业竞争，不存在严重影响独立性或者显失公平的关
联交易。

（2）发行人主营业务、控制权、管理团队和核心技术人员稳

定，最近 2 年内主营业务和董事、高级管理人员及核心技术人员均没有发生重大不利变化；控股股东和受控股股东、实际控制人支配的股东所持发行人的股份权属清晰，最近 2 年实际控制人没有发生变更，不存在导致控制权可能变更的重大权属纠纷。

（3）发行人不存在主要资产、核心技术、商标等的重大权属纠纷，重大偿债风险，重大担保、诉讼、仲裁等或有事项，经营环境已经或者将要发生重大变化等对持续经营有重大不利影响的事项。

（四）生产经营合法合规，相关主体不存在《注册管理办法》规定的违法违规记录

《注册管理办法》第十三条规定：发行人生产经营符合法律、行政法规的规定，符合国家产业政策。

最近 3 年内，发行人及其控股股东、实际控制人不存在贪污、贿赂、侵占财产、挪用财产或者破坏社会主义市场经济秩序的刑事犯罪，不存在欺诈发行、重大信息披露违法或者其他涉及国家安全、公共安全、生态安全、生产安全、公众健康安全等领域的重大违法行为。

董事、监事和高级管理人员不存在最近 3 年内受到证监会行政处罚，或者因涉嫌犯罪被司法机关立案侦查或者涉嫌违法违规被证监会立案调查，尚未有明确结论意见等情形。

相较于主板发行要求，科创板取消了关于盈利业绩、不存在未弥补亏损、无形资产占比等方面的要求，更加强调了企业的经

营风险和合规风险，符合科创型企业成长阶段投入周期长、盈利慢且不确定性大的特点，例如亚马逊、京东等科技巨头公司发展早期的财务表现。

二、行业范围

科创板主要服务于符合国家战略、突破关键核心技术、市场认可度高的科技创新企业。近年来，政府高度重视实施科技创新发展战略。党的十八大明确提出，"科技创新是提高社会生产力和综合国力的战略支撑，必须摆在国家发展全局的核心位置"。强调要坚持走中国特色自主创新道路、实施创新驱动发展战略。党的十九大报告中也明确提出，"创新是引领发展的第一动力，是建设现代化经济体系的战略支撑"。设立科创板就是要深化我国资本市场改革，支持有发展潜力的科技创新企业发展壮大。

《关于在上海证券交易所设立科创板并试点注册制的实施意见》指出："在上交所新设科创板，坚持面向世界科技前沿、面向经济主战场、面向国家重大需求，主要服务于符合国家战略、突破关键核心技术、市场认可度高的科技创新企业。重点支持新一代信息技术、高端装备、新材料、新能源、节能环保以及生物医药等高新技术产业和战略性新兴产业，推动互联网、大数据、云计算、人工智能和制造业深度融合，引领中高端消费，推动质量变革、效率变革、动力变革。"具体行业分布如表3-1所示。

表 3-1 科创板企业行业类别

行 业	业 务 领 域
新一代信息技术领域	半导体和集成电路、电子信息、下一代信息网络、人工智能、大数据、云计算、新兴软件、互联网、物联网和智能硬件等
高端装备领域	智能制造、航空航天、先进轨道交通、海洋工程装备及相关技术服务等
新材料领域	先进钢铁材料、先进有色金属材料、先进石化化工新材料、先进无机非金属材料、高性能复合材料、前沿新材料及相关技术服务等
新能源领域	先进核电、大型风电、高效光电光热、高效储能及相关技术服务等
节能环保领域	高效节能产品及设备、先进环保技术装备、先进环保产品、资源循环利用、新能源汽车整车、新能源汽车关键零部件、动力电池及相关技术服务等
生物医药领域	生物制品、高端化学药、高端医疗设备与器械及相关技术服务等

　　从已申请受理的 150 家企业行业分布情况来看，新一代信息技术产业的企业最多，为 65 家，这也体现了新一代信息技术是科技创新发展的重点；生物产业次之，为 34 家；接下来为高端装备制造业 25 家，新材料产业 16 家，节能环保产业 7 家，其他相关服务业 2 家，以及新能源企业 1 家。提交申请和已上市企业具体行业分布如表 3-2 所示。

表 3-2 科创板提交申请和已上市企业的行业分布

行 业	数量（已申请）	数量（已上市）
新一代信息技术领域	65	15
高端装备领域	25	5
新材料领域	16	5
新能源领域	1	0
节能环保领域	7	0
生物医药领域	34	2
相关服务业	2	0

资料来源：Wind 数据库（截至 2019.8.8）。

三、上市条件

（一）一般企业上市

《上海证券交易所科创板股票上市规则》列出了发行人申请在上交所科创板上市需满足的发行股本、发行股份等规则。包括：① 符合中国证监会规定的发行条件；② 发行后股本总额不低于人民币3 000万元；③ 公开发行的股份达到公司股份总数的25%以上；公司股本总额超过人民币4亿元的，公开发行股份的比例为10%以上。除此之外，《上海证券交易所科创板股票发行上市审核规则》列出了科创板上市的五类标准，发行人申请股票首次发行上市的，应当至少符合下列五项上市标准中的一项，同时发行人的招股说明书和保荐人的上市保荐书应当明确说明所选择的具体上市标准。科创板上市具体条件如表3-3所示。

表3-3　科创板上市条件

条件	预计市值	其他财务指标
1	不低于10亿元	最近2年净利润均为正且累计净利润不低于人民币5 000万元，或者最近1年净利润为正且营业收入不低于人民币1亿元
2	不低于15亿元	最近1年营业收入不低于人民币2亿元，且最近3年累计研发投入占最近3年累计营业收入的比例不低于15%
3	不低于20亿元	最近1年营业收入不低于人民币3亿元，且最近3年经营活动产生的现金流量净额累计不低于人民币1亿元
4	不低于30亿元	最近1年营业收入不低于人民币3亿元
5	不低于40亿元	主要业务或产品需经国家有关部门批准，市场空间大，目前已取得阶段性成果。医药行业企业需至少有一项核心产品获准开展二期临床试验，其他符合科创板定位的企业需具备明显的技术优势并满足相应条件

资料来源：《上海证券交易所科创板股票上市规则》。

表 3-3 中所称净利润以扣除非经常性损益前后的孰低者为准，所称净利润、营业收入、经营活动产生的现金流量净额均指经审计的数值。

科创板以市值为基础提供了多样化的上市标准，企业可以根据自身情况选择合适的上市标准，对于预计市值较低的情况，上市标准看重净利润和营业收入；对于 15 亿元至 30 亿元中等规模预计市值，主要看重营业收入和研发投入；对于 40 亿元以上预计市值高的，比较看重产品市场空间、科技含量以及市场地位。

从科创板已上市的企业来看，绝大多数企业选择使用标准 1，其次是标准 4。比较五类不同的标准，最重要的区分在市值上，市值受询价影响较大，因此出于谨慎考虑，大多数企业选择了市值要求最低的第 1 套标准。其中，优刻得与九号智能这两家企业分别属于特殊表决权企业与红筹企业，分别选择了特殊表决权企业第 2 套标准和红筹企业第 2 套标准。目前已申请和已上市企业标准如表 3-4 所示。

表 3-4　科创板申请企业适用上市标准

上市标准	数量（已申请）	数量（已上市）
上市标准 1	129	21
上市标准 2	4	0
上市标准 3	1	1
上市标准 4	11	5
上市标准 5	3	0
特殊表决权上市标准 2	1	0
红筹股上市标准 2	1	0

资料来源：Wind 数据库（截至 2019.8.8）。

科创板与现行的 A 股主板市场相比在上市要求上有几个重要的突破：一是允许尚未盈利的企业上市；二是允许同股不同权的企业上市；三是允许红筹和 VIE 架构（即协议控制）的企业上市。科创板在财务要求上较主板和创业板更加灵活包容，结合了"市值、收入、净利润、现金流、核心技术"等多重指标实现差异化评定，强化了企业信息披露、核心技术、持续经营等非财务指标的要求，更符合科技创新企业成长期的特点。国内主板、中小板、创业板和新三板上市要求如表 3-5 所示。

表 3-5　主板、中小板、创业板和新三板上市要求

	主板、中小板	创业板	新三板
经营时间	持续经营 3 年以上	持续经营 3 年以上	持续经营 2 年以上
盈利要求	1. 最近 3 个会计年度净利润均为正，且累计超过人民币 3 000 万元	1. 最近 2 年连续盈利，最近 2 年累计净利润超过 1 000 万元，且持续增长	具有持续盈利能力
	2. 最近 3 个会计年度经营活动产生的现金流量净额累计超过 5 000 万元；或者最近 3 个会计年度营业收入累计超过 3 亿元	2. 或者最近 1 年盈利，且净利润不少于 500 万元，最近 1 年营业收入不少于 5 000 万元，最近 2 年营业收入增长率不低于 30%	
	3. 最近一期不存在未弥补亏损	3. 最近一期不存在未弥补亏损	
资产要求	最近一期末无形资产（扣除土地使用权、水面养殖权和采矿权等后）占净资产的比例不高于 20%	最近一期末净资产不少于 2 000 万元	—
股本要求	发行前股本不少于 3 000 万元，发行后股本不少于 5 000 万元	发行后股本不少于 3 000 万元	—

（续表）

	主板、中小板	创业板	新三板
成长性与创新能力	—	发行人具有较高的成长性，具有一定的自主创新能力，在科技创新、制度创业、管理创新等方面具有较强的竞争优势； 符合"两高五新"标准，即： (1) 高科技：企业拥有自主知识产权的； (2) 高增长：企业增长高于国家经济增长，高于行业经济增长； (3) 新经济：互联网与传统经济的结合，移动通讯，生物医药； (4) 新服务：新的经营模式； (5) 新能源：可再生能源的开发利用，资源的综合利用； (6) 新材料：提高资源利用效率的材料，节约资源的材料； (7) 新农业：具有农业产业化，提高农民就业、收入的	—

资料来源：上交所、深交所。

美国纳斯达克股票市场对我国科创板有较大的参照作用。一直以来，纳斯达克股票市场都是全球高科技企业上市的首选之地。纳斯达克股票市场分为三个层次（类别）：纳斯达克资本市场、纳斯达克全球精选市场以及纳斯达克全球市场，为不同规模和风险特征的企业制定了差异化的上市标准，以吸引不同类型的企业来纳斯达克发行上市。纳斯达克资本市场有三套上市标准，分别是股东资金标准、上市市值标准和净收益标准，是三类市场中标准最低的，主要用来吸引成长早期的小规模企业和高风险企业上市。纳斯达克全球精选市场有四套上市标准，分别是盈利标准、市值加现金流标准、市值加收益标准、资产加收益标准，在三类市场标准中最高。纳斯达克全球市场有四套上市标准，分别是收益标准、股东资金标准、市值标准、总市值／总收益标准，上市门槛居中。三类市场之间建立了较为灵活的转移机制，只要达到其他市场的上市标准，就可以申请转移到对应市场，类似我国资本市场企业从新三板到创业板或主板的转移。纳斯达克多层次的资本市场，满足了不同类型企业的融资需求，与此同时，纳斯达克也在不断调整上市标准，以适应经济发展、全球新兴行业变迁以及同业竞争的挑战。在上市标准、持续监管、信息披露以及退市等方面，纳斯达克对于我国科创板的建设有重大的借鉴意义。表 3-6、表 3-7 和表 3-8 列示了纳斯达克三类市场的上市要求。

表 3-6　纳斯达克资本市场上市要求

	股东资金标准	上市证券市值标准	净收益标准
股东权益	500 万美元	400 万美元	400 万美元
最低招股价或收盘价	4 美元或 3 美元	4 美元或 2 美元	4 美元或 3 美元
做市商数量	3	3	3
投资者数量（持股 100 股以上）	300 名	300 名	300 名
公众持股数量	100 万股	100 万股	100 万股
公众股份的总市值	1 500 万美元	1 500 万美元	500 万美元
其　他	2 年营业历史	上市股份市值达到 5 000 万美元	最近 1 个财年年度或最近 3 个财年年度的 2 个年度净盈利达到 75 万美元

资料来源：美国证券交易委员会（SEC）。

表 3-7　纳斯达克全球精选市场上市条件

	盈　　利	市值加现金流量	市值加收益	资产加收益
上一个会计年度的最低收益	—	1.1 亿美元	9 000 万美元	—
市值	—	过去 12 个月平均不低于 5.5 亿美元	过去 12 个月平均不低于 8.5 亿美元	上市时不低于 1.6 亿美元
最低招股价	4 美元	4 美元	4 美元	4 美元
做市商数量	3 或 4	3 或 4	3 或 4	3 或 4
其他	过去 3 个会计年度累计盈利达到 1 100 万美元，以及最近 2 个会计年度每年盈利达到 220 万美元，以及 3 个会计年度每年实现税前盈利	过去 3 个会计年度营运现金流达到 2 750 万美元，以及过去 3 个会计年度每年实现现金净流入	—	最近一个已完成的会计年度总资产达到 8 000 万美元，股东权益达到 5 500 万美元
投资者数量或持股 100 股以上股东数	2 200 名或450 名	2 200 名或450 名	2 200 名或450 名	2 200 名或450 名
公众持股数量	125 万股	125 万股	125 万股	125 万股
公众股份的总市值	4 500 万美元	4 500 万美元	4 500 万美元	4 500 万美元

资料来源：SEC。

表 3-8　纳斯达克全球市场上市条件

	收益标准	股东资金标准	市值标准	总市值 / 总收益标准
股东权益	1 500 万美元	3 000 万美元	—	—
最低招股价	4 美元	4 美元	4 美元	4 美元
做市商数量	3	3	4	4
投资者数量（持股 100 股以上）	400 名	400 名	400 名	400 名
公众持股数量	110 万股	110 万股	110 万股	110 万股
公众股份的总市值	800 万美元	1 800 万美元	2 000 万美元	2 000 万美元

（续表）

	收益标准	股东资金标准	市值标准	总市值／总收益标准
其他	最近一个会计年度或过去3个会计年度的其中2个税前盈利达到100万美元	2年营业历史	上市股份市值达到7 500万美元	最近一个会计年度或过去3个会计年度的其中2个总资产和总收益达到7 500万美元

资料来源：SEC。

　　香港证券市场是我国内地企业海外上市的重要目的地之一，截至2019年8月底，香港上市公司有2 400家左右，其中接近1 200家是内地的企业。港交所包括了主板市场和创业板市场（GEM）：主板主要面向成立时间较长、规模较大的企业，其行业类别主要集中在金融、公用事业、地产、综合企业以及工业等方面；创业板主要面向高成长性的科技类企业。两个市场的上市要求如表3-9所示。

表3-9　港交所主板与港交所创业板上市要求

	港交所主板	港交所创业板（GEM）
营业记录及管理层	在至少前3个财务年度有营业记录且管理层维持不变，在至少经审计的最近1个财务年度所有权和控制权维持不变。在某些情况可以获得适当豁免	新申请人必须具备2个财政年度的营业记录：① 管理层在最近2个财政年度维持不变；及② 最近一个完整的财政年度内拥有权和控制权维持不变
财务要求	1. 过去3个财政年度至少5 000万港元盈利（最近1个财务年度盈利至少2 000万港元，以及前2年累计盈利至少3 000万港元），同时上市时市值至少达到5亿港元 2. 上市时市值至少达到40亿港元，且最近1个经审计财务年度的收入至少为5亿港元	创业板申请人须具备不少于2个财政年度的营业记录，日常经营业务有现金流入，于上市文件刊发之前2个财政年度合计至少达3 000万港元（未计入调整营运资金的变动和已付税项）

（续表）

	港交所主板	港交所创业板（GEM）
财务要求	3. 上市时市值至少达 20 亿港元，最近 1 个经审计财务年度的收入至少 5 亿港元，且前 3 个财务年度来自营运业务的现金流入合计至少 1 亿港元	创业板申请人须具备不少于 2 个财政年度的营业记录，日常经营业务有现金流入，于上市文件刊发之前 2 个财政年度合计至少达 3 000 万港元（未计入调整营运资金的变动和已付税项）
最低市值	新申请人上市时证券与其市值至少为 5 亿港元	新申请人上市时证券与其市值至少为 1.5 亿港元
公众持股市值	新申请人证券上市时由公众人士持有的股份的市值至少为 1.25 亿港元	新申请人与其证券上市时由公众人士持有的股份市值须至少为 4 500 万港元
公众持股量	1. 无论何时，发行人已发行股本总额必须至少有 25% 由公众人士持有 2. 如发行人预期在上市时的市值逾 100 亿港元，则香港交易所可酌情接纳介乎 15% 至 25% 之间的一个较低的百分比	须占发行人已发行股本至少 25%
股东分布	持有有关证券的公众股东须至少为 300 人，持股量最高的 3 名公众股东实益持有的股数不得占证券上市时公众持股量逾 50%	持有有关证券的公众股东须至少为 100 人，持股量最高的 3 名公众股东实益持有的股数不得占证券上市时公众持股量逾 50%
控股股东的上市后禁售期	1 年（上市后首 6 个月内不得出售股份，第 2 个 6 个月可以出售股份但必须维持控股地位）	2 年（上市后首 12 个月内不得出售股份，第 2 个 12 个月可以出售股份但必须维持控股地位）

资料来源：港交所。

（二）红筹企业上市

1. 红筹企业上市标准

根据《上海证券交易所科创板股票发行上市审核规则》规定，符合《国务院办公厅转发证监会关于开展创新企业境内发行股票或存托凭证试点若干意见的通知》（国办发〔2018〕21号）相关规定的红筹企业，可以申请发行股票或存托凭证并在科创板上市。

营业收入快速增长，拥有自主研发、国际领先技术，同行业竞争中处于相对优势地位的尚未在境外上市的红筹企业，申请在科创板上市的，市值及财务指标应当至少符合下列标准之一：

（1）预计市值不低于人民币 100 亿元。

（2）预计市值不低于人民币 50 亿元，且最近 1 年营业收入不低于人民币 5 亿元。

除了市值、财务上的规定，《上海证券交易所科创板股票上市规则》第十三章对红筹企业在科创板上市的相关法律监管、机构设置、信息披露等方面还作了特别的规定。红筹企业上市规定如表 3-10 所示。

表 3-10　红筹企业上市规定

分　类	规　定　内　容
适用法律	红筹企业在境内发行股票或者存托凭证并在上交所科创板上市，股权结构、公司治理、运行规范等事项适用境外注册地公司法等法律法规规定的，其投资者权益保护水平，包括资产收益、参与重大决策、剩余财产分配等权益，总体上应不低于境内法律法规以及中国证监会规定的要求，并保障境内存托凭证持有人实际享有的权益与境外基础证券持有人的权益相当
机构设置	红筹企业应当在境内设立证券事务机构，并聘任信息披露境内代表，负责办理公司股票或者存托凭证上市期间的信息披露和监管联络事宜。信息披露境内代表应当具备境内上市公司董事会秘书的相应任职能力，熟悉境内信息披露规定和要求，并能够熟练使用中文。红筹企业应当建立与境内投资者、监管机构及上交所的有效沟通渠道，按照规定保障境内投资者的合法权益，保持与境内监管机构及上交所的畅通联系
信息披露	(1) 红筹企业提交的上市申请文件和持续信息披露文件，应当使用中文。红筹企业和相关信息披露义务人应当按照中国证监会和上交所规定，在中国证监会指定信息披露媒体和上交所网站披露上市和持续信息披露文件。 (2) 红筹企业在上交所上市存托凭证的，应当在年度报告和中期报告中披露存托、托管相关安排在报告期内的实施和变化情况以及报告期末前 10 名境内存托凭证持有人的名单和持有量。公司应当及时披露：存托人、托管人发生变化；存托的基础财产发生被质押、挪用、司法冻结或者其他权属变化；对存托协议、托管协议作出重大修改；存托凭证与基础证券的转换比例发生变动；中国证监会和上交所要求披露的其他情形

（续表）

分　类	规 定 内 容
适用规则	（1）红筹企业进行本规则规定需提交股东大会审议的重大交易、关联交易等事项，可以按照其已披露的境外注册地公司法等法律法规和公司章程规定的权限和程序执行，法律法规另有规定的除外。 （2）红筹企业注册地公司法等法律法规或者实践中普遍认同的标准对公司董事会、独立董事职责有不同规定或者安排，导致董事会、独立董事无法按照上交所规定履行职责或者发表意见的，红筹企业应当详细说明情况和原因，并聘请律师事务所就上述事项出具法律意见。 （3）红筹企业和相关信息披露义务人适用本规则相关信息披露要求和持续监管规定，可能导致其难以符合公司注册地、境外上市地有关规定及市场实践中普遍认同的标准的，可以向上交所申请调整适用，但应当说明原因和替代方案，并聘请律师事务所出具法律意见。上交所认为依法不应调整适用的，红筹企业和相关信息披露义务人应当执行本规则相关规定

资料来源：《上海证券交易所科创板股票上市规则》。

由上可见，科创板新规在红筹企业具体的上市条件上依然较为严格，普通红筹企业想要达到在科创板上市的财务及市值指标仍有不小的难度。在具体操作层面，还有许多问题需要加强制度的建设并经过实践的检验。例如，CDR制度自实施以来，尚未有市场案例加以检验规则的可行性，而本次科创板出台的新规如何有效衔接CDR（即中国存托凭证）全套制度、境内规则和红筹企业注册地规则如何具体协调适用等，仍有待监管层面加以明确。

截至2019年8月8日，一共有两家红筹架构公司申请科创板上市，分别为九号机器人有限公司（简称九号智能）和华润微电子有限公司（简称华润微电子）。

2. 红筹企业上市案例——九号智能

上交所于2019年4月17日受理九号智能（全称：九号机器人有限公司）科创板申请。该公司专注于智能短交通和服务类机器人领域，集连续三年净利润亏损、可变利益实体（Variable Interest Entities，VIE）架构、同股不同权特点于一身。2016年至2018年，九号智能营业收入分别为11.53亿元、13.81亿元及42.48亿元，年均复合增长率高达91.95%。不过公司连续三年净利润为负，分别为-1.58亿元、-6.27亿元和-17.99亿元。截至2018年12月31日，公司净资产为-32.30亿元。2017年7月，九号智能完成1亿美元C轮融资，公司估值15.2亿美元，约人民币100亿元，且公司2018年营业收入为42.48亿元，因此选择了科创板针对存在表决权差异企业和红筹企业的第2套上市标准，即预计市值不低于人民币50亿元，且最近一年营业收入不低于人民币5亿元。

首先是九号智能VIE架构，九号智能注册地在开曼群岛，2014年12月在开曼群岛设立Ninebot Limited，股东为公司创始人及管理团队全资公司；Ninebot Limited设立香港全资子公司NineRobot Limited，香港全资子公司在境内成立WFOE：纳恩博（北京）科技有限公司；WFOE通过一系列协议控制VIE：鼎力联合（北京）科技有限公司，作为该公司在国内的运营实体。具体架构如图3-1所示。

（1）根据招股说明书，此次九号智能拟向存托人发行不超过704.09万股A类普通股股票，每股票面金额为0.000 1美元，作为发行CDR的基础股票，占CDR发行后公司总股本的比例不低于10%，基础股票与CDR之间的转换比例按照1股/10

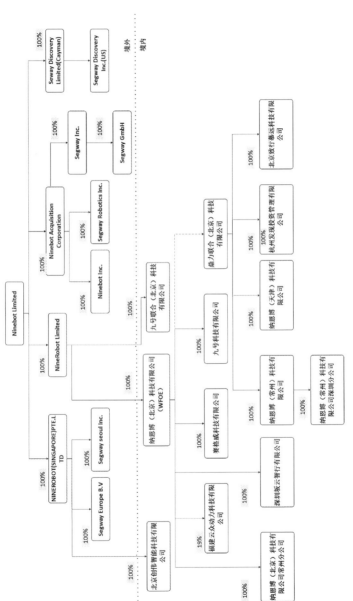

图 3-1 九号智能股权结构

份 CDR 的比例进行转换，本次拟公开发行不超过 7 040.92 万份 CDR，最终以有关监管机构同意注册的发行数量为准。公司拟募集 20.77 亿元投入到智能电动车辆、年产 8 万台非公路休闲车、智能配送机器人研发及产业化开发等项目。

（2）在投票权差异的安排方面，根据公司 2019 年 4 月审议通过的《公司章程》（草案），公司股份分为 A 类普通股股份（普通股份）和 B 类普通股股份（特别表决权股份），公司每份 B 类普通股股份具有 5 份表决权，每份 B 类普通股股份的表决权数量相同，除表决权差异外，A 类普通股股份与 B 类普通股股份具有的其他股东权利完全相同。至此，公司拥有 A 类普通股比例为 71.35%，B 类普通股 28.65%，B 类普通股投票权比例为 66.75%。

《公司章程》规定，持有 B 类普通股股份的股东为对公司发展或者业务增长等作出重大贡献，并且在公司上市前及上市后持续担任公司董事的人员或者该等人员实际控制的持股主体。持有 B 类普通股股份的股东应当按照所适用的法律法规以及章程细则行使权利，不得滥用特别表决权，不得利用特别表决权损害投资者的合法权益。

（3）在风险披露方面，公司对小米集团存在较大的单一客户依赖风险。尽管公司与小米集团具有良好的战略合作伙伴关系，但未来若公司与小米集团商业合作关系出现恶化、公司产品不再受消费者喜爱或者小米集团自身经营的稳定性或业务模式、经营策略发生了重大变化而导致小米集团不再从公司采购相关产品，则可能会对公司的经营业绩产生重大不利影响。截至 2018 年底,九号智能应收账款高达 8.5 亿元,占总资产的 23%,其中 74% 的应收账款来自小米集团,一旦应收账款不能按期收回或无法收回而发生坏账的情况,将对公司业绩和生产经营产生不利影响。

针对"红筹 + 差异表决权"的特殊性与不确定性,上交所 5 月 12 日回复称,根据科创板股票上市审核问答相关要求,需增加一期审计,公司申请中止审核以完成加审工作,并更新申报材料,目前公司的科创板审核状态为"已问询"阶段(截止日期:2019 年 9 月 22 日)。

3. 红筹企业上市案例——华润微电子

华润微电子于 2019 年 6 月 26 日被上交所接受注册制申请。华润微电子是央企华润集团旗下全资半导体投资运营平台,2004 年华润微电子在港交所主板上市,2011 年华润微电子以私有化的方式从港股退市。公司主营芯片设计、晶圆制造、封装测试等半导体全产业链服务,以销售额计,公司在 2017 年中国半导体企业中排名第九,是前十名企业中唯一一家以 IDM 模式为主运营的半导体企业。公司是本土最大的功率半导体企业,功率器件产品线最全,其 MOSFET 产品国内营收规模最大,技术能力领先。2017 年收购重庆华微后,公司功率半导体实力大幅增强,2018 年产品板块收入占比达 42% 以上;公司同时也是本土前三的晶圆制造企业,专注于模拟半导体特种工艺,具有从晶圆代工到封测、掩模制造的全产业链服务能力。公司拟在科创板上市,并公开发行不超过

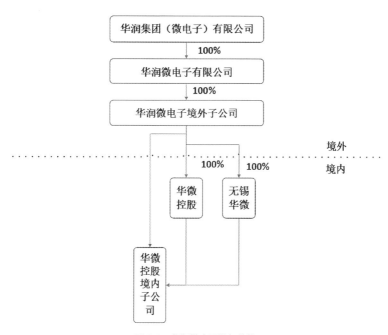

图 3-2　华润微电子股权结构

29 299.404 9 万股，占发行后总股本的比例不低于 25%。华润
微电子股权结构如图 3-2 所示。

　　由于华润微电子为注册地在开曼群岛的红筹企业，符合上交所
规定的对于红筹企业的第 2 套上市标准，即"预计市值不低于人民
币 50 亿元，且最近一年收入不低于 5 亿元"。这也是继几号智能
后第二家申报科创板的红筹企业，但是华润微电子并未针对特定股
东设置特别表决权股份。

　　目前，在上交所科创板的项目动态披露中，华润微电子的审核
状态在 2019 年 11 月 8 日更新为"提交注册"阶段。

（三）拆分上市

根据证监会 2019 年 3 月 1 日发布的《科创板上市公司持续监管办法（试行）》规定，达到一定规模的上市公司，可以分拆业务独立、符合条件的子公司在科创板上市。上市公司拆分子公司到新三板以及境外上市的案例很多，但当前拆分子公司到 A 股主板上市的案例少之又少，这涉及同业竞争、关联交易及独立性等问题。此次容许拆分子公司到科创板上市，为公司支持科技创新业务提供了很大的激励，有利于调动上市公司科技创新的积极性，这也增加了科创板的包容性。

目前，已经有东港股份、西部材料、岭南股份、金固股份、力帆股份、深康佳 A、上海电气、乐普医疗、盈峰环境等 9 家 A 股上市公司表示有意分拆子公司到科创板上市。港股已经有威胜控股和微创医疗两家公司表示有意分拆子公司到科创板上市，其中微创医疗旗下的心脉医疗已经在科创板上市交易。

分拆上市政策在 A 股市场早有相关文件规定，证监会 2004 年发布《关于规范境内上市公司所属企业到境外上市有关问题的通知》确立了企业分拆子公司到境外上市的条件，包括：

（1）上市公司在最近 3 年连续盈利。

（2）上市公司最近 3 个会计年度内发行股份及募集资金投向的业务和资产不得作为对所属企业的出资申请境外上市。

（3）上市公司最近 1 个会计年度合并报表中按权益享有的所属企业的净利润不得超过上市公司合并报表净利润的 50%。

（4）上市公司最近1个会计年度合并报表中按权益享有的所属企业净资产不得超过上市公司合并报表净资产的30%。

（5）上市公司与所属企业不存在同业竞争，且资产、财务独立，经理人员不存在交叉任职。

（6）上市公司及所属企业董事、高级管理人员及其关联人员持有所属企业的股份，不得超过所属企业到境外上市前总股本的10%。

（7）上市公司不存在资金、资产被具有实际控制权的个人、法人或其他组织及其关联人占用的情形，或其他损害公司利益的重大关联交易。

（8）上市公司最近3年无重大违法违规行为。

2010年4月，证监会召开"创业板发行监管业务情况沟通会"，公布了境内上市公司分拆子公司到创业板上市的6项条件，分别为：

（1）上市公司公开募集资金未投向发行人项目。

（2）上市公司最近3年盈利，业务经营正常。

（3）上市公司与发行人不存在同业竞争且出具未来不竞争承诺，上市公司及发行人股东或实际控制人与发行人之间不存在严重关联交易。

（4）发行人净利润占上市公司净利润不超过50%。

（5）发行人净资产占上市公司净资产不超过30%。

（6）上市公司及下属企业董事、监事、高管及亲属持有发行人发行前股份不超过 10%。

但是随后政策有些调整，证监会在 2010 年 8 月份的发行会议上表态为"不鼓励、不提倡"进行分拆上市。2010 年 11 月，证监会官员在保荐人培训会议上重申，从严把控上市公司分拆子公司到创业板上市。2010 年至今分拆子公司到主板和创业板上市的案例很少，目前的成功案例都是以"控股转参股"的形式来实现的。主要案例有：中兴通讯分拆国民技术、康恩贝分拆佐力药业、轻纺城分拆会稽山、外高桥分拆畅联股份。

相对而言，分拆子公司在新三板挂牌的限制要求相对较少，在新三板挂牌的子公司的数量较多。根据 Choice 数据统计，新三板目前有 546 家公司为上市公司的参股企业，其中上市公司为第一大股东的有 139 家。综合来看，目前 A 股上市公司分拆上市的渠道主要有四种：① 让渡控股权后的间接分拆上市，国内上市公司分拆在 A 股上市大多是以控股变参股的形式；② 分拆后子公司在新三板挂牌；③ 分拆后发行 H 股赴港上市；④ 分拆后通过红筹架构境外上市。

2019 年 8 月 23 日，在前期科创板拆分上市政策的基础上，证监会公布了《上市公司分拆所属子公司境内上市试点若干规定》（以下简称《若干规定》）的征求意见稿，此次征求意见的截止时间为 2019 年 9 月 22 日。《若干规定》明确了 A 股境内分拆上市的标准和流程，列出了分拆上市的 7 个条件。包括：

（1）上市公司股票上市已满 3 年。

（2）上市公司最近 3 个会计年度连续盈利，且最近 3 个会计年度扣除按权益享有的拟分拆所属子公司的净利润后，归属上市公司股东的净利润累计不低于 10 亿元人民币（净利润以扣除非经常性损益前后孰低值计算）。

（3）上市公司最近 1 个会计年度合并报表中按权益享有的拟分拆所属子公司的净利润不得超过上市公司合并报表净利润的 50%；上市公司最近 1 个会计年度合并报表中按权益享有的拟分拆所属子公司净资产不得超过上市公司合并报表净资产的 30%。

（4）上市公司不存在资金、资产被控股股东、实际控制人及其关联方占用的情形，或其他损害公司利益的重大关联交易。上市公司及其控股股东、实际控制人最近 36 个月内未受到过中国证监会的行政处罚；上市公司及其控股股东、实际控制人最近 12 个月内未受到过证券交易所的公开谴责。上市公司最近 1 年及 1 期财务会计报告被注册会计师出具无保留意见审计报告。

（5）上市公司最近 3 个会计年度内发行股份及募集资金投向的业务和资产、最近 3 个会计年度内通过重大资产重组购买的业务和资产，不得作为拟分拆所属子公司的主要业务和资产。所属子公司主要从事金融业务的，上市公司不得分拆该子公司上市。

（6）上市公司及拟分拆所属子公司董事、高级管理人员及其关联人员持有所属子公司的股份，不得超过所属子公司分拆上市前总股本的 10%。

（7）上市公司应当充分披露并说明：本次分拆有利于上市公司

突出主业、增强独立性；上市公司与拟分拆所属子公司不存在同业竞争，且资产、财务、机构方面相互独立，高级管理人员、财务人员不存在交叉任职；拟分拆所属子公司在独立性方面不存在其他严重缺陷。

信息披露和上市程序方面，上市公司分拆应按照重大资产重组的规定充分披露信息，履行股东大会特别决议程序，上市公司股东大会就分拆事项作出决议，须经出席会议的股东所持表决权的三分之二以上通过，且经出席会议的中小股东所持表决权的三分之二以上通过。分拆后子公司发行上市应遵守首次公开发行股票上市、重组上市的有关规定。持续监管方面，保荐机构对上市公司分拆后的上市地位开展为期 1 年以上的持续督导；证监会、证券交易所将依法追究分拆上市过程中信息披露、内幕交易、操纵市场等违法违规行为。

根据列出的 7 大拆分上市条件，目前 A 股有资格分拆子公司上市的公司不足 100 家，占目前 A 股所有上市公司的比例不到 3%，只有大型国有企业和多种经营的大型民营企业才具有在 A 股市场分拆上市的潜力。但此次分拆上市政策的破冰，不仅仅针对单个市场板块，且对上市条件及流程进行了详细的规定。《若干规定》的出台是资本市场的又一个重大改革，有利于公司理顺业务架构，拓宽融资渠道，获得合理估值，完善激励机制。

美国资本市场在分拆上市方面已经有比较成熟的运行机制，每年分拆上市的数量为 20～30 起。长城证券的分析表明，美国的分拆上市主要采用两种模式，一是股权分拆（Spin-off），二是股权切离（Carve-out）。股权分拆指上市公司将其在子公司中拥有的全部股权按比例分配给母公司现有股东，子公司通过介绍上市的方式上市。上市时不带来融资，现有股东对上市公司及分拆公司保持同样的权利。股权切离指上市公司将其子公司的部分或全部股权，通过二次发售或者 IPO 的方式出售给外部投资者。通过股权切离，母公司可以获得现金流入。美国资本市场分拆上市的典型案例有 eBay 分拆 PayPal 上市：2014 年 9 月 30 日，eBay 宣布 Paypal 的分拆上市计划；2015 年 7 月 6 日，PayPal 在纳斯达克上市并正式交易。在分拆上市的表现上，美国股市跟踪分拆上市收益率的"彭博美国分拆指数"（包括过去 3 年内分拆上市且市值超过 1 亿美元的子公司股票）与标准普尔 500 指数进行对比，发现分拆上市后的子公司收益率要明显高出同期市场收益率。

（四）差异化表决权企业上市

1. 差异化表决权的理论基础

传统治理理论认为股东的主要权利包括财产权（分红、剩余财产分配）和管理权（投票权）两个方面，同股同权的前提在于股东投入的资本与享有的权益成比例。现代公司经营中所有权与经营权逐步分离，产生了相应的代理成本，国际资本市场也为此发展出了诸多理论与制度研究。

多数观点认为，虽然存在代理成本增加的风险，但在公司契约自治理论下，股东同意让渡其股东权利，属于私法自治范畴，双重股权结构也具有提高决策效率的优势。科技创新企业采取差异化表决的主要目的在于增强创始人团队所持股票的投票权，巩固其对公司的控制地位。创始股东通过贡献金融资本之外的人力资本等获取控制权。对于高度依赖创始人及其团队的科技创新企业来说，让渡和接受这种控制权的安排符合公司的长期发展利益，具有一定的合理性。首先，双重股权结构的理论基础在于契约不完全前提下，公司的财务资本投入并非公司控制权的唯一来源。科技类专业知识和技术水平成为最重要的稀缺资源，而公司的价值只有在结合实际运营管理人员的人力资本投入的前提下才能够最大化发展。互联网科技行业的主要特点是要求公司管理者具有较高技术专业性和战略抗压能力，以应对公司发展过程中的不确定性，但众多股东在投资目标、行业认知方面的实质差异导致了其在公司经营的风险偏好上难以统一。双重股权结构能够帮助创始人在引入财务投资者的同时，稳定公司的控制权结构，避免经营决策受到外界过多的干扰。

另一种观点认为，双重股权结构可能意味着股东所有权与控制权的进一步分离，导致代理成本的大幅增加。拥有多数表决权的少数股东同时也可能是创始人团队，在其公司战略决策的潜在收益与风险承担方面不均衡，缺乏维护公司利益的充分动力。尽管双重股权结构具有稳定创始人控制权、有利于关注中长期战略目标、提高经理层的战略执行效率，最终实现公司增长和价值增加等有利因素，但不可否认的是，过于封闭的控制权结构使得创始人能够轻易拒绝外部投资者的合理建议，公司前景更易受代理问题和管理者能力的影响。也就是说，如果管理者不能正确估计公司的经营风险并作出动态调整，那么其他股东的权益也将受到损害。而当公司出现运营危机，或需要在成熟期进行一定程度变革的时候，积极的投资者往往需要进行更多的治理努力来帮助公司。例如，著名社交网站脸书（Facebook）就曾遭到四家基金投资者联手提案要求扎克伯格辞任董事会主席的压力，而恒大健康则针对创始人 B 类股的投票权设置了运营约束条款，避免公司危机情况下的控制权集中问题。因此，在双重股权结构下，同样需要通过相应的治理制度设计来对差异化表决权进行约束。

2. 科创板差异化表决权的具体要求

针对科创板公司所存在的不同治理实践选择，新规定允许设置差异化表决权的企业在科创板上市，并对表决权差异进行规范化安排设置多种制度对投资者进行保护。存在表决权差异安排的发行人申请股票或者存托凭证首次公开发行并在科创板上市的，其表决权安排等应当符合《上市规则》等规则的规定；发行人应当至少符合下列上市标准中的一项，发行人的招股说明书和保荐人的上市保荐书应当明确说明所选择的具体上市标准：① 预计市值不低于人民币 100 亿元；② 预计市值不低于人民币 50 亿元，且最近 1 年营业收入不低于人民币 5 亿元。

科创板《注册管理办法》中要求，科创板公司对其特殊表决权设置应当进行充分披露，包括但不局限于差异化表决安排的内容比例、事项范围、潜在风险和治理影响等方面。《持续监管办法》充分贯彻了这一原则，要求交易所对具有表决权差异安排的科创板公司的上市资格、表决权差异的设置、存续、调整等重点事项，作出必要的限制性规定。

（1）建立了更为严格的控制权前提条件。仅允许发行人在上市前作出表决权差异安排，发行人作出的表决权差异安排必须经出席股东大会的股东所持三分之二以上的表决权通过；表决权差异安排在上市前至少稳定运行 1 个完整会计年度；发行人须具有相对较高的市值规模，预计市值不低于 100 亿元，或市值不低于 50 亿元，且最近 1 年应收不低于 5 亿元。

（2）限制特别表决权主体资格。相关股东应当对公司发展或者业绩增长作出重大贡献，并且在公司上市前及上市后持续担任公司董事；特别表决权股份不得在二级市场进行交易；持有人不符合主体资格或者特别表决权一经转让即永久转换为普通股份；不得提高特别表决权的既定比例。

（3）强化内外部监督机制。主要包括要求公司充分披露表决权差异安排的实施和变化情况；监事会对表决权差异安排的设置和运行出具专项意见；禁止滥用特别表决权。

（4）保障普通投票权股东的合法权利。特别表决权除表决权差异外与其他股东权利完全相同；普通股份表决权应当达到最低 10% 的比例；同时召开股东大会和提出股东大会议案所需持股比例被分别不超过 10% 和 3%；在特定的重大事项上特别表决权的权利与普通股份相同。

《上海证券交易所科创板股票上市规则》第四章对表决权差异的设置、股东、比例、交易以及转换等方面的具体规定如表3-11所示。

表 3-11 差异化表决权企业相关规定

	规 定 内 容
设置条件	发行人首次公开发行并上市前设置表决权差异安排的，应当经出席股东大会的股东所持三分之二以上的表决权通过。发行人在首次公开发行并上市前不具有表决权差异安排的，不得在首次公开发行并上市后以任何方式设置此类安排
股东要求	持有特别表决权股份的股东应当为对上市公司发展或者业务增长等作出重大贡献，并且在公司上市前及上市后持续担任公司董事的人员或者该等人员实际控制的持股主体
比例要求	(1) 持有特别表决权股份的股东在上市公司中拥有权益的股份合计应当达到公司全部已发行有表决权股份 10% 以上。 (2) 上市公司章程应当规定每份特别表决权股份的表决权数量。每份特别表决权股份的表决权数量应当相同，且不得超过每份普通股份的表决权数量的 10 倍。 (3) 上市公司股票在上交所上市后，除同比例配股、转增股本情形外，不得在境内外发行特别表决权股份，不得提高特别表决权比例。上市公司因股份回购等原因，可能导致特别表决权比例提高的，应当同时采取将相应数量特别表决权股份转换为普通股份等措施，保证特别表决权比例不高于原有水平。本规则所称特别表决权比例，是指全部特别表决权股份的表决权数量占上市公司全部已发行股份表决权数量的比例。 (4) 上市公司应当保证普通表决权比例不低于 10%；单独或者合计持有公司 10% 以上已发行有表决权股份的股东有权提议召开临时股东大会；单独或者合计持有公司 3% 以上已发行有表决权股份的股东有权提出股东大会议案。本规则所称普通表决权比例，是指全部普通股份的表决权数量占上市公司全部已发行股份表决权数量的比例
交易要求	特别表决权股份不得在二级市场进行交易，但可以按照上交所有关规定进行转让
转换要求	出现下列情形之一的，特别表决权股份应当按照 1：1 的比例转换为普通股份： (1) 持有特别表决权股份的股东不再符合《上海证券交易所科创板股票上市规则》第 4.5.3 条规定的资格和最低持股要求，或者丧失相应履职能力、离任、死亡。 (2) 实际持有特别表决权股份的股东失去对相关持股主体的实际控制。 (3) 持有特别表决权股份的股东向他人转让所持有的特别表决权股份，或者将特别表决权股份的表决权委托他人行使。 (4) 公司的控制权发生变更

（续表）

	规 定 内 容
表决权限制	上市公司股东对下列事项行使表决权时，每一特别表决权股份享有的表决权数量应当与每一普通股份的表决权数量相同： （1）对公司章程作出修改。 （2）改变特别表决权股份享有的表决权数量。 （3）聘请或者解聘独立董事。 （4）聘请或者解聘为上市公司定期报告出具审计意见的会计师事务所。 （5）公司合并、分立、解散或者变更公司形式

资料来源：《上海证券交易所科创板股票上市规则》。

差异化表决权通常被用在科技公司中，例如，美国的谷歌（Google）、脸书（Facebook）等，在国外上市的中概念股阿里巴巴、京东、百度也使用了差异化表决权。差异化表决权能够使得创始人保持对公司的控制，避免公司经营受到外部资本的干扰，但也会带来公司创始人团队形成集权主义、降低外部投资者监督治理能力、导致委托代理问题增加等不利因素。美国纽交所、纳斯达克以及香港股票市场均容许差异化表决权的企业上市，此次科创板引入差异化表决权是很大的进步，也对上市后的持续监管提出了挑战。

3. 科创板差异化表决权案例——优刻得

上交所科创板注册制获受理企业中，优刻得科技股份有限公司是首家设置"特别表决权"的公司，受理日期为2019年7月31日，问询阶段已经结束，并于2019年9月27日接受科创板上市委员会审议，审议结果通过。

优刻得作为国内领先的中立第三方云计算服务商，致力于为客户打造一个安全、可信赖的云计算服务平台，是通过可信云服务认证的首批企业之一。公司自主研发并提供计算、网络、存储等基础资源和构建在这些基础资源之上的基础 IT 架构产品，以及大数据、人工智能等产品，通过公有云、私有云、混合云三种模式为用户提供服务。

此外，公司深入了解互联网、传统企业在不同场景下的业务需求，不断推出适合各行业特性的综合性云计算解决方案。作为第三方云计算服务商，间接服务终端用户数量达到数亿人，客户包括互动娱乐、移动互联、企业服务等互联网企业，以及金融、教育机构、新零售、智能制造等传统行业的企业。

根据互联网数据中心（Internet Data Center, IDC）发布的报告，2018 年上半年 UCloud 在中国公有云 IaaS 市场中占比 4.8%，位列阿里云、腾讯云、中国电信、AWS、金山云之后，排名第六位。

根据招股说明书披露，优刻得 2016 年至 2018 年营业收入为 5.2 亿元、8.4 亿元和 11.87 亿元，归母净利润为 -1.97 亿元、7 683 万元、8 032 万元。2017 年 6 月以来，公司历次融资的投前估值均高于 50 亿元，且估值水平随收入的增长呈上升趋势。2018 年 11 月，公司最近一次融资投前估值为 114 亿元，公司由此选取针对表决权差异化安排的第 2 套标准，即"预计市值不低于 50 亿元，且最近 1 年营业收入不低于 5 亿元"进行科创板上市申请。在公司的前几轮融资中，优刻得投资方包括 DCM、贝塔斯曼、君联资本、光信资本等，2017—2018 年获得元禾控股、中金甲子、中国移动的多轮融资，融资金额未披露。其中 2017 年投资方中金甲子是本次科创板保荐机构中国国际金融股份有限公司直投业务平台控股子公司。

2019 年 3 月 17 日，优刻得召开 2019 年第一次临时股东大会，设置特别表决权股份，成为科创板第一家设置特别表决权的企业。作为公司的创始人和实际控制人，2019 年第一次临时股东大会议案为三人设置特别表决权，共计约 9 768.82 万股 A 类股份，其中季昕华持约 5 083.12 万股，莫显峰和华琨各持约 2 342.85 万股。扣除 A 类股份后，剩余约 2.66 亿股为 B 类股份。特别表决权股份拥有的表决权是普通股的 5 倍，满足科创板不超过每份普通股表决权数量 10 倍的要求。上述三人对应的表决权比例分别为 33.67%、15.52% 和 15.52%，能够通过股东大会直接决定公司相关事宜，拥有绝对控制权。科创板细则规定，特别表决权股份上市之后不可在二级市场交易。优刻得股权结构和表决权安排如表 3-12 所示，股权结构如图 3-3 所示。

表 3-12　优刻得股权结构和表决权安排

序号	股东名称	持股比例	持股数（股）			表决权比例
			总股数	其中：A 类股	其中：B 类股	
1	季昕华	13.963 3%	50 831 173	50 831 173		33.67%
2	莫显峰	6.435 7%	23 428 536	23 428 536		15.52%
3	华　琨	6.435 7%	23 428 536	23 428 536		15.52%
4	君联博珩	10.285 0%	37 440 660		37 440 660	4.96%
5	元禾优云	10.176 8%	37 046 834		37 046 834	4.91%
6	甲子拾号	5.839 2%	21 256 422		21 256 422	2.82%
7	中移资本	4.946 2%	18 005 895		18 005 895	2.39%
8	嘉兴优亮	4.682 0%	17 043 874		17 043 874	2.26%

（续表）

序号	股东名称	持股比例	持股数（股）			表决权比例
			总股数	其中：A类股	其中：B类股	
9	嘉兴华亮	4.620 1%	16 818 672		16 818 672	2.23%
10	西藏云显	3.737 1%	13 604 179		13 604 179	1.80%

资料来源：优刻得上市招股说明书。

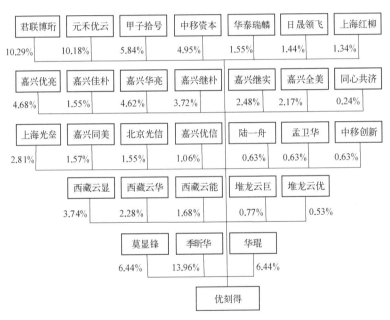

注：采用四舍五入保留两位小数。

图 3-3 优刻得上市公司股权结构

另外，招股说明书也提示了相关风险，受特别表决权的影响，季昕华、莫显锋及华琨能够直接影响股东大会决策，中小股东的表决能力将会受到限制，由于代表的利益方不同，特别是中小股东利益不一致，存在损害中小股东利益的可能。

在设定特别投票权的同时,《公司章程》也对 A 类普通股及其特别投票权进行了多方面的限制,确保上市后 A 类普通股在公司全部股份的投票权中比例不会进一步增加,不会进一步摊薄 B 类普通股的投票权比例。此外,股东大会在就《公司章程》修改等重大事项投票时,仍采用一股一票的投票制度,由此进一步保护 B 类普通股股东的合法利益。

第二节　上交所上市审核

针对申请上市的企业,上交所设立了完善的审核组织架构和审核流程。组织架构上,上交所设立了独立的科创板上市审核中心、上市委员会和咨询委员会。科创板上市审核中心承担主要的审核职责,包括首轮问询审核、多轮问询审核、约见问询相关人员、现场检查、出具审核报告等。上市委员会通过召开审议会议,对发行上市审核机构出具的审核报告以及申请文件进行审议。咨询委员会主要负责向上交所提供专业咨询、人员培训和政策建议。审核流程上,主要包括受理、审核问询、上市委员会审议以及报送证监会注册等。

一、审核机构

(一)科创板上市审核中心

经证监会批准,上交所调整了部门组织架构并成立了科创板上市审核中心、科创板公司监管部和企业培训部三个一级部门。其中，科创板上市审核中心承担企业上市的主要审核职责，与其他部门隔离，力求做到独立公正。上市审核中心还设置了相应的内控机制，审核问询、审核报告等重点环节都由集体决策作出。同时，审核工作全程电子化，所有审核工作在系统上留痕，接受公众的监督。上市审核中心下设综合部、审核部、质量控制部。综合部负责中心的组织协调工作，负责材料受理、文件流转、工作协调，以及上市委员会秘书处、科技创新咨询委员会秘书处的工作。审核部负责科创板股票发行上市审核工作。质量控制部负责对审核工作进行监督，承担中介机构监管，实施监管措施与纪律处分等工作。

（二）上市委员会

上交所设立科创板股票上市委员会（以下简称上市委），对发行上市审核机构出具的审核报告和发行上市申请文件进行审议，并提出审议意见。上市委员主要来自会计师事务所、律师事务所、高校、市场机构、证监会系统相关机构，以兼职为主，委员来源分布广泛，有充分的代表性。上市委会议的决议决定是否同意发行上市，类似于证监会的发行审核委员会。但与现行发审委票决制的审议形式不同，上市委将采用合议制，在上市委会议上，各委员将陈述自己的意见，经过上市委员讨论后，形成合议意见。《上海证券交易所科创板股票上市委员会管理办法》对上市委的工作内容、人员组成、回避原则等事项作了具体的规定，如表3-13所示。

表 3-13　上市委员会相关规定

	规 定 内 容
工作内容	(1) 对上交所发行上市审核机构提交的审核报告和发行上市申请文件进行审议,就发行上市审核机构提出的初步审核意见,提出审议意见; (2) 对发行人提出异议的上交所不予受理、终止审核决定进行复审,提出复审意见; (3) 对上交所发行上市审核工作提供咨询,提出咨询意见; (4) 对上市委年度工作进行讨论、研究; (5) 上交所规定的其他职责
人员组成	主要由上交所以外的专家和上交所相关专业人员组成,由 30 至 40 名委员组成
任期	(1) 上市委委员每届任期 2 年,可以连任,但最长不超过两届;上市委委员担任上交所相关职务的,其任职期限可以与职务任期保持一致。 (2) 委员任期届满的,由上交所予以续聘或者更换。上交所根据需要,可以调整委员每届任期年限和连续任职期限
参会人员	每次审议会议由 5 名委员参加,法律、会计专家至少各 1 名
审核结论	上市委会议以合议方式进行审议和复审,通过集体讨论,形成合议意见
回避原则	上市委委员审议股票发行上市事宜时,有下列情形之一的,应当回避: (1) 上市委委员或者其亲属近 2 年内担任发行人或其控股股东、实际控制人或者保荐人的董事、监事、高级管理人员; (2) 上市委委员或者其亲属、上市委委员所在工作单位与发行人或者保荐人存在股权关系,可能影响其公正履行职责; (3) 上市委委员或者其亲属、上市委委员所在工作单位近 2 年内为发行人提供保荐、承销、审计、评估、法律、咨询等服务,可能影响其公正履行职责; (4) 上市委委员或者其亲属担任董事、监事、高级管理人员的公司与发行人存在行业竞争关系,或者与发行人或保荐人有利害关系,经认定可能影响其公正履行职责; (5) 上市委会议召开前,与发行人、保荐人及其他相关单位或者个人进行过接触,可能影响其公正履行职责; (6) 上交所认定的可能产生利害冲突或者上市委委员认为可能影响其公正履行职责的其他情形

资料来源:《上海证券交易所科创板股票上市委员会管理办法》。

(三)咨询委员会

由于科创企业处于科技前沿,专业性较强,更新迭代和发展变化快,为了在科创板相关工作中更准确地把握科创企业的行业特点,上交所设立科技创新咨询委员会,为科创板建设和发行上市审核提供专业咨询和政策建议。《上海证券交易所科技创新咨询委员会工作规则》对咨询委员会的定位、工作内容、人员组成等事项作了具体的规定，如表 3-14 所示。

表 3-14　咨询委员会相关规定

	主　要　内　容
定位	向上交所提供专业咨询、人员培训和政策建议
工作内容	提供如下咨询意见： （1）上交所科创板的定位及发行人是否具备科技创新属性、符合科创板定位； （2）上交所《科创板企业上市推荐指引》等规则的制定； （3）发行上市申请文件中与发行人业务和技术相关的问题； （4）国内外科技创新及产业化应用的发展动态； （5）上交所根据工作需要提请咨询的其他事项
人员组成	咨询委员会委员共 40 至 60 名，由从事科技创新行业的权威专家、知名企业家、资深投资专家组成，所有委员均为兼职
回避原则	咨询委员会委员提供咨询意见，有下列情形之一的，应当回避： （1）咨询委员会委员或者其亲属近 2 年内担任发行人或其控股股东、实际控制人或者保荐人的董事、监事、高级管理人员； （2）咨询委员会委员或者其亲属、咨询委员会委员所在工作单位与发行人或者保荐人存在股权关系，可能影响其公正履行职责； （3）咨询委员会委员或者其亲属、咨询委员会委员所在工作单位近 2 年内与发行人存在业务往来，可能影响其公正履行职责； （4）咨询委员会委员或者其亲属担任董事、监事、高级管理人员的公司与发行人存在行业竞争关系，或者与发行人或保荐人有利害关系，经认定可能影响其公正履行职责； （5）咨询委员会委员提供咨询意见前，与发行人、保荐人及其他相关单位或者个人进行过接触，可能影响其公正履行职责； （6）上交所认定的可能产生利害冲突或者咨询委员会委员认为可能影响其公正履行职责的其他情形

资料来源：《上海证券交易所科技创新咨询委员会工作规则》。

二、审核内容

《上海证券交易所科创板股票发行上市审核规则》规定，上交所对发行上市的审核事项包括三个方面：

（1）发行人是否符合发行条件。《上海证券交易所科创板股票发行上市审核规则》第二十条指出，上交所对发行条件的审核，重点关注下列事项：① 发行人是否符合《注册办法》及中国证监会规定的发行条件；② 保荐人和律师事务所等证券服务机构出具的发行保荐书、法律意见书等文件中是否就发行人符合发行条件逐项发表明确意见，且具备充分的理由和依据。上交所对前款规定的事项存在疑问的，发行人应当按照上交所的要求作出解释说明，保荐人及证券服务机构应当进行核查，并相应修改发行上市申请文件。

（2）发行人是否符合发行上市条件。《上海证券交易所科创板股票发行上市审核规则》第二十五条指出，上交所对上市条件的审核，重点关注下列事项：① 发行人是否符合本规则及上交所相关规则规定的上市条件；② 保荐人和律师事务所等证券服务机构出具的上市保荐书、法律意见书等文件中是否就发行人选择的上市标准以及符合上市条件发表明确意见，且具备充分的理由和依据。上交所对前款规定的事项存在疑问的，发行人应当按照上交所的要求作出解释说明，保荐人及证券服务机构应当进行核查，并相应修改发行上市申请文件。

（3）发行人的信息披露是否符合要求。《上海证券交易所科创板股票发行上市审核规则》第三十三条指出，上交所在信息披露审核中，重点关注发行人的信息披露是否达到真实、准确、完整的要求，是否符合招股说明书内容与格式准则的要求。

《上海证券交易所科创板股票发行上市审核规则》第三十四条

指出，上交所在信息披露审核中，重点关注发行上市申请文件及信息披露内容是否包含对投资者作出投资决策有重大影响的信息，披露程度是否达到投资者作出投资决策所必需的水平。包括但不限于是否充分、全面披露发行人业务、技术、财务、公司治理、投资者保护等方面的信息以及本次发行的情况，是否充分揭示可能对发行人经营状况、财务状况产生重大不利影响的所有因素。

《上海证券交易所科创板股票发行上市审核规则》第三十五条指出，上交所在信息披露审核中，重点关注发行上市申请文件及信息披露内容是否一致、合理和具有内在逻辑性，包括但不限于财务数据是否勾稽合理，是否符合发行人实际情况，非财务信息与财务信息是否相互印证，保荐人、证券服务机构核查依据是否充分，能否对财务数据的变动或者与同行业公司存在的差异作出合理解释。

《上海证券交易所科创板股票发行上市审核规则》第三十六条指出，上交所在信息披露审核中，重点关注发行上市申请文件披露的内容是否简明易懂，是否便于一般投资者阅读和理解。包括但不限于是否使用浅白语言，是否简明扼要、重点突出、逻辑清晰，是否结合企业自身特点进行有针对性的信息披露。

除此之外，在《上海证券交易所科创板企业上市推荐指引》中第十九条指出，上交所基于科创板定位开展发行上市审核工作，结合保荐机构出具的专项意见，对企业是否符合科创板定位予以充分关注。保荐机构在把握科创板定位时，应当遵循下列原则：

① 坚持面向世界科技前沿、面向经济主战场、面向国家重大需求；② 尊重科技创新规律和企业发展规律；③ 处理好科技创新企业当前现实和科创板建设目标的关系；④ 处理好优先推荐科创板重点支持的企业与兼顾科创板包容的企业之间的关系。保荐机构应当按照《实施意见》《注册管理办法》《审核规则》明确的科创板定位要求，优先推荐下列企业：符合国家战略、突破关键核心技术、市场认可度高的科技创新企业；属于新一代信息技术、高端装备、新材料、新能源、节能环保以及生物医药等高新技术产业和战略性新兴产业的科技创新企业；互联网、大数据、云计算、人工智能和制造业深度融合的科技创新企业。

具体审核问题上，《上海证券交易所科创板股票发行上市审核问答》以及《上海证券交易所科创板股票发行上市审核问答（二）》明确了科创板企业上市的一系列要点问题，为发行人、保荐人及证券服务机构提供审核材料以及准备审核会议提供了一定指导，包括发行人上市标准、研发投入、市值指标、员工持股计划、研发资本化、信息披露等问题。

三、审核流程

上交所建立了完善的审核流程，审核时限原则上为 6 个月。原则上，上交所受理之日起 6 个月内出具同意的审核意见或者作出终止发行上市审核的决定，上交所审核时间不超过 3 个月，发行人及中介机构回复问询的时间总计不超过 3 个月。中止审核、请示有权机关、落实上市委意见、实施现场检查等事项不计算在上述时限内。上市审核流程如表 3-15、图 3-4 所示。

表 3-15　上市审核流程

审核流程	时　间	主　要　内　容
受理	收到发行申请文件 5 个工作日内	上交所收到发行上市申请文件后 5 个工作日内，对文件进行核对，作出是否受理的决定，并在网站公示（发行人补正时限最长不超过 30 个工作日）
预披露	上交所受理发行上市申请文件当日	上交所受理当日，发行人申请文件中的招股说明书、发行保荐书、上市保荐书、审计报告和法律意见书等文件应当在上交所网站预先披露。保荐人应当于受理后 10 个工作日内，按照上交所规定的途径以电子文档形式向上交所报送保荐工作底稿和验证版招股说明书，供监管备查
首轮问询	受理日起 20 个工作日内	上交所发行上市审核机构自受理之日起 20 个工作日内，通过保荐人向发行人提出首轮审核问询
多轮问询	问询回复后 10 个工作日内	首轮审核问询后，存在下列情形之一的，上交所发行上市审核机构收到发行人回复后 10 个工作日内可以继续提出审核问询： (1) 首轮审核问询后，发现新的需要问询事项； (2) 发行人及其保荐人、证券服务机构的回复未能有针对性地回答上交所发行上市审核机构提出的审核问询，或者上交所就其回复需要继续审核问询； (3) 发行人的信息披露仍未满足中国证监会和上交所规定的要求； (4) 上交所认为需要继续审核问询的其他情形
出具审核报告	—	上交所发行上市审核机构收到发行人及其保荐人、证券服务机构对审核问询的回复后，认为不需要进一步审核问询的，将出具审核报告并提交上市委审议
聆讯	—	上市委召开审议会议，对上交所发行上市审核机构出具的审核报告及发行上市申请文件进行审议。上市委进行审议时要求对发行人及其保荐人进行现场问询的，发行人代表及保荐代表人应当到会接受问询，回答委员提出的问题
发表审议意见	—	上市委审议时，参会委员就审核报告的内容和发行上市审核机构提出的初步审核意见发表意见，通过合议形成同意或者不同意发行上市的审议意见
作出审核决定	受理之日起 3 个月内	上交所结合上市委的审议意见，出具同意发行上市的审核意见或者作出终止发行上市审核的决定

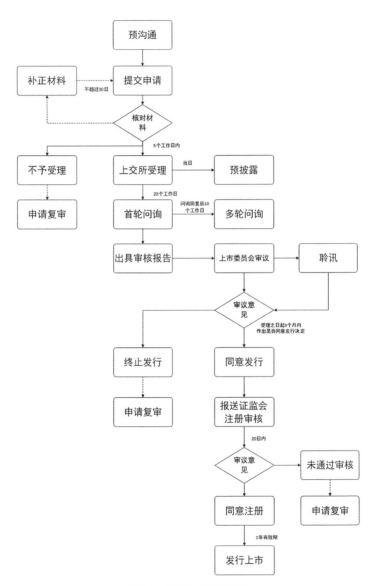

图 3-4 科创板上市审核流程

四、审核中止或终止

为强化发行上市企业的事前监管，《上海证券交易所科创板股票发行上市审核规则》第六章明确了在发行人及其控股股东、实际控制人、中介机构及相关人员涉嫌违规以及提交材料有问题等情况下对发行上市企业执行中止或终止审核，具体规定如表3-16所示。

表3-16　审核中止或终止相关规定

	主　要　内　容
中止审核	出现下列情形之一的，发行人、保荐人和证券服务机构应当及时告知上交所，上交所将中止发行上市审核，通知发行人及其保荐人： （1）发行人及其控股股东、实际控制人涉嫌贪污、贿赂、侵占财产、挪用财产或者破坏社会主义市场经济秩序的犯罪，或者涉嫌欺诈发行、重大信息披露违法或其他涉及国家安全、公共安全、生态安全、生产安全、公众健康安全等领域的重大违法行为，被立案调查或者被司法机关立案侦查，尚未结案； （2）发行人的保荐人或者签字保荐代表人、证券服务机构或者相关签字人员因首次公开发行并上市、上市公司发行证券、并购重组业务涉嫌违法违规，或者其他业务涉嫌违法违规且对市场有重大影响被中国证监会立案调查，或者被司法机关侦查，尚未结案； （3）发行人的保荐人、证券服务机构被中国证监会依法采取限制业务活动、责令停业整顿、指定其他机构托管或者接管等监管措施，尚未解除； （4）发行人的签字保荐代表人、证券服务机构相关签字人员被中国证监会依法采取市场禁入、限制证券从业资格等监管措施，尚未解除； （5）保荐人或者签字保荐代表人、证券服务机构或者相关签字人员，被上交所实施一定期限内不接受其出具的相关文件的纪律处分，尚未解除； （6）发行上市申请文件中记载的财务资料已过有效期，需要补充提交； （7）发行人及保荐人主动要求中止审核，理由正当并经上交所同意
终止审核	出现下列情形之一的，上交所将终止发行上市审核，通知发行人及其保荐人： （1）发行上市申请文件内容存在重大缺陷，严重影响投资者理解和上交所审核； （2）发行人撤回发行上市申请或者保荐人撤销保荐； （3）发行人未在规定时限内回复上交所审核问询或者未对发行上市申请文件作出解释说明、补充修改； （4）发行上市申请文件被认定存在虚假记载、误导性陈述或者重大遗漏； （5）发行人阻碍或者拒绝上交所依法实施的检查； （6）发行人及其关联方以不正当手段严重干扰上交所发行上市审核工作；

（续表）

	主 要 内 容
终止审核	(7) 发行人的法人资格终止； (8)《上海证券交易所科创板股票发行上市审核规则》第六十四条第一款规定的中止审核情形未能在 3 个月内消除，或者未能在此规则第六十五条规定的时限内完成相关事项； (9) 上交所审核不通过

资料来源：《上海证券交易所科创板股票发行上市审核规则》。

五、审核形式

（一）问询式审核

上交所对保荐人提交的发行上市文件进行问询式审核，发行人及其保荐人、证券服务机构应当按照上交所发行上市审核机构审核问询要求进行必要的补充调查和核查，及时、逐项回复发行上市审核机构提出的审核问询，相应补充或者修改发行上市申请文件。首轮审核问询后，上交所发行上市审核机构收到发行人回复后 10 个工作日内可以根据需要继续提出审核问询。发行人及其保荐人、证券服务机构应当保证回复的真实、准确、完整，并在回复后及时在上交所网站披露问询和回复的内容，确保发行人真实、准确、完整地披露信息，保荐人、证券服务机构切实履行信息披露的把关责任。所有的审核问询均通过书面的形式，并通过发行上市审核业务系统提交，在上交所网站上披露，接受公众的监督。从首轮上市公司的问询情况看，问询的问题主要集中于上市条件、核心技术、财务状况、经营能力、公司治理、财务会计信息、管理层等方面，首轮问询的平均问题数为 50 个左右。

（二）电子化审核

上交所将建立发行上市审核业务系统，《保荐人通过上海证券交易所科创板股票发行上市审核系统办理业务指南》明确了科创板发行上市电子化审核的内容，具体包括提交申请文件、收阅问询函、提交问询回复及补充或修改后的申请文件、申请信息披露豁免、预先披露申请文件、咨询与预约沟通、申请中止或恢复审核、报送会后事项以及撤回发行上市申请等事项。发行上市的申请、受理、问询、回复等事项通过发行上市审核业务系统进行电子化办理。发行人、保荐人针对重大无先例事项及上交所业务规则理解与适用，在提交发行上市申请文件前对上交所的咨询、对审核问询存在疑问与上交所的沟通，原则上通过发行上市审核业务系统电子化办理。电子化审核能够保证各个审核环节的高效运行，也有利于公众及时了解审核进度与内容，促进科创板审核的公开公正。

（三）分行业审核

上交所发布的《上海证券交易所科创板股票发行上市审核规则（征求意见稿）》中指出，考虑到科创板行业特征明显，上交所将对科创板申报企业探索实施分行业审核，结合发行人的具体行业特征和行业主要风险，进行有针对性的审核。上交所发行上市审核机构可以根据需要，就发行上市申请文件中与发行人业务与技术相关的问题，向上交所科技创新咨询委员会进行咨询，并在审核问询中予以参考。

(四)科创板与主板、中小板以及创业板上市、审核比较与分析

与主板、中小板以及创业板上市审核相比，科创板在审核程序、审核机构、审核时间等方面都有较大的变化，国内主要板块上市审核比较如表 3-17 所示。

表 3-17　科创板与主板、中小板以及创业板上市审核比较

	科 创 板	主板/中小板	创 业 板
上市方式	注册制	核准制	
上市审核程序	受理和预披露、问询、出具审核报告、上市委会议、向证监会报送、证监会注册	受理和分发材料、反馈会、预先披露、见面会、初审会、发审会、封卷、会后事项、核准	
主要审核机构	上交所	证监会	
审核时间	6 个月	1 至 2 年	
审核人员组成	上市委员会。 每次审核会议由 5 名委员参加，法律、会计专家至少各 1 名	发审委。 每次参加发审委会议为 7 名	
审核结论形成机制	经过合议，按照少数服从多数原则形成审议意见	发审委会议投票表决，同意票数达到 5 票通过，未达到 5 票则不通过	
审核重点内容	行业定位、发行条件、上市条件、信息披露	企业财务、法律、信息披露等	

第三节　科创板上市信息披露

科创板强化了以信息披露为中心的监管理念，包含了发行上市过程中的信息披露以及上市后持续监管要求下的信息披露。科创板发行上市信息披露方面的法律法规主要有《科创板首次公开发行股票注册管理办法（试行）》《上海证券交易所科创板股票上市规则》《上海证券交易所科创板股票上市审核规则》《公开发行证券的公

司信息披露内容与格式准则第 41 号——科创板公司招股说明书》
《公开发行证券的公司信息披露内容与格式准则第 42 号——首次
公开发行股票并在科创板上市申请》《公开发行证券的公司信息披
露编报规则第 24 号——科创板创新试点红筹企业财务报告信息特
别规定》等。

一、信息披露基本原则

信息披露基本原则方面，科创板上市规则强调了信息披露应当
遵循的真实、准确、完整、及时、公平五大原则。

《注册管理办法》第五条指出，发行人作为信息披露第一责任
人，应当诚实守信，依法充分披露投资者作出价值判断和投资决策
所必需的信息，所披露信息必须真实、准确、完整，不得有虚假记
载、误导性陈述或者重大遗漏。

发行人应当为保荐人、证券服务机构及时提供真实、准确、完
整的财务会计资料和其他资料，全面配合相关机构开展尽职调查和
其他相关工作。

发行人的控股股东、实际控制人应当全面配合相关机构开展尽
职调查和其他相关工作，不得要求或者协助发行人隐瞒应当披露的
信息。

《注册管理办法》第三十四条指出，发行人申请首次公开发行
股票并在科创板上市，应当按照中国证监会制定的信息披露规则，

编制并披露招股说明书，保证相关信息真实、准确完整。信息披露内容应当简明易懂，语言应当浅白平实，以便投资者阅读、理解。

中国证监会制定的信息披露规则是信息披露的最低要求。不论上述规则是否有明确规定，凡是对投资者作出价值判断和投资决策有重大影响的信息，发行人均应当予以披露。

《上海证券交易所科创板股票上市规则》第五章第一节强调了科创板信息披露的基本原则，具体规定如表3-18所示。

表3-18　科创板信息披露的基本原则

	主　要　内　容
总体原则	上市公司和相关信息披露义务人应当披露所有可能对上市公司股票交易价格产生较大影响或者对投资决策有较大影响的事项。 上市公司和相关信息披露义务人应当及时、公平地披露信息，保证所披露信息的真实、准确、完整。 上市公司的董事、监事、高级管理人员应当保证公司及时、公平地披露信息，以及信息披露内容的真实、准确、完整，不存在虚假记载、误导性陈述或者重大遗漏。董事、监事、高级管理人员对公告内容存在异议的，应当在公告中作出相应声明并说明理由
真实性	上市公司和相关信息披露义务人披露信息，应当以客观事实或者具有事实基础的判断和意见为依据，如实反映实际情况，不得有虚假记载
准确性	上市公司和相关信息披露义务人披露信息，应当客观，不得夸大其词，不得有误导性陈述。 披露未来经营和财务状况等预测性信息的，应当合理、谨慎、客观
完整性	上市公司和相关信息披露义务人披露信息，应当内容完整，充分披露对上市公司有重大影响的信息，揭示可能产生的重大风险，不得有选择地披露部分信息，不得有重大遗漏。 信息披露文件应当材料齐备，格式符合规定要求
公平性	(1) 上市公司和相关信息披露义务人应当同时向所有投资者公开披露重大信息，确保所有投资者可以平等获取信息，不得向单个或部分投资者透露或泄露。 (2) 上市公司和相关信息披露义务人通过业绩说明会、分析师会议、路演、接受投资者调研等形式，与任何机构和个人进行沟通时，不得提供公司尚未披露的重大信息。 (3) 上市公司向股东、实际控制人及其他第三方报送文件，涉及尚未公开的重大信息的，应当依照本规则披露

（续表）

	主　要　内　容
及时性	出现下列情形之一的，上市公司和相关信息披露义务人应当及时披露重大事项： （1）董事会或者监事会已就该重大事项形成决议； （2）有关各方已就该重大事项签署意向书或者协议； （3）董事、监事或者高级管理人员已知悉该重大事项； （4）其他发生重大事项的情形。 上市公司筹划的重大事项存在较大不确定性，立即披露可能会损害公司利益或者误导投资者，且有关内幕信息知情人已书面承诺保密的，公司可以暂不披露，但最迟应当在该重大事项形成最终决议、签署最终协议、交易确定能够达成时对外披露。 相关信息确实难以保密、已经泄露或者出现市场传闻，导致公司股票交易价格发生大幅波动的，公司应当立即披露相关筹划和进展情况

资料来源：《上海证券交易所科创板股票上市规则》。

二、上市信息披露一般要求和披露内容

在信息披露基本原则的基础上，《上海证券交易所科创板股票上市规则》第五章随后规定了信息披露的一般要求和主要披露内容，相关规定如表 3-19 所示。

表 3-19　科创板信息披露的一般要求和主要内容

	主　要　内　容
一般要求	（1）上市公司应当披露能够充分反映公司业务、技术、财务、公司治理、竞争优势、行业趋势、产业政策等方面的重大信息，充分揭示上市公司的风险因素和投资价值，便于投资者合理决策。 （2）上市公司应当对业绩波动、行业风险、公司治理等相关事项进行针对性信息披露，并持续披露科研水平、科研人员、科研资金投入、募集资金重点投向领域等重大信息。 （3）上市公司筹划重大事项，持续时间较长的，应当按照重大性原则，分阶段披露进展情况，及时提示相关风险，不得仅以相关事项结果尚不确定为由不予披露。 （4）上市公司和相关信息披露义务人认为相关信息可能影响公司股票交易价格或者有助于投资者决策，但不属于本规则要求披露的信息，可以自愿披露。

（续表）

	主 要 内 容
一般要求	上市公司和相关信息披露义务人自愿披露信息，应当审慎、客观，不得利用该等信息不当影响公司股票交易价格、从事内幕交易或者其他违法违规行为。 上市公司和相关信息披露义务人按照本条披露信息的，在发生类似事件时，应当按照同一标准予以披露，避免选择性信息披露。 (5) 上市公司的公告文稿应当重点突出、逻辑清晰、语言浅白、简明易懂，避免使用大量专业术语、过于晦涩的表达方式和外文及其缩写，避免模糊、模板化和冗余重复的信息，不得含有祝贺、宣传、广告、恭维、诋毁等性质的词语。 公告文稿应当采用中文文本，同时采用外文文本的，应当保证两种文本内容的一致。两种文本不一致的，以中文文本为准。 (6) 上市公司合并报表范围内的子公司及其他主体发生本规则规定的重大事项，视同上市公司发生的重大事项，适用本规则。 上市公司参股公司发生本规则规定的重大事项，可能对上市公司股票交易价格产生较大影响的，上市公司应当参照适用本规则履行信息披露义务。 (7) 上市公司和相关信息披露义务人拟披露的信息属于商业秘密、商业敏感信息，按照本规则披露或者履行相关义务可能引致不当竞争、损害公司及投资者利益或者误导投资者的，可以按照上交所相关规定暂缓或者豁免披露该信息。 拟披露的信息被依法认定为国家秘密，按本规则披露或者履行相关义务可能导致其违反境内法律法规或危害国家安全的，可以按照上交所相关规定豁免披露。 上市公司和相关信息披露义务人应当审慎确定信息披露暂缓、豁免事项，不得随意扩大暂缓、豁免事项的范围。暂缓披露的信息已经泄露的，应当及时披露。 (8) 上市公司和相关信息披露义务人适用上交所相关信息披露要求，可能导致其难以反映经营活动的实际情况、难以符合行业监管要求或者公司注册地有关规定的，可以向上交所申请调整适用，但是应当说明原因和替代方案，并聘请律师事务所出具法律意见。 上交所认为不应当调整适用的，上市公司和相关信息披露义务人应当执行上交所相关规定
信息披露内容	《上海证券交易所科创板股票发行上市规则》第六章至第九章规定了科创板上市公司信息披露的主要内容，包括： (1) 定期报告、业绩预告和业绩快报。 (2) 重大交易、关联交易。 (3) 行业信息、经营风险。 (4) 异常波动、股权质押等

资料来源：《上海证券交易所科创板股票上市规则》。

　　《注册管理办法》对发行上市过程中的信息披露内容也作了相关规定，第三十九条指出，发行人应当根据自身特点，有针对性地披露行业特点、业务模式、公司治理、发展战略、经营政策、会计政策，充分披露科研水平、科研人员、科研资金投入等相关信息，并充分揭示可能对公司核心竞争力、经营稳定性以及未来发展产生重大不利影响的风险因素。发行人尚未盈利的，应当充分披露尚未盈利的成因，以及对公司现金流、业务拓展、人才吸引、团队稳定性、研发投入、战略性投入、生产经营可持续性等方面的影响。

第四十条指出，发行人应当披露其募集资金使用管理制度，以及募集资金重点投向科技创新领域的具体安排。

第四十一条指出，存在特别表决权股份的境内科技创新企业申请首次公开发行股票并在科创板上市的，发行人应当在招股说明书等公开发行文件中，披露并特别提示差异化表决安排的主要内容、相关风险和对公司治理的影响，以及依法落实保护投资者合法权益的各项措施。保荐人和发行人律师应当就公司章程规定的特别表决权股份的持有人资格、特别表决权股份拥有的表决权数量与普通股份拥有的表决权数量的比例安排、持有人所持特别表决权股份能够参与表决的股东大会事项范围、特别表决权股份锁定安排及转让限制等事项是否符合有关规定发表专业意见。

第四十二条指出，发行人应当在招股说明书中披露公开发行股份前已发行股份的锁定期安排，特别是核心技术人员股份的锁定期安排以及尚未盈利情况下发行人控股股东、实际控制人、董事、监事、高级管理人员股份的锁定期安排。保荐人和发行人律师应当就前款事项是否符合有关规定发表专业意见。

第四节　证监会注册程序

根据《科创板首次公开发行股票注册管理办法（试行）》的规定：

"中国证监会收到交易所报送的审核意见、发行人注册申请文件及相关审核资料后，履行发行注册程序。发行注册主要关注交易所发行上市审核内容有无遗漏，审核程序是否符合规定，以及发行人在发行条件和信息披露要求的重大方面是否符合相关规定。中国证监会认为存在需要进一步说明或者落实事项的，可以要求交易所进一步问询。中国证监会认为交易所对影响发行条件的重大事项未予关注或者交易所的审核意见依据明显不充分的，可以退回交易所补充审核。交易所补充审核后，同意发行人股票公开发行并上市的，重新向中国证监会报送审核意见及相关资料。

"中国证监会在 20 个工作日内对发行人的注册申请作出同意注册或者不予注册的决定。发行人根据要求补充、修改注册申请文件，中国证监会要求交易所进一步问询，以及中国证监会要求保荐人、证券服务机构等对有关事项进行核查的时间不计算在内。

"中国证监会同意注册的决定自作出之日起 1 年内有效，发行人应当在注册决定有效期内发行股票，发行时点由发行人自主选择。交易所因不同意发行人股票公开发行并上市，作出终止发行上市审核决定，或者中国证监会作出不予注册决定的，自决定作出之日起 6 个月后，发行人可以再次提出公开发行股票并上市申请。

"中国证监会作出注册决定后、发行人股票上市交易前，发现可能影响本次发行的重大事项的，中国证监会可以要求发行人暂缓或者暂停发行、上市；相关重大事项导致发行人不符合发行条件的，可以撤销注册。中国证监会撤销注册后，股票尚未发行的，发行人应当停止发行；股票已经发行尚未上市的，发行人应当按照发行价并加算银行同期存款利息返还股票持有人。"

第五节　美股、港股 IPO 的发行上市审核

美国资本市场新股 IPO 实行"注册制"，但其发行上市环节也要经过监管机构及交易所的严格审核。其中，监管机构包括美国证券交易委员会（SEC）及各州的证券主管部门；交易所包括全国性的证券市场以及区域性的证券市场，全国性的证券市场有：纽约证券交易所（NYSE）、全美证券交易所（AMEX）、纳斯达克（NASDAQ）、美国场外柜台交易系统（OTCBB），区域性的证券市场有：费城证券交易所（PHSE）、太平洋证券交易所（PASE）、

中西部证券交易所（MWSE）、芝加哥期权交易所（OBCE）等。监管机构和交易所分别承担发行和上市审核，共同完成发行上市审核过程。

审核职能分配方面，SEC 的发行审核是核心，负责审核全国范围内发行的证券，交易所只负责审核在本交易所上市的证券，各州监管部门只负责审核在本州发行的证券。由于美国联邦与州政府独特的宪政分权机制，新股 IPO 审核需要同时满足 SEC 和州监管部门的相关要求并注册。1996 年，美国国会出台了《国家证券市场改进法》，定义了"联邦管辖的证券"，规定在纽约证券交易所、全美证券交易所、纳斯达克（美国）上市的证券得以豁免州的注册义务，只需接受 SEC 的审核，而在其他证券交易所上市的证券则均需接受发行所在地的州监管机构审核。

发行审核流程方面，美股审核程序可分为：发行人提交 IPO 注册文件—SEC 提出多轮书面审核意见—发行人依次书面回复—SEC 出具新股发行注册函—发行人路演定价配售并向 SEC 提交含有发行价格区间的注册文件—SEC 出具注册文件生效函。SEC 发行审核重点关注发行人的信息披露，发行人新股的定价、配售等事项由市场自行决定。

上市审核方面，美股的上市审核在交易所进行。纽约证券交易所审查内容主要集中于股权结构、近 5 年财务报告、最新的招股说明书等资料；对于非美国的公司，还要额外审查股权投资的子公司、本国监管机构的监管记录以及税收、会计和外汇管制等内容。纽约证券交易所主板和中小板设置了不同的上市标准，发行人只需要满足其中一套标准即可。从审核结论来看，纽约证券交易所上市审核意见主要集中于是否满足上市标准中的数值要求及公司治理等合规性要求。纳斯达克实施分层制，主要包括纳斯达克全球精选市场、纳斯达克全球市场（原纳斯达克全国市场）和纳斯达克资本市场（原纳斯达克小型资本市场）三个层次，每个层次进一步设立了不同的上市标准，发行人只需满足其中一项标准即可上市。从审核结论来看，纳斯达克上市审核意见也主要集中于是否满足上市标准中的数值要求及公司治理等合规性要求。

香港资本市场发行上市实行"注册制"，发行上市审核主体是香港证监会和香港联交所，其 IPO 发行实施"双重存档"制度，其发行与上市审核都需要经过香港证监会和香港联交所。实际运行中，香港联交所对发行上市审核负主要责任，香港联交所下设上市委员会和上市上诉委员会，上市委员会将部分审核权限授予上市科，上市委员会与上市科共同完成发行上市审核过程，发行人对上市委员会的意见有异议的可以向上市上诉委员会申诉。香港联交所发行上市流程包括：上市科对申请材料进行初审—上市委员会对发行人进行聆讯—香港联交所出具聆讯信函，公布结果—发行人公开相关资料。从审核结论看，香港联交所上市委员会的审核意见重点是财务报表、会计政策选择及公司治理等问题。

第六节　上市审核案例分析

一、成功上市案例——中微半导体

中微半导体设备（上海）股份有限公司是科创板首批上市公司之一。中微半导体成立于 2004 年，注册资本为 4.813 7 亿元，主要从事高端半导体设备的研发、生产和销售。自成立以来，公司主要业务是开发加工微观器件的大型真空工艺设备，包括等离子体刻蚀设备和薄膜沉积设备，等离子体刻蚀设备、薄膜沉积设备与光刻机是制造集成电路、LED 芯片等微观器件的最关键设备。中微半导体预计在科创板首次发行 53 486 224 股，占发行后总股本的 10%。募集资金拟用于高端半导体设备扩产升级项目、技术研发中心建设升级项目以及补充流动性资金。

中微半导体主要收入来自运用核心技术的产品，公司专用设备主要为刻蚀设备和 MOCVD 设备。招股书显示，2016、2017 和 2018 年度，中微半导体营业收入分别为 60 952.84 万元、97 192.06 万元和 163 928.83 万元，2017、2018 年度营业收入同比增长分别为 59.45% 和 68.66%，报告期内年均复合增长率为 64.00%。公司在 2017 年度实现扭亏为盈，2018 年度经营业绩继续保持良好增长的态势，毛利和净利润分别实现 58 178.07 万元及 9 083.68 万元。

研发投入方面，招股说明书显示公司 2016 至 2018 年累计研发投入 10.37 亿元，约占营业收入的 32%。公司积累了深厚的技术储备和丰富的研发经验，并有严格的知识产权管理体系。自公司设立至 2019 年 2 月末，公司申请了 1 201 项专利，其中发明专利 1 038 项，海外发明专利 465 项；已获授权专利 951 项，其中发明专利 800 项。

中微半导体的上市申请于 2019 年 3 月 29 日获得受理，随后经历了四轮审核问询，6 月 20 日上市委员会通过，7 月 1 日注册生效，7 月 22 日上市交易。中微半导体四轮问询情况如表 3-20 所示。

表 3-20　中微半导体四轮问询情况

	上交所问询时间	中微半导体反馈时间	问题数	主 要 内 容
首轮问询	2019.4.10	2019.5.5	52	① 发行人股权机构、董监高等基本情况；② 发行人核心技术；③ 发行人业务；④ 公司治理与独立性；⑤ 财务会计信息与管理层分析；⑥ 其他事项
第二轮问询	2019.5.8	2019.5.20	10	① 实际控制人认定及核心技术人员稳定；② 股份支付；③ 政府补助；④ 应收账款；⑤ 存货及产销量；⑥ 研发投入资本化；⑦ 固定资产成新率；⑧ 收入确认；⑨ 股份下翻及海外收购；⑩ 其他事项
第三轮问询	2019.5.22	2019.5.28	3	① 开发支出资本化；② 存货与产销量；③ 政府补助
第四轮问询	2019.6.8	2019.6.10	2	① 政府补助；② 开发支出资本化

二、上市委员会否决案例——国科环宇

北京国科环宇科技有限公司是上交所科创板上市委员会首次行

使否决权被终止上市的企业。国科环宇成立于 2004 年 11 月 25 日，注册资本 3 000 万元，是一家航天关键电子系统解决方案提供商，主要业务为我国载人航天、北斗卫星导航系统、高分辨率对地观测系统等国家重大科技专项关键电子系统提供系统和技术服务。国科环宇此次拟发行 1 000 万股，发行后占总股份比例 25%。此次募集资金拟用于自主可控空间关键电子系统升级研制项目、基于自研实时操作系统的军工关键电子解决方案研制项目、研发测试基地建设项目。

国科环宇的上市申请于 2019 年 4 月 12 日获上交所受理，随后经过了三轮审核问询。在审核过程中，上交所对其独立经营能力、会计基础工作以及关联交易等问题予以重点关注。2019 年 9 月 5 日，上交所科创板上市委员会召开第 21 次审议会议，对国科环宇的发行上市申请进行审议，经过合议形成了不同意国科环宇发行上市的审议意见。上交所结合上市委的审议意见，作出了终止对国科环宇的科创板发行上市审核的决定。

根据科创板上市委员会第 21 次会议的结果公告，国科环宇主要存在以下问题：

一是国科环宇本次申报财务数据与 2019 年 3 月其在北交所挂牌时披露的存在重大差异。发行人 2019 年 3 月在北交所申请挂牌时披露的营业收入为 1.81 亿元，净利润超 2 786 万元，而 2019 年 4 月 12 日国科环宇提交的科创板上市申请材料中，母公司净利润为 1 791 万元，相差 995 万元，差额比例超三分之一，与本次申报的财务数据有重大差异。

根据发行人解释，差异来源一是北交所挂牌时采用了母公司报表数据，二是本次编制申报有多个科目进行了审计调整。发行人两次申报均由瑞华会计师事务所出具审计报告。保荐机构认为该差异不属于会计差错更正事项。以上情况反映了发行人存在内控制度不健全、会计基础薄弱的情形。

二是发行人在首次披露招股说明书（申报稿）和前两轮问询回复中，均未披露重大专项承研的业务模式下总体单位（单位D），对业务模式的描述不清晰，未充分说明项目承接方式、各参与方在该模式下的角色、权利义务关系，也未披露发行人核心人员与单位D具有关联关系，仅在第三轮问询回复中才进行说明。

三是公司无法披露业绩依赖度高的单位A、单位B的名称和关联关系。保荐机构和发行人律师在首次申报和首轮问询回复中均无法对信息披露豁免不影响投资者决策判断事项发表明确、无保留的结论性意见，仅在第二轮问询回复中根据审核问询修改了相关表述，对该事项发表了肯定意见。

国科环宇三轮问询情况如表3-21所示。

表3-21　国科环宇三轮问询情况

	上交所问询时间	国科环宇反馈时间	问题数	主　要　内　容
首轮问询	2019.4.22	2019.5.9	37	① 发行人股权机构、董监高等基本情况；② 发行人核心技术；③ 发行人业务；④ 公司治理与独立性；⑤ 财务会计信息与管理层分析；⑥ 其他事项

(续表)

	上交所问询时间	国科环宇反馈时间	问题数	主　要　内　容
第二轮问询	2019.5.23	2019.6.20	17	① 关联交易；② 股权变动；③ 对赌协议；④ 收入确认；⑤ 存货；⑥ 毛利率；⑦ 研发外包；⑧ 外协成本；⑨ 研发投入；⑩ 销售费用；⑪ 职工薪酬；⑫ 预计市值；⑬ 参股公司；⑭ 核心技术人员；⑮ 重大事项判断标准；⑯ 股价稳定措施；⑰ 信息豁免披露
第三轮问询	2019.7.1	2019.7.15	3	① 重大专项承研业务模式、关联交易；② 关于"开发宝"；③ 其他

三、证监会不予注册案例——恒安嘉新

恒安嘉新（北京）科技股份有限公司是科创板首家通过了上交所审核而在证监会注册中被否的企业。恒安嘉新成立于2008年7月，注册资本7 791万元，主营业务是向电信运营商、安全主管部门等政企客户提供基于互联网和通信网的网络信息安全综合解决方案及服务。恒安嘉新此次拟发行不超过2 597万股，发行后总股本不超过10 388万股，预计融资金额8.00亿元，募资拟投资于面向5G的网络空间安全态势感知平台项目、面向工业互联网及物联网的安全综合治理平台项目、网络空间安全产业基地项目以及补充流动性资金。

恒安嘉新的上市申请于2019年4月3日获上交所受理，随后经历了四轮的审核问询。经历四轮问询后，恒安嘉新在7月11日成功过会，并于7月18日提交注册申请。然而，8月30日，

证监会发布公告称，对恒安嘉新首次公开发行股票的注册申请作出不予注册的决定，在 8 月 27 日上交所科创板上市发行审核网页上，恒安嘉新已经显示为处于不予注册状态。9 月 2 日，恒安嘉新发布声明称，公司充分尊重证监会的决定，将严格按照监管机构对上市公司的要求进一步规范管理。

根据证监会的公告，恒安嘉新存在会计基础工作薄弱、内控缺失以及会计差错更正事项披露存疑等问题，与相关规定不符。一是发行人于 2018 年 12 月 28 日、12 月 29 日签订、当年签署验收报告的 4 个重大合同，金额 15 859.76 万元，2018 年底均未回款、且未开具发票，公司将上述 4 个合同收入确认在 2018 年。2019 年，发行人以谨慎性为由，经董事会及股东大会审议通过，将上述 4 个合同收入确认时点进行调整，相应调减 2018 年主营收入 13 682.84 万元，调减净利润 7 827.17 万元，扣非后归母净利润由调整前的 8 732.99 万元变为调整后的 905.82 万元，调减金额占扣非前归母净利润的 89.63%。发行人将该会计差错更正认定为特殊会计处理事项的理由不充分，不符合企业会计准则的要求，发行人存在会计基础工作薄弱和内控缺失的情形。

二是 2016 年发行人实际控制人金红将 567.20 万股股权分别以象征性 1 元的价格转让给了刘长永等 16 名员工。在提交上交所科创板上市审核中心的申报材料、首轮问询回复、二轮问询回复中发行人都认定上述股权转让系解除股权代持，因此不涉及股份支付；三轮回复中，发行人、保荐机构、申报会计师认为时间久远，能够支持股份代持的证据不够充分，基于谨慎性考虑，会计处理上调整为在授予日一次性确认股份支付5 970.52万元。发行人未按招股说明书的要求对上述前期会计差错更正事项进行披露。

恒安嘉新的四轮问询情况如表3-22所示。

表3-22 恒安嘉新四轮问询情况

	上交所问询时间	恒安嘉新反馈时间	问题数	主 要 内 容
首轮问询	2019.4.18	2019.5.6	45	① 发行人股权机构、董监高等基本情况；② 发行人核心技术；③ 发行人业务；④ 公司治理与独立性；⑤ 财务会计信息与管理层分析；⑥ 其他事项
第二轮问询	2019.5.13	2019.5.24	16	① 股权代持；② 共同实际控制人；③ 竞业禁止；④ 发行人与启明星辰的关系；⑤ 发行人与主要股东的交易；⑥ 收入确认时点合理性和预计负债的充分性；⑦ 单一来源获取订单的合理性；⑧ 不同业务的收入、毛利率变动；⑨ 分产品收入变化的合理性；⑩ 采购价格的公允性；⑪ 成本核算与退货的情况；⑫ 修改审计报告与披露差异；⑬ 对赌协议；⑭ 技术水平；⑮ 信息披露的客观性；⑯ 其他问题
第三轮问询	2019.6.4	2019.6.16	6	① 收入确认及销售合同结算条款实际执行情况；② 招投标和竞争对手；③ 毛利率；④ 股份代持；⑤ 发行人客户；⑥ 其他问题
第四轮问询	2019.6.16	2019.6.19	3	① 订单获取方式；② 重大合同的会计处理；③ 毛利率

恒安嘉新的上市审核流程如图3-5所示。

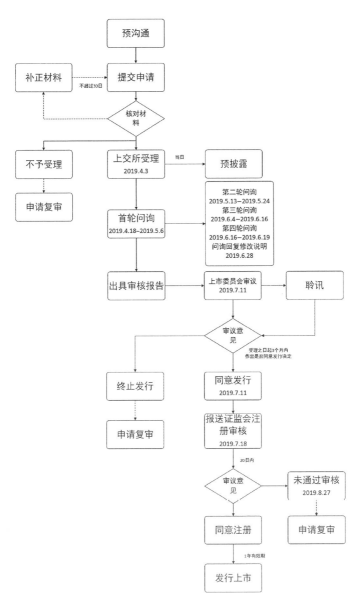

图 3-5　恒安嘉新上市审核流程

第四章　科创板的发行与承销

Sci-Tech innovation board

为了规范上交所科创板股票发行与承销行为，维护市场秩序，保护投资者合法权益，上交所发布了《上海证券交易所科创板股票发行与承销实施办法》，就科创板股票发行与承销中网下询价参与者条件和报价要求、网下初始配售比例、网下网上回拨机制、战略配售、超额配售选择权等事项作了集中的差异化安排。同时，为了规范科创板股票发行承销活动，促进各参与主体归位尽责，上交所制定并发布了《上海证券交易所科创板股票发行与承销业务指引》，对战略投资者、保荐机构相关子公司跟投、新股配售经纪佣金、超额配售选择权、发行定价配售程序以及信息披露等作出了明确规定和安排。

第一节　新股定价机制与发行流程

一、定价机制

科创板取消了直接定价方式，全面采用市场化的询价定价方式。将首次公开发行询价对象限定在证券公司、基金管理公司、信托公司、财务公司、保险公司、合格境外投资者和私募基金管理人七类专业机构投资者，并允许这些机构为其管理的不同配售对象账户分别填报一个报价，每个报价应当包含配售对象信息、每股价格和该价格对应的拟申购股数。同一网下投资者全部报价中的不同拟申购价格不超过 3 个。同时，发行人和主承销商可以根据上交所和中国证券业协会相关自律规则的规定，在上述所指的网下投资者范围内设置其他条件，并在发行公告中预先披露。

发行人和主承销商应当充分重视公募产品（尤其是为满足不符合科创板投资者适当性要求的投资者投资需求而设立的公募产品）、社保基金、养老金、企业年金基金、保险资金和合格境外机构投资者资金等配售对象的长期投资理念，合理设置其参与网下询价的具体条件，引导其按照科学、独立、客观、审慎的原则参与网下询价。

过去十几年来，我国资本市场的首次 IPO 定价大致经历了询价和直接定价的反复过程。2005 年主板 IPO 开始实行询价制；由于早期经常出现大量异常报价，定价效率不高，监管部门开始对 IPO 定价窗口指导；2009 年开始取消窗口指导，2009 年至 2012 年再次回到市场化询价的阶段；2012 年 11 月至 2014 年初，新股暂停发行；2014 年 6 月重启 IPO，窗口指导新股定价为 23 倍市盈率。和目前 A 股主板市场 IPO 直接定价相比，此次科创板取消了 23 倍市盈率的定价限制，并在询价的过程中剔除不低于 10% 比例的最高部分，以抑制不合理的报价，致力于提高 IPO 定价效率。科创板具体的定价机制如表 4-1 所示。

表 4-1　科创板发行定价机制

	规　　则
询价对象	证券公司、基金管理公司、信托公司、财务公司、保险公司、合格境外投资者和私募基金管理人七类专业机构投资者
报价区间	初步询价时，同一网下投资者填报的拟申购价格中，最高价格与最低价格的差额不得超过最低价格的 20%
确定有效报价	初步询价结束后，发行人和主承销商应当剔除拟申购总量中报价最高的部分，剔除部分不得低于所有网下投资者拟申购总量的 10%；当拟剔除的最高申报价格部分中的最低价格与确定的发行价格（或者发行价格区间上限）相同时，对该价格的申报可不再剔除，剔除比例可低于 10%。剔除部分不得参与网下申购
发行人和主承销商披露报价信息	网下申购前，发行人和主承销商应当披露下列信息： (1) 剔除最高报价部分后所有网下投资者及各类网下投资者剩余报价的中位数和加权平均数； (2) 剔除最高报价部分后公募产品、社保基金、养老金剩余报价的中位数和加权平均数； (3) 剔除最高报价部分后公募产品、社保基金、养老金、企业年金基金、保险资金和合格境外机构投资者资金剩余报价的中位数和加权平均数； (4) 网下投资者详细报价情况，具体包括投资者名称、配售对象信息、申购价格及对应的拟申购数量、发行价格或发行价格区间确定的主要依据，以及发行价格或发行价格区间的中值所对应的网下投资者超额认购倍数
确定发行价格	(1) 初步询价结束后，发行人和主承销商应当根据上述的各项中位数和加权平均数，并重点参照剔除最高报价部分后公募产品、社保基金、养老金、企业年金基金、保险资金和合格境外机构投资者资金等配售对象剩余报价中位数和加权平均数的孰低值，审慎合理确定发行价格（或者发行价格区间中值）。 (2) 发行人和主承销商确定发行价格区间的，区间上限与下限的差额不得超过区间下限的 20%。上交所可以根据市场情况，调整前述报价区间差额比例
发行价格超出相关区间情况	(1) 初步询价结束后，发行人和主承销商确定的发行价格（或者发行价格区间中值）不在主承销商出具的投资价值研究报告所明确的估值区间范围内的，发行人和主承销商应当向上交所说明理由及各类网下投资者报价与上述估值区间的差异情况。上交所将上述情况通报中国证券业协会。 (2) 初步询价结束后，发行人和主承销商确定的发行价格（或者发行价格区间中值）超过《实施办法》第九条规定的中位数、加权平均数的孰低值，超出比例不高于 10% 的，应当在申购前至少 5 个工作日发布投资风险特别公告；超出比例超过 10% 且不高于 20% 的，应当在申购前至少 10 个工作日发布 2 次以上投资风险特别公告；超出比例超过 20% 的，应当在申购前至少 15 个工作日发布 3 次以上投资风险特别公告

资料来源：《上海证券交易所科创板股票发行与承销实施办法》。

从首批 25 家公司询价情况来看，机构投资者参与询价热情较高，参与报价的机构数量平均值为 238 家，最高达到 264 家；参与询价配售的账户数量平均值为 2 157 个，最高达到 2 431 个。

具体询价情况如表 4-2 所示。

表 4-2 科创板首批 25 家公司询价情况

证券简称	初步询价起始日	初步询价下限	初步询价上限	网下有效报价下限	网下有效报价上限	网下有效报价申购量比例	初步询价对象家数	初步询价配售对象家数	网下超额认购倍数
华兴源创	2019-06-21	10.65	31.76	24.31	26.81	74.10	213	1 746	280.93
睿创微纳	2019-06-27	7.50	25.50	20.00	23.00	83.27	218	1 904	272.67
天准科技	2019-06-27	15.00	54.38	25.50	27.03	64.28	206	1 833	250.72
杭可科技	2019-06-28	13.34	31.02	27.43	29.31	60.42	242	2 088	266.78
澜起科技	2019-07-03	20.80	39.13	24.88	27.56	89.90	214	1 967	278.75
容百科技	2019-07-05	18.05	40.00	26.62	28.79	85.57	243	2 121	334.53
光峰科技	2019-07-05	7.80	25.00	17.50	18.00	79.39	262	2 307	324.77
中国通号	2019-07-05	3.50	16.00	5.85	6.08	78.85	211	1 595	143.13
福光股份	2019-07-05	10.30	39.09	25.22	25.78	61.85	249	2 241	299.66
新光光电	2019-07-05	7.50	44.23	38.10	40.71	78.29	239	2 205	378.04
中微公司	2019-07-05	7.90	31.24	29.02	29.92	79.77	229	2 160	340.71
乐鑫科技	2019-07-05	36.80	66.25	62.64	64.00	84.65	242	2 264	345.37
安集科技	2019-07-05	15.00	48.19	39.20	43.50	87.16	250	2 201	415.06
铂力特	2019-07-05	21.88	40.10	33.00	33.85	81.69	241	2 274	408.99
心脉医疗	2019-07-08	33.42	82.45	46.28	47.43	61.78	240	2 167	294.29
南微医学	2019-07-08	10.39	70.00	52.50	54.27	86.08	250	2 362	380.29
虹软科技	2019-07-08	10.76	36.60	28.88	31.25	85.04	257	2 232	367.59
西部超导	2019-07-08	6.59	17.36	15.00	16.09	85.90	247	2 261	429.41
交控科技	2019-07-09	13.32	17.50	16.18	16.75	85.65	187	2 056	390.75
方邦股份	2019-07-09	31.00	57.01	53.88	54.66	70.85	264	2 345	358.22
瀚川智能	2019-07-09	18.15	30.00	25.79	26.70	54.17	259	2 431	253.87
沃尔德	2019-07-09	13.69	30.53	26.68	27.70	70.33	252	2 233	340.32
天宜上佳	2019-07-09	12.00	28.50	20.39	21.09	69.06	254	2 293	327.59
航天宏图	2019-07-09	14.46	25.00	17.25	19.50	69.26	245	2 322	366.21
嘉元科技	2019-07-09	18.00	33.35	28.27	28.95	72.23	230	2 317	318.01

资料来源：Wind 数据库。

上市首日市场表现方面，科创板首批 25 只新股的首日平均涨幅 139.55%，首批 25 家企业的平均市盈率约 120 倍，上市首日的平均换手率 77.78%，远超市场预期，显示出投资者对科创板持有较高的热情。随着后期科创板更多股票上市，市场的整体估值和换手率水平应该会回到合理的区间。科创板首批 25 家公司上市首日涨跌幅和换手率如图 4-1 和图 4-2 所示。

单位：%

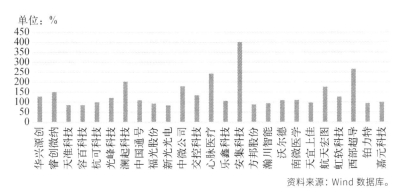

资料来源：Wind 数据库。

图 4-1　科创板首批 25 家公司上市首日股价涨幅

单位：%

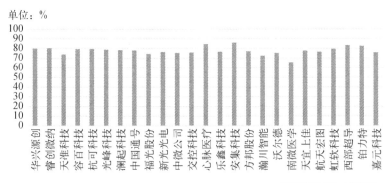

资料来源：Wind 数据库。

图 4-2　科创板首批 25 家公司上市首日股票换手率

二、新股发行流程

经证监会同意注册后，发行人及主承销商可向上交所报备发行与承销方案，上交所在收到发行与承销方案后 5 个工作日内无异议的，发行人与主承销商可以在发行承销业务系统录入公司基本信息，基本信息提交上交所无异议后，可刊登《首次公开发行股票并在科创板上市招股意向书》《首次公开发行股票并在科创板上市发行安排及初步询价公告》，启动发行工作。整个流程如图 4-3 和表 4-3 所示。

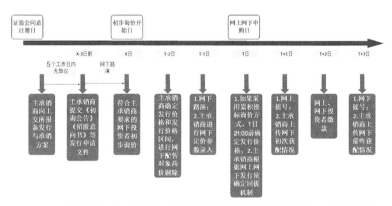

资料来源:《上海证券交易所科创板首次公开发行股票发行与上市业务指南》。

图 4-3　新股发行流程图

表 4-3　新股发行流程

时　间	主　要　内　容
X-3 日或之前	主承销商在发行承销业务系统新建《首次公开发行股票并在科创板上市发行安排及初步询价公告》《首次公开发行股票并在科创板上市招股意向书》
X-1 日或之前	确定合格的网下投资者和配售对象，提交并确定初步询价参数
X 日	初步询价，网下投资者报价，申购平台记录本次发行网下投资者申购记录

（续表）

时 间	主 要 内 容
T−3 日或之前	主承销商在发行承销业务系统新建《首次公开发行股票并在科创板上市网上路演公告》记录，并将该公告上传至发行承销业务系统
T−2 日	（1）《首次公开发行股票并在科创板上市网上路演公告》见报、见上交所网站。 （2）主承销商确认有效配售对象，主承销商应根据有关规定和发行人、主承销商事先确定并公告的有效报价条件，剔除最高报价部分的初步询价报价及其对应的拟申购数量。 （3）主承销商在发行承销业务系统录入科创板新股网上定价发行通知
T−1 日	（1）网上路演。 （2）主承销商通过网下 IPO 系统录入并提交确定的股票发行价格（或发行价格区间）等申购参数，通过网下 IPO 系统完成定价（或累计投标询价）发行参数确认
T 日	（1）新股网上网下发行。 （2）主承销商在网下 IPO 系统确认有效申购数据。 （3）主承销商根据发行承销业务系统下载的《证券上网发行申购结果情况报表》，通过发行承销业务系统制作《科创板新股（存托凭证）首发价格及配售情况表（回拨后）》。（发行价确定方式为初步询价后定价发行的，需正确填写确定的发行价格，发行价确定方式为累计投标询价发行的，该通知单于 21：00 前完成录入。） （4）主承销商在发行承销业务系统录入《科创板新股（存托凭证）网上网下发行回拨后数量价格通知单》
T+1 日	（1）主承销商通过"获配文件上传"功能上传初步的获配情况数据文件，将各配售对象网下获配应缴款情况，包括发行价格、获配股数、配售款、佣金比例、经纪佣金金额、应交款总额、证券账户、配售对象证件代码等数据上传至上交所网下 IPO 系统。 （2）发行人、主承销商、摇号执行机构在公证处监督下，按照摇号规则组织摇号，将摇号中签号码表发送至上交所
T+2 日	（1）主承销商获取各配售对象截至 T+2 日 16：00 的认购资金到账情况。主承销商对未在 16：00 前足额缴纳认购资金的配售对象，其未到位资金对应的获配股份由主承销商包销。 （2）网下 IPO 系统于 21：30 前，为参与网下申购的 A、B 类配售对象进行配号，配号完成后，将配号情况发送至发行承销业务系统
T+3 日	（1）发行人、主承销商、摇号执行机构在公证处监督下，按照摇号规则组织网下摇号，并前将摇号结果反馈至上交所。 （2）主承销商新建《首次公开发行股票并在科创板上市发行结果公告》《首次公开发行股票并在科创板上市招股说明书》记录并将对应公告上传发行承销业务系统，并在《首次公开发行股票并在科创板上市发行结果公告》后制作通知单中新建《科创板新股（存托凭证）网上网下发行及放弃认购数量通知单》，在《首次公开发行股票并在科创板上市发行结果公告》后附《新发网上网下发行及放弃认购数量表》作为附件提交

资料来源：《上海证券交易所科创板首次公开发行股票发行与上市业务指南》。

第二节 网下 + 网上配售机制

一、网下配售模式

根据《上海证券交易所科创板股票发行与承销实施办法》第十二条的规定，在科创板首次公开发行股票，网下发行比例应当遵守以下规则：

（1）公开发行后总股本不超过 4 亿股的，网下初始发行比例不低于本次公开发行股票数量的 70%。

（2）公开发行后总股本超过 4 亿股或者发行人尚未盈利的，网下初始发行比例不低于本次公开发行股票数量的 80%。

（3）应当安排不低于本次网下发行股票数量的 50% 优先向公募产品（包括为满足不符合科创板投资者适当性要求的投资者投资需求而设立的公募产品）、社保基金、养老金、根据《企业年金基金管理办法》设立的企业年金基金和符合《保险资金运用管理办法》等相关规定的保险资金配售。

（4）公募产品、社保基金、养老金、企业年金基金和保险资金有效申购不足安排数量的，发行人和主承销商可以向其他符合条件的网下投资者配售剩余部分。

（5）对网下投资者进行分类配售的，同类投资者获得配售的比例应当相同。公募产品、社保基金、养老金、企业年金基金和保险资金的配售比例应当不低于其他投资者。

（6）安排向战略投资者配售股票的，应当扣除向战略投资者配售部分后确定网下网上发行比例。

同时，在对网下投资者进行配售的过程中，遵循将网下投资者分成三类、分类配售的原则。保荐机构（主承销商）将提供有效报价并参加网下申购的符合配售投资者条件的网下投资者分为以下三类：

（1）公募产品、社保基金、养老金、企业年金基金和保险资金为 A 类投资者，其配售比例为 RA。

（2）合格境外机构投资者资金为 B 类投资者，B 类投资者的配售比例为 RB。

（3）所有不属于 A 类、B 类的网下投资者为 C 类投资者，C 类投资者的配售比例为 RC。

原则上按照各类配售对象的配售比例关系，$RA \geq RB \geq RC$。此外，《实施办法》还规定了网下发行不足导致发行中止的情况，首次公开发行股票网下投资者申购数量低于网下初始发行量的，发行人和主承销商应当中止发行，不得将网下发行部分向网上回拨。网上投资者申购数量不足网上初始发行量的，可以回拨给网下投资者。和主板相比，"符合要求的个人投资者"被排除在外，科创板提高了网下发行的比例，这增加了个人投资者参与科创板的门槛。图 4-4 和图 4-5 显示了科创板首批 25 家公司各类投资者网下中签率和配售数量占比情况。

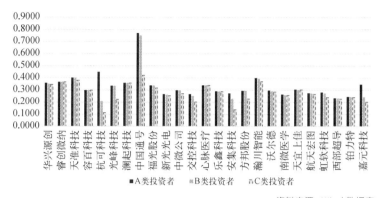

资料来源：Wind 数据库。

图 4-4　科创板首批 25 家公司网下配售中签率

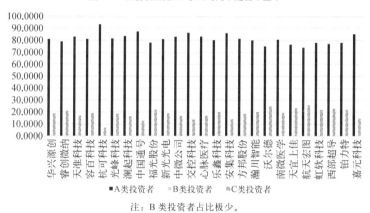

注：B 类投资者占比极少。

资料来源：Wind 数据库。

图 4-5　科创板首批 25 家公司网下投资者配售数量占比

二、网上配售模式

根据《上海证券交易所科创板股票发行与承销实施办法》第十三条的规定，网上投资者有效申购倍数超过 50 倍且不超过 100 倍的，从网下向网上回拨比例为本次公开发行股票数量的5%；有效申购倍数超过100倍的，回拨比例为本次公开发行股票数量的10%；回拨后无限售期的网下发行数量不超过本次公开发行股票数量的80%。

网上申购准入方面，根据《上海证券交易所科创板股票发行与承销实施办法》第十四条的规定，根据投资者持有的市值确定其网上可申购额度，符合科创板投资者适当性条件且持有市值达到10 000元以上的投资者方可参与网上申购。每5 000元市值可申购一个申购单位，不足5 000元的部分不计入申购额度。每一个新股申购单位为500股，申购数量应当为500股或其整数倍，但最高申购数量不得超过当次网上初始发行数量的千分之一，且不得超过9 999.95万股，如超过则该笔申购无效。

网上申购总量大于网上发行总量时，上交所按照每500股配一个号的规则对有效申购进行统一连续配号。这一点和主板网上申

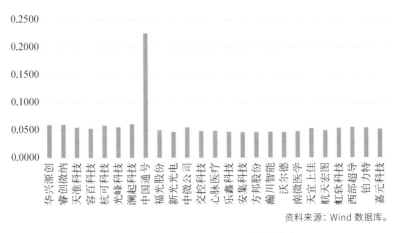

资料来源：Wind数据库。

图4-6　科创板首批25家公司网上发行中签率

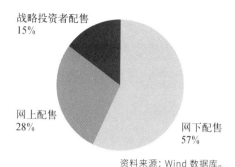

战略投资者配售
15%

网上配售
28%

网下配售
57%

资料来源：Wind 数据库。

图 4-7　科创板首批 25 家公司网上网下配售情况

购类似。图 4-6 显示了科创板首批 25 家公司网上发行中签率情况，图 4-7 显示了科创板首批 25 家公司网上、网下以及战略投资者配售情况。

第三节　战略配售

战略投资者在稳定市场预期、提供股票定价效率上已经得到资本市场广泛的认可。为了提高科创板企业的发行定价效率，《上海证券交易所科创板股票发行与承销实施办法》降低了向战略投资者配售的条件，引入了保荐机构跟投、高管和核心员工认购等战略配售安排，制定了战略配售的数量等规定，相比主板市场是很大的创新。《上海证券交易所科创板股票发行与承销业务指引》还对战略配售的主体资格、投资者数量、信息披露等方面作了规定。具体规则如表 4-4 所示。

表 4-4　科创板战略配售规定

	规　　则
基本条件	参与发行人战略配售的投资者,应当具备良好的市场声誉和影响力,具有较强资金实力,认可发行人长期投资价值,并按照最终确定的发行价格认购其承诺认购数量的发行人股票
主体范围	参与发行人战略配售的投资者主要包括: (1) 与发行人经营业务具有战略合作关系或长期合作愿景的大型企业或其下属企业; (2) 具有长期投资意愿的大型保险公司或其下属企业、国家级大型投资基金或其下属企业; (3) 以公开募集方式设立,主要投资策略包括投资战略配售股票,且以封闭方式运作的证券投资基金; (4) 参与跟投的保荐机构相关子公司; (5) 发行人的高级管理人员与核心员工参与本次战略配售设立的专项资产管理计划; (6) 符合法律法规、业务规则规定的其他战略投资者
投资者数量	(1) 首次公开发行股票数量 4 亿股以上的,战略投资者应不超过 30 名;1 亿股以上且不足 4 亿股的,战略投资者应不超过 20 名;不足 1 亿股的,战略投资者应不超过 10 名; (2) 证券投资基金参与战略配售的,应当以基金管理人的名义作为 1 名战略投资者参与发行,同一基金管理人仅能以其管理的 1 只证券投资基金参与本次战略配售; (3) 发行人和主承销商应当根据首次公开发行股票数量、股份限售安排以及实际需要,合理确定参与战略配售的投资者家数和比例,保障股票上市后必要的流动性
配售数量	首次公开发行股票数量在 1 亿股以上的,战略投资者获得配售的股票总量原则上不得超过本次公开发行股票数量的 30%,超过的应当在发行方案中充分说明理由。首次公开发行股票数量不足 1 亿股的,战略投资者获得配售的股票总量不得超过本次公开发行股票数量的 20%
锁定时间	战略投资者应当承诺获得本次配售的股票持有期限不少于 12 个月,持有期自本次公开发行的股票上市之日起计算
禁止性要求	发行人和主承销商向战略投资者配售股票的,不得存在以下情形: (1) 发行人和主承销商向战略投资者承诺上市后股价将上涨,或者股价如未上涨将由发行人购回股票或者给予任何形式的经济补偿; (2) 主承销商以承诺对承销费用分成、介绍参与其他发行人战略配售、返还新股配售经纪佣金等作为条件引入战略投资者; (3) 发行人上市后认购发行人战略投资者管理的证券投资基金; (4) 发行人承诺在战略投资者获配股份的限售期内,委任与该战略投资者存在关联关系的人员担任发行人的董事、监事及高级管理人员,但发行人的高级管理人员与核心员工设立专项资产管理计划参与战略配售的除外; (5) 除本指引第八条第三项规定的情形外,战略投资者使用非自有资金认购发行人股票,或者存在接受其他投资者委托或委托其他投资者参与本次战略配售的情形; (6) 其他直接或间接进行利益输送的行为

（续表）

	规　则
战略配售 信息披露	（1）发行人和主承销商应当在招股意向书和初步询价公告中披露是否采用战略配售方式、战略配售股票数量上限、战略投资者选取标准等，并向上交所报备战略配售方案，包括战略投资者名称、承诺认购金额或者股票数量以及限售期安排等情况； （2）发行人和主承销商应当在发行公告中披露战略投资者名称、承诺认购的股票数量以及限售期安排等； （3）发行人和主承销商应当在网下发行初步配售结果及网上中签结果公告中披露最终获配的战略投资者名称、股票数量以及限售期安排等
限制性 规定	参与本次战略配售的投资者不得参与本次公开发行股票网上发行与网下发行，但证券投资基金管理人管理的未参与战略配售的证券投资基金除外

资料来源：《上海证券交易所科创板股票发行与承销业务指引》。

首批 25 家公司战略配售方面，大部分战略配售来自保荐机构的跟投，部分企业战略配售来自高管和员工认购，来自其他投资者的战略配售较少，具体战略配售情况如表 4-5 所示。

表 4-5　科创板首批 25 家公司战略配售情况

证券简称	首发募集资金 / 亿元	战略配售总额 / 亿元	保荐机构跟投 金额 / 亿元	高管和员工认 购金额 / 亿元
华兴源创	9.73	0.4	0.4	—
睿创微纳	12.00	1.1	0.5	0.6
天准科技	12.34	0.5	0.5	—
容百科技	11.98	0.5	0.5	—
杭可科技	11.25	0.4	0.4	—
光峰科技	11.90	1.3	0.5	0.8
澜起科技	28.02	8.4	0.8	—
中国通号	105.30	31.6	2.1	6.4
福光股份	9.79	0.4	0.4	—
新光光电	9.52	0.4	0.4	—

(续表)

证券简称	首发募集资金 / 亿元	战略配售总额 / 亿元	保荐机构跟投金额 / 亿元	高管和员工认购金额 / 亿元
中微公司	15.52	0.6	0.6	—
交控科技	6.47	0.9	0.3	0.6
心脉医疗	8.32	1.5	0.8	0.7
乐鑫科技	12.52	1.0	0.5	0.5
安集科技	5.20	0.4	0.2	0.2
方邦股份	10.78	0.4	0.4	—
瀚川智能	6.96	0.3	0.3	—
沃尔德	5.34	0.3	0.3	—
南微医学	17.49	0.6	0.6	—
天宜上佳	9.75	0.4	0.4	—
航天宏图	7.16	0.4	0.4	—
虹软科技	13.28	1.7	1.1	0.6
西部超导	6.63	0.3	0.3	—
铂力特	6.60	0.3	0.3	—
嘉元科技	16.33	0.6	0.6	—

资料来源：Wind 数据库。

战略配售资金占总募集资金比例方面，首批 25 家公司战略配售占总募集资金比例差异较大，澜起科技和中国通号 2 家企业战略配售占总募集资金比例达到 30%，光峰科技、交控科技、心脉医疗和虹软科技 4 家企业比例在 10% 至 20% 之间，其他 19 家企业比例在 10% 以下，其中有 14 家比例在 5% 以下，具体情况如图4-8 所示。

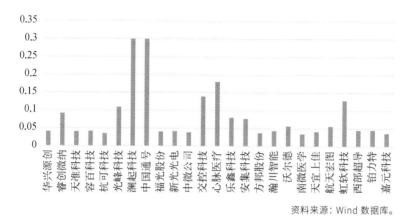

资料来源：Wind 数据库。

图 4-8　科创板首批 25 家公司战略配售占总募集资金比例

第四节　保荐机构参与配售

为提高科创板企业 IPO 定价效率以及保荐机构项目把关功能，科创板引入了保荐机构跟投机制。《上海证券交易所科创板股票发行与承销业务指引》对保荐机构跟投作了详细的规定：

（1）保荐机构相关子公司跟投使用的资金应当为自有资金，中国证监会另有规定的除外。

（2）参与配售的保荐机构相关子公司应当事先与发行人签署配售协议，承诺按照股票发行价格认购发行人首次公开发行股票数量 2% 至 5% 的股票，具体跟投比例规则如表 4-6 所示。

表4-6　科创板保荐机构跟投规则

序号	市 值 规 模	跟 投 比 例
1	不足 10 亿元	跟投比例为 5%，但不超过 4 000 万元
2	大于 10 亿元，不足 20 亿元	跟投比例为 4%，但不超过 6 000 万元
3	大于 20 亿元，不足 50 亿元	跟投比例为 3%，但不超过 1 亿元
4	大于 50 亿元	跟投比例为 2%，但不超过 10 亿元

（3）参与配售的保荐机构相关子公司应当承诺获得本次配售的股票持有期限为自发行人首次公开发行并上市之日起 24 个月。限售期届满后，参与配售的保荐机构相关子公司对获配股份的减持适用中国证监会和上交所关于股份减持的有关规定。

从 25 家首批上市的公司来看，保荐机构参与跟投的资金为 13.74 亿元，占战略配售总额的 25.7%，占募资总额的 3.7%。科创板跟投制度的推出，一方面有利于发挥证券公司项目筛选功能，强化 IPO 质量把关；另一方面，在新股定价效率上，有利于发挥证券公司研究定价功能，平衡投资者与发行人利益，增强 IPO 定价和二级市场定价合理性。但从实际新股发行价格表现看，跟投制度对提高新股定价效率的作用并不显著，新股上市首日收盘价远高于发行价，同时，投行也可以通过提高承销费用将跟投部分的资金成本覆盖，从而将定价过高的风险转嫁出去。跟投制度对投行提高定价效率的激励还有待进一步完善。

首批 25 家公司保荐机构跟投金额情况如图 4-9 所示。

单位：亿元

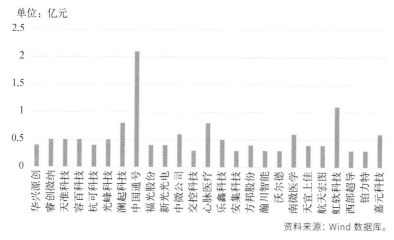

资料来源：Wind 数据库。

图 4-9　科创板首批 25 家公司保荐机构跟投金额

第五节　超额配售选择权（绿鞋机制）

为稳定新股二级市场交易价格，科创板引入了超额配售选择权，超额配售选择权又称"绿鞋机制"，是指发行人授予主承销商的一项选择权，获此授权的主承销商按同一发行价格超额发售不超过发行股份数额 15% 的股份。如果发行人股票上市之后的价格低于发行价，主承销商用事先超额发售股票获得的资金（事先认购超额发售投资者的资金），按不高于发行价的价格从二级市场买入，然后分配给提出超额认购申请的投资者；如果发行人股票上市后的价格高于发行价，主承销商就要求发行人增发 15% 的股票，分配给事先提出认购申请的投资者，增发新股资金归发行人所有，增发部分计入本次发行股数量的一部分。其目的在于稳定新股二级市场交易价格，调节新股供需，实现新股股价由一级市场向二级市场的平稳过渡。

超额配售选择权在国外广泛使用，国内企业在海外上市也采用过超额配售选择权，例如交行、建行、中行和招行等赴海外上市均采用了"超额配售选择权"机制。科创板企业引入超额配售选择权机制，对于提高我国资本市场新股发行市场化程度，降低一、二级市场间套利空间，稳定新股价格具有重要的意义。

《上海证券交易所科创板股票发行与承销实施办法》以及《上海证券交易所科创板股票发行与承销业务指引》对科创板超额配售选择权的实施条件、数量、信息披露、行权机制等方面进行了详细的规定，相关规定如表 4-7 所示。

表 4-7　科创板超额配售选择权规定

	规　　则
实施条件	(1) 采用超额配售选择权的，发行人应授予主承销商超额配售股票并使用超额配售股票募集的资金从二级市场竞价交易购买发行人股票的权利。通过联合主承销商发行股票的，发行人应授予其中 1 家主承销商前述权利。 (2) 主承销商与发行人签订的承销协议中，应当明确发行人对主承销商采用超额配售选择权的授权，以及获授权的主承销商的相应责任。 (3) 获授权的主承销商，应当勤勉尽责，建立独立的投资决策流程及相关防火墙制度，严格执行内部控制制度，有效防范利益输送和利益冲突
超额配售选择权专门账户	(1) 获授权的主承销商应当向中国结算上海分公司申请开立使用超额配售股票募集的资金买入股票的专门账户（以下简称超额配售选择权专门账户），并向上交所和中国结算上海分公司提交授权委托书及授权代表的有效签字样本。所涉及的开户、清算、交收等事项，应当按照上交所和中国结算相关规则办理。 (2) 获授权的主承销商应当将超额配售股票募集的资金存入其在商业银行开设的独立账户。获授权的主承销商在发行人股票上市之日起 30 个自然日内，不得使用该账户资金外的其他资金或者通过他人账户交易发行人股票
数量额度	发行人和主承销商应当审慎评估采用超额配售选择权的可行性、预期目标等，并在首次预先披露的招股说明书中明确是否采用超额配售选择权以及采用超额配售选择权发行股票的数量上限。采用超额配售选择权发行股票数量不得超过首次公开发行股票数量的 15%

（续表）

	规　　则
信息披露	(1) 采用超额配售选择权的，应当在招股意向书和招股说明书中披露超额配售选择权实施方案，包括实施目标、操作策略、可能发生的情形以及预期达到的效果等；在发行公告中披露全额行使超额配售选择权拟发行股票的具体数量。 (2) 在超额配售选择权行使期届满或者累计购回股票数量达到采用超额配售选择权发行股票数量限额的 2 个工作日内，发行人与获授权的主承销商应当披露以下情况： ① 超额配售选择权行使期届满或者累计购回股票数量达到采用超额配售选择权发行股票数量限额的日期； ② 超额配售选择权实施情况是否合法、合规，是否符合所披露的有关超额配售选择权的实施方案要求，是否实现预期达到的效果； ③ 因行使超额配售选择权而发行的新股数量；如未行使或部分行使，应当说明买入发行人股票的数量及所支付的总金额、平均价格、最高与最低价格； ④ 发行人本次筹资总金额； ⑤ 上交所要求披露的其他信息
行权机制	(1) 发行人股票上市之日起 30 个自然日内，发行人股票的市场交易价格低于发行价格的，获授权的主承销商有权使用超额配售股票募集的资金，连续竞价时间以《上海证券交易所科创板股票交易特别规定》规定的本方最优价格申报方式购买发行人股票，且申报买入价格不得超过本次发行的发行价；获授权的主承销商未购买发行人股票或者购买发行人股票数量未达到全额行使超额配售选择权拟发行股票数量的，可以要求发行人按照发行价格增发股票。 (2) 主承销商按照前款规定，以竞价交易方式购买的发行人股票与要求发行人增发的股票之和，不得超过发行公告中披露的全额行使超额配售选择权拟发行股票数量。 (3) 主承销商按照第一款规定以竞价交易方式买入的股票不得卖出
超额配售股票交付	(1) 获授权的主承销商以竞价交易方式购买的发行人股票和要求发行人增发的股票一并存入超额配售选择权专门账户。 (2) 在超额配售选择权行使期届满或者累计购回股票数量达到采用超额配售选择权发行股票数量限额的 5 个工作日内，获授权的主承销商应当根据前述情况，向上交所和中国结算上海分公司提出申请并提供相应材料，并将超额配售选择权专门账户上所有股份向同意延期交付股票的投资者交付
超额配售资金	(1) 主承销商应当在超额配售选择权行使期届满或者累计购回股票数量达到采用超额配售选择权发行股票数量限额的 5 个工作日内，将应付给发行人的资金（如有）支付给发行人。 (2) 获授权的主承销商使用超额配售募集的资金从二级市场购入股票的，在超额配售选择权行使期届满或者累计购回股票数量达到采用超额配售选择权发行股票数量限额的 5 个工作日内，将除购回股票使用的资金及划转给发行人增发股票部分的资金（如有）外的剩余资金，向中国证券投资者保护基金有限责任公司交付，纳入证券投资者保护基金

资料来源：《上海证券交易所科创板股票发行与承销实施办法》
《上海证券交易所科创板股票发行与承销业务指引》。

第五章　科创板估值方法

第一节　传统的估值方法

当今国内外主要股票市场上，关于股票价值理论的估值模型主要可以分为两类。一类是以市盈率为代表的相对估值法；另一类是以估值模型为代表的绝对估值法。而在实体经济的评估中，也会用到以资产重置法为代表的资产价值法，下面一一介绍。

一、相对估值法

相对估值法主要包括 PE（市盈率）、PB（市净率）、PS（市销率）、EV/EBITDA（企业价值倍数）、PEG（市盈率相对盈利增长比率）等估值法，其估值方法的原理根据对比对象的不同可以分为横向对比和纵向对比。

横向对比：即将标的公司的价格指标与其所处行业中相类似公司的多只股票（对比系）进行对比，如果低于对比系相应指标的平均值，则认为股票价格被低估，股价将很有希望上涨，使指标回归对比系的平均值；反之则相反。主要代表指标为市盈率和市净率，该方法有效的前提是该行业中其他公司与被估价公司具有可比性，包括主营业务类似、发展阶段相同等，并且市场对这些公司的定价是公允有效的。

纵向对比：将当年度业绩增速与上年度及更早期进行对比，根据业绩增速确定相对价格，主要代表是 PEG 法。

目前市场上应用比较多的相对估值法主要有以下几种：

（一）市盈率（PE）

市盈率法的计算方式是将股票价格除以每股盈利，其计算公式：$PE=P/EPS$。其中，PE 为市盈率；P 为每股现行市场价格；EPS 为每股净利润。

根据每股盈利截取时间的不同，市盈率又可分为静态市盈率、动态市盈率以及滚动市盈率。静态市盈率采用的是过去一年年度报告显示的每股收益；而动态市盈率采用的每股收益是下一年度的预测值；至于滚动市盈率，是为了剔除财务分析上的季节性变化，采用最近 4 个季度每股收益的总和，来模拟年度每股收益的情况。

一般可以用以下两种方法来获取公司的市盈率：

（1）通过对公司关键参数的假定得到市盈率。这种方法实际上与绝对估值法在本质上是一致的，在估值前需要对公司的风险、未来增长率和股息率等进行一系列的假设，假设之后，可以根据市盈率的定义和一系列的公式推导得到：

$$市盈率 = 估值率 \times \frac{（1+固定增长比率）}{（公司加权资本成本 - 固定增长比率）}$$

（2）通过与主营业务类似的公司对比得到标的公司的市盈率。

在投资实践中，PE 估值法的使用往往是选取一组与目标公司相似的公司，取这些公司市盈率的平均值；其次，再比对目标公司与这些公司，作一定的修正和调整后就可得到公司的市盈率。

PE 估值法的优势是明显的：

（1）它直观地反映了公司股价的本质：公司股票价格的走势与公司盈利高度相关。

（2）大多数股票的市盈率计算是很简单的，而且也较为容易比较。

（3）PE 值很容易计算，但却包含了相当丰富的内容：从第一种市盈率的计算方法中可以看到，决定市盈率的因素包括公司经营的风险、增长率、当前盈利与未来盈利的差异和不同的会计政策等。

尽管如此，PE 估值法也有一定的缺陷：

（1）PE 估值法的估值乘数的分母选取的是每股收益，这个指标来源于利润表这一适用权责发生制制定的财务报表。因此，它的最大缺点来自权责发生制本身。首先，每股收益这个指标并未考虑收益的质量；若公司存在大量应收账款且应收年限较长或存在沦为坏账的较大风险，此时由当期利润得来的每股收益有多少意义值得商榷。其次，利润表是公司最方便进行财务操作的一个报表，它可以通过调节上市公司会计政策来调节某个年度的净利润及税后利润。最后，当公司盈利为负时，PE 估值法失效。

（2）PE估值法是一种相对估值法，其背后体现的是无套利定价原理，而无套利定价原理存在一系列的假设，因此，无套利定价原理在现实中不满足的情况对PE估值法来说一样是缺陷。比如，要在市场中找到大量可以替代的资产，这一假定在PE估值法中被发展为找到可以同比的公司群。但若市场中并没有相同类型的公司或者即使有相同的公司但无法进行投资呢？

（3）在PE估值法的使用中，待估公司的市盈率往往用可比公司的平均值来代替。而这样做的前提或假设，是待估公司的市盈率处于行业的平均水平。显然这种假设不一定是正确的，因为我们还必须考虑到在同一行业中不同公司的具体情况和行业地位，因此，我们不能将行业的平均估值水平用于行业龙头，反之亦然。

（4）公司的市盈率会随着整个市场波动，当整个市场都处于非理性时，使用相同或类似公司的市盈率进行估值的合理性就值得怀疑。在这一点上，绝对估值法更聚焦于公司的基本面，比相对估值法更有合理性。

（二）PB（市净率）

市净率指的是每股股价与每股净资产的比率，其计算公式：$PB=P/BV$。其中，PB为市净率；P为每股市价；BV为每股净资产。

与PE类似，PB值可以通过两种方法获取：

（1）通过对公司关键参数的假定得到市净率。这种方法实际上与绝对估值法在本质上是一致的，在估值前需要对公司的风险、未来增长率及 ROE（净资产收益率）等指标进行一系列的假设，在假设之后，可以根据市净率的定义和一系列的公式推导得到：

$$PB=\frac{股东权益的回报率-固定股利增长率}{企业的加权平均资本成本-固定股利增长率}$$

（2）通过与类似企业的比较得到市净率。

与 PE 估值法相同，在实际使用 PB 估值法中经常使用的方法就是选取一组与目标公司相似的公司，然后取这些公司 PB 的平均值作为参考值。

PB 估值法也是最常见的估值方法之一，与 PE 估值法相比，它的优势在于：

（1）对于亏损的企业，PE 估值法显然会失效，这时 PB 估值法却能依然有效。特别是对于某些经营不善、连续亏损的公司，PB 估值法提供了公司进行破产清算时投资者能否收回投资的依据。

（2）对于重资产的行业（或公司），特别是像公用事业这种收益相对稳定但增长空间有限的行业（或公司），PE 及 PEG 估值法会由于偏重评估公司的增长性而失效，但 PB 估值法对这样的行业（或公司）却相当有效。

PB 估值法的缺点也是明显的，其偏重于评估具有固定资产或无形资产较多的行业（或公司），而对于像食品饮料、纺织服装等这样的行业，其价值往往更多地体现在其品牌、人力等无形资产方面，这些因素都无法在资产负债表中体现，而是体现在公司的盈利能力上。

（三）市销率（PS）

市销率，就是市值除以销售收入的比值，其计算公式：$PS=$ 总市值／主营业务收入或者股价／每股销售额，是衡量股价对企业销售收入的关系。

这种估值法的产生背景在于：对于很多创业型企业，当公司处于急速扩张期时，公司主要在市场营销、渠道建设、物流系统等方面投入大量资金，为后期盈利做准备，往往销售额急速扩张而盈利较少。比较明显的是不少互联网公司，以 B2C、新零售为代表，由于创业门槛较低，大部分企业的战略以盈利为代价换市场份额，先在市场发育期的恶劣竞争中存活下来再图盈利。

PS 估值法背后的逻辑在于：如果一个企业能保持稳定的营业收入并长期存活，那么它也一定能长期获得相应的利润率，因此，销售收入在一定程度上反映了公司的长期竞争力。在这种前提下我们能使用销售收入来代替净利润。

PS 估值法的优势在于：

（1）与 PE 不同的是，一般来讲对于存在的企业都会有营业收入，不会出现负营业收入的现象，因此，PS 估值法理论上对于任何企业都适用。

（2）与 PE 估值法存在的利润受会计政策等影响较大不同，一般来说，营业收入的真实性相对比利润要高很多。

（3）对于相对较成熟的行业（或公司），其 PS 值的波动性比

PE 值要小得多。对于非周期性行业，因其受宏观周期波动影响较小，故 PS 估值法是一个很好的方法。

（四）企业价值倍数法（EV/EBITDA）

企业价值倍数法和市盈率法在使用的方法和原则上大同小异，只是选取的指标口径有所不同。企业价值倍数法使用企业价值（EV），即投入企业的所有资本的市场价值代替 PE 中的股价，使用息税折旧前盈利（EBITDA）代替 PE 中的每股净利润。

其计算公式：企业价值倍数 $=EV/EBITDA$，其中，EV 为企业价值，EBITDA 为息税折旧前盈利。

企业价值（EV）既包括股东投入也包括债权人的投入，而息税折旧前盈利（EBITDA）则反映了上述所有投资人所获得的税前收益水平。总体来讲，PE 和 EV/EBITDA 反映的都是市场价值和收益指标间的比例关系，只不过 PE 是从股东的角度出发，而 EV/EBITDA 则是从全体投资人的角度出发。

在 EV/EBITDA 方法下，要最终得到对股票市值的估计，还必须减去债权的价值。在缺乏市场对其债权的公允价值评估的情况下，可以使用债务的账面价值来近似估计。

具体运用中，EV/EBITDA 法和 PE 法的使用前提一样，都要求企业预测的未来收益水平必须能够体现企业未来的收益流量和风险状况的主要特征，一般而言，倍数越低，公司安全边际程度越高。

由于 EBITDA 剔除了财务费用、折旧费用以及税收政策的影响，只反映一个企业真正的运营状况，所以相对更为真实纯粹；但是对于行业特性或者会计政策差异化十分明显的企业间的比较，这样简单化的处理将导致评估结果的不合理，因此，EV/EBITDA更适用于特定行业内的企业间比较，尤其是对单一业务或子公司较少的公司估值。如果业务或合并子公司数量众多，需要作复杂调整，有可能会降低其准确性。

（五）PEG

该指标的计算公式为：$PEG=PE/$（净利润增长率 ×100），是彼得·林奇于 2000 年在《在华尔街的崛起》一书中首次提出的。20 世纪末，以信息技术为代表的高科技公司开始崛起，它们的发展具有爆发性，业绩增长非常快速，往往第一年的 PE 估值高达上百倍，第二年可能就是 30 倍了，在这样的情况下，PE 估值法显得无法体现该类公司的高成长性，PEG 估值法由此应运而生。

PEG 法的运用原则可以总结为如下：

（1）一般而言，PEG 值更低的股票更有投资价值。当 PEG 值等于 1 时，股票定价合理；当 PEG 值小于 1 时，该股票可以作为投资关注的标的；当 PEG 值小于 1/2 时，该股票就具有相当的投资价值；而当 PEG 值大于 2 时，投资者在配置时对该股票要慎重对待。对此，彼得·林奇在《彼得·林奇的成功投资》一书中明确提到："如果一家公司的股票市盈率只有收益增长率的一半，那么这只股票赚钱的可能性就相当大；如果股票市盈率是收益增长率的两倍，那么这只股票亏钱的可能性就非常大。"

（2）若 PEG 值相同，增长率更高的股票更有投资价值。举例来说，"两只股票的 PEG 值等于 1，基期的每股收益都是 1 元，但收益增长率分别为 20%（对应市盈率为 20 倍）和 10%（对应市盈率为 10 倍），市场价格分别为每股 10 元和每股 5 元。按照复利计算，这两只股票 10 年以后的每股收益将分别是 6.19 元和 2.59 元，市场价格将分别是 123.8 元和 25.9 元（假设对应的市盈率仍然分别是 20 倍和 10 倍）"。PEG 估值法从始至终都在传达一个信条：公司的增长才是真正推动股票上涨的动力。

（3）如果 PEG 值、增长率均相同，则应该更多地投资处于发育期或成长期的股票，规避那些已经比较成规模的股票。这意味着 PEG 估值法将更多地应用于成长性行业或公司，因此，PEG 指标也被成长股投资者经常引用的指标。

PEG 的优势在于它弥补了 PE 不能反映公司未来盈利增长的缺点，但是 PEG 也有其局限性：

（1）PEG 是一种相对估值方法，又是从 PE 估值法发展而来。这意味着相对估值法和 PE 估值法的很多缺陷，对于 PEG 估值法来说一样难克服，如盈利指标的真实性、同比公司的寻找等。

（2）PEG 需要估计未来盈利的增长率。这又陷入了与绝对估值法一样的难题：准确估计未来增长率是一个很困难的任务。

（3）PEG 估值法更适合于评估那些未来增长可期的成长性行业，对于处于成熟期或衰退期的企业，PEG 估值法很难适用。

（4）该估值法有效地弥补了市盈率估值法相对静态的缺点，而它的优点也是它的难点，该方法的运用需要较为准确地预测公司的净利润增长率，预测的准确度越高，估值结果就越有价值。

二、绝对估值法

绝对估值法又称贴现法，是把目标企业未来一段时间内一系列收益或现金流量，按照设定的贴现率贴现，从而得到企业现值（企业价值）的评估方法。该方法隐含的哲理是任何资本的价值都是其未来收益依照一定贴现率贴现的现值，这是因为货币是有时间价值的，为了确定企业现在的价值，必须对其未来提供的价值贴现到现在的时点上。按照被贴现对象的不同，可以分为以下两种方法。

（一）DDM

股利贴现模型（Dividend Discount Model，DDM）是绝对估值法中一种最基本的股票内在价值评价模型。

该模型是其他众多绝对估值法的基础，如 DCF、RIM 法等都是从 DDM 模型演变而来的，尤其是 DCF 模型，几乎套用了 DDM 模型的整个框架，主要区别就是关于现金流量的逻辑定义以及折现率。

这种评价方法的根据是，如果你永远持有这个股票，那么你逐年从公司获得的股利的贴现值就是这个股票的价值。根据这个思想来评价股票的方法称为股利贴现模型。该模型的现实意义在于清晰地区分了股票价格和内在价值的区别。

股票价格是市场供求关系的结果，不一定反映该股票的真正价值。股票的价值应该在股份公司持续经营中体现。从股票的涨跌中赚取利润，是股票投机的一面。股票还有更本质的一面，即投资的一面。

因此，公司股票的价值是由公司逐年发放的股利所决定的，而股利多少与公司的经营业绩有关。说到底，股票的内在价值是由公司的业绩决定的，模型公式为：

$$P=\sum_{t=1}^{\infty}\frac{D_t}{(1+r)^t}$$

式中，P——普通股现值；

D——每股预期股利；

r——股票折现率。

（二）DCF

DCF 模型（Discounted Cash Flow Model）是企业战略分析的重要工具，该方法通过把未来一段时期内预期的现金流量按某一能反映其风险的折现率进行折现汇总，最终计算出企业的内在价值。

DCF 估值模型是最具理论意义的财务估价方法，是其他财务估价方法的基础，是目前企业价值评估模式中最主要的一种方法。国外的许多研究表明，公司价值基础是现金流量，当现金流量与利润不一致时，公司价值的变化与现金流量的变化更为一致，而与利润的变化无关。

在运用 DCF 模型对不同的资产进行定价时，须采用不同的折现率。比如对股东权益的价值定价时，须用资本成本贴现权益自由现金流来计算；对整个公司的价值定价时，须采用资本加权平均成本贴现公司自由现金流量来计算。

DCF 模型的运用要求能够满足一个前提及取得三个基本参数。前提是企业经营持续稳定，未来现金流可预期且必须为正值；三个基本参数为：折现率、企业预期现金流量以及获利持续时间。折现率一般参考企业的资本加权成本；获利持续时间一般分阶段讨论；关于现金流量，又可以可分为公司自由现金流量（FCFF）、股权自由现金流量（FCFE），前者评估企业实体价值，后者评估企业股权价值。

FCFF= 息税前营业利润 + 折旧和摊销 – 流动资产增加 – 资本支出
FCFE= 净收益 + 折旧和摊销 – 流动资产增加 – 资本支出 – 债务净增加

根据上述计算公式也能发现，FCFF 模型出现现金流为负的情况要少于 FCFE 模型，故而应用范围更为广泛，模型概况及其计算公式为：

$$V = \sum_{t=1}^{t=n} \frac{CF_t}{(1+r)^t}$$

式中，*V*——企业资产或者公司股权的价值；

n——资产延续的时期；

CF_t——资产在 t 时刻产生的现金流，可以是公司自由现金流或者是股权自由现金流；

r——折现率。

三、资产价值法

这类方法通过评估公司的资产来决定公司的价值，所运用的数据基本源于公司的资产负债表。它从静态的角度出发，不考虑公司未来的发展演变与现金的时间价值，也不考虑能影响公司价值的外部因素，以及或有资产与或有负债等不出现在资产负债表中的情况。目前国际通行的资产估价标准主要有账面价值法、重置成本法和清算价值法。

（一）账面价值法

账面价值法是根据传统会计核算中账面记载的净资产确定并购价格的方法。例如，对于股票来说，资产负债表显示的企业某时点所拥有的资产总额减去负债总额即为企业股票的账面价值，也称账面净资产。

（二）重置成本法

重置成本法根据资产在全新情况下的重置成本，减去按重置成本计算的有形损耗（即已使用期间的累计折旧），以及资产的功能性贬值和经济性贬值，评定重估价格。

重置成本法基于这样的假设：企业是一系列资产的集合体，企业的价值取决于各单项资产的价值，即"1+1=2"。该方法的基本思路是，任何一个了解行情的潜在投资者，在购置一项资产时，他所愿意支付的价格不会超过建造一项与所购资产具有相同用途的替代品所需的成本。

（三）清算价值法

清算价值被认为是企业在被迫停业或破产的情况下，在清算之日拍卖资产能迅速变现的价值。清算价值法主要适用于对业绩不佳、利润低或出现亏损的企业，也适用于企业破产、抵押或停业清理等经济行为的资产评估。清算价值等于公司清算时所有财产的变现价值减去负债及清算费用后的净值。清算价值除依赖于财产的变现速度之外，还依赖于清算资产的使用价值以及使用价值的多少、清算费用的高低。

各类估值方法的优缺点比较如表 5-1 所示。

表 5-1　各类估值方法对比分析表

估值方法	具体模型	优　缺　点
相对估值法	市盈率（PE）	优点：计算简便；直观反映了对企业盈利能力的预期。 缺点：受经济周期影响易产生波动，净利润为负的公司无法使用
	市净率（PB）	优点：净资产极少出现负值，资产相较利润更难人为操纵。 缺点：无形资产价值难以准确测算；不适用于轻资产型的公司
	市销率（PS）	优点：营业收入大概率不会为负，适用范围更广。 缺点：未考虑成本变动的影响，无法直观反映盈利能力
	PEG	优点：更好地测算了公司的成长性，优化了对高市盈率公司的估值。 缺点：净利润为负的公司无法使用，忽略了公司当前的盈利能力

估值方法	具体模型	优 缺 点
相对估值法	企业价值倍数（EV/EBITDA）	优点：通过对自由现金流的折现计算，反映了公司内在价值的本质。 缺点：计算方法较为复杂，贴现率等因素的主观假设对结果影响较大
绝对估值法	股利贴现模型（DDM）	优点：理论完整，模型更具解释力。 缺点：公司不发放股利则无法计算，股利与公司内在价值关联不确定
	折现现金流模型（DCF）	优点：通过对自由现金流的折现计算，反映了公司内在价值的本质。 缺点：计算方法较为复杂；贴现率等因素的主观假设对结果影响较大
资产价值法	账面价值法	优点：资料很容易获得，也能为大多数人所理解。 缺点：并未考虑市场价格的波动以及企业的管理效能
	重置成本法	优点：关注资产的市场变现价值。 缺点：依赖资产历史数据，忽视了未来收益、管理者水平等无形因素
	清算价值法	优点：可以分资产进行单项评估。 缺点：使用条件受限，资产通常会被压价出售，企业价值常被低估

第二节　高科技企业估值方法的选择

一、高科技企业估值的难点

根据目前证监会和上交所对科创板的要求和定位，我们预计高科技公司将成为科创板公司的主流类型，这意味着传统的估值方法将在科创板公司的估值中面临巨大的挑战。但高科技公司的特殊性使得其价值评估存在许多难点。

首先，传统企业经过一定时间的积累已经具备一定规模，其面临的是一个可以预见稳定增长的市场，相应地也就具有比较稳定的现金流。而高科技公司创立时间比较短，并且成功率相对较低，它面临的是一个复杂多变的不稳定市场，这就导致其现金流在一定时期内不具有稳定性，甚至有可能为负。

但是高科技公司在面临着巨大风险的同时也有很高的收益性。一旦其核心技术转化为被市场接受的产品，那么高科技含量的产品就会将其高附加值转化为巨大的经济利益，从而为公司带来大量的现金流和净利润，只不过这种成长性和爆发性也难以预测。

其次，高科技公司持续经营的关键动力是技术性无形资产和人才的智力资本。这些无形资产在高科技公司中占有很大比例，它对企业的创新能力有决定性作用，而对于有形资产，如厂房、机器设备等的需求很少。对于网络公司或软件行业的高科技公司来说，其所占用的场地非常小，技术专利是其最重要的资产。如何对这些无形资产的价值进行评估，是高科技上市公司估值的最主要难题。

另外，由于高科技公司大多数是新创立的公司，其经营期限比较短，可以参考的历史数据非常有限。而以上介绍的各个估值模型都是以企业过去的经营数据为变量，来对现值进行估计。数据的真实有效性很大程度上决定了该种估值方法的可靠性。

最后，高科技公司的发展具有很明显的阶段性，比如，高科技公司要推出一项新产品或新技术往往需要三个阶段——研究开发、中期实验和商业化，按照企业发展阶段又分为发展、成长、成熟、衰退几个阶段，而每个阶段的经营特征、风险特征又有很大差别，所以在对高科技企业进行估值时要对其所处的阶段进行有效判别，才能得出合理结果。

对于 A 股投资者来说，随着科创板加速落地，一批有着广阔发展前景但面临不确定性、成长迅速但盈利不稳定、商业模式新颖难以找到可比公司等特征的高科技公司走入投资者的视野，面对这些新兴的高科技公司，传统单一的 PB、PE 等估值方法有效性降低，投资者亟须获得新的估值武器。

二、创新型企业估值方法选择

由于高科技公司自身的特点导致传统的估值方法不再可行，如何选取最合适的估值方法进行估值就成为一项关键课题。为此，我们总结了高科技公司估值方法选取判定的步骤（见图 5-1）。

（一）判断企业类型

（1）大部分公司为单一业务型公司，这类公司估值相对简单，

图 5-1　创新企业估值方法选择步骤图

可以用一种估值方法对其企业整体价值进行评估。

（2）一些拥有多元业务的大型公司，由于业务模式并不单一，因此无法用一种估值方法估值，需要拆分为多个事业部，分部进行估值并最后加总。

（二）判断业务类型

（1）所属行业：公司所属行业往往会极大地影响估值方法的选取，以传统行业为例，高速公路公司现金流稳定，适合采用现金流贴现模型估值；消费类公司盈利稳健，适合采用市盈率（PE）估值；金融、周期类公司则具有较强的周期性且固定投资较大，适合采用市净率（PB）估值（某些经济周期下也可采用 PE 估值）。

（2）商业模式：商业模式的不同可能导致同一个行业的不同公司采用不同的定价方式，例如，云计算公司和传统软件开发公司、芯片设计公司和传统芯片公司、互联网流媒体公司和传统电影公司等都是新兴的商业模式，导致传统行业通用的估值方法不再适用。这些新兴商业模式的公司要么采用新的估值方法如市销率（P/S）、市售率（EV/SALES）等，要么拥有比传统同行业公司更高的估值。

（3）发展阶段：公司所处的不同发展阶段，面临的不确定性、成长速度和盈利能力都有着巨大的差异，因此需要采用不同的估值方法。例如，一家高速成长的小公司可能盈利能力薄弱甚至持续亏损，但急速扩张的业务为企业带来了大量收入，成长性爆发力十足，因此可以采用 PS 或者 PEG 进行估值；等到该公司步入成熟期，增速放缓但每年盈利稳定，则可以使用市盈率（PE）估值。

（三）选定估值方法

经过以上两步，我们可以基本确定上市公司的估值方法，不过一些公司特有的因素同样可能导致一些估值模型失效，需要重新选定估值方法。

（1）战略转型：一些刚刚经过战略转型的公司由于处于转型阵痛期，旧有业务盈利能力不强或增长乏力，而新转型业务还处于前期投入阶段难以提供业绩支撑。这种情况下投资者需要合理评估公司的转型成绩，给予转型思路明确、转型行业前景广阔的公司一定的估值溢价，并开始使用适合新业务模式的估值方法对公司估值。

（2）兼并收购：部分高科技公司都曾有过兼并收购的经历，而兼并收购可能带来净利润、销售收入、现金流、杠杆率等一系列财务指标的大幅波动，不利于对公司的估值。这种情况下，投资者可以采用并购中常用的企业价值倍数（EV/EBITDA）进行估值，可以排除不同公司间税负政策、杠杆水平和折旧摊销等会计政策的差异。另外，这种估值方法还适用于折旧、摊销较多的资本密集型公司的估值。

（3）可比公司：相对估值法是最常用的一类估值方法，可比公司的选择是这类估值方法的关键。然而，并非很多公司都能找到足够多合适的可比公司，一些新兴行业的公司甚至可能根本没有可比公司。这种情况下，投资者可以放眼全球，对标海外公司历史上的表现，也可以使用一些新的、专门适用新兴行业的估值方法。

第三节　典型科技行业的估值方法讨论

一、医药行业

创新药产品线估值的"金标准"为基于风险调整的现金流折现法（rNPV）。该方法把一个创新药品种分为上市前、专利保护期、专利过期后三个阶段，药品上市成功率 P 可根据可比项目的临床前、临床阶段成功率进行估算，贴现率 r 则需要针对不同情形作敏感性分析。

风险修正的净现值法（rNPV）适用性最高，可表示为：

$$rNPV = P \times \sum_{t=0}^{N} \frac{FV_t}{(1+d)^t}$$

式中，rNPV 为创新药项目最终经过风险修正后的净现值，P 为该创新药项目目前所处研究阶段到上市的成功率，FV 为该创新药在产品生命周期实现的现金流，d 为折现率，t 为该创新药产品生命周期中某一特定时间。具体评估步骤如下：

第一步，通过对产品市场及产品本身竞争环境等分析预测创新药上市后的预期现金流（确定 FV）；

第二步，将创新药上市后的预期现金流以合适的折现率计算得到净现值（确定 d）；

第三步，根据创新药目前的研发阶段给予不同的成功上市概率进行风险纠偏（确定 P）；

第四步，得到风险修正后的净现值（确定 rNPV）。

第五步，将创新药公司在研管线中的所有新药研发项目同样处理，可以得到创新药公司整个在研管线中的估值。

根据海外的统计，大约 85% 的生物科技公司都采取绝对估值法，其中 48% 的公司是基于 rNPV 进行估值，36% 的企业是基于 DCF 进行估值。值得说明的是，rNPV 法操作较为繁琐，所需时间较长。

当前主流的创新器械估值还是 NPV 现金流折现，基于风险调整现金流折现估值法。与创新药相比，创新器械的估值有三大不同：① 上市概率 P 一般更高；② 爬坡时间长但是渠道壁垒高；③ 产品迭代带来生命周期的延长，价格维护更好，不容易形成专利悬崖。

二、高端制造行业

高端装备领域一般主要包括智能制造、航空航天、先进轨道交通、海洋工程装备及相关技术服务等。借鉴国内外资本市场的成熟案例，高端装备公司的估值方法主要包括 PE 估值法、研发人员投入与产出法、资产基础法、PS 估值法等。

（一）智能制造行业公司

智能制造公司可分为三类进行估值：① 系统集成公司：系统

集成业务依赖对下游工艺的理解，定制化程度较高，需要积累研发人员的红利，对该类型公司应关注其对研发人员的投入以及研发人员的人均产出，以此作为定价依据。② 研发类公司：此类公司产品标准化程度较高，初期研发及设备投入较大，但后期可以依靠规模效应摊销研发成本及设备折旧，若销量可以持续增长，企业盈利将会改善。我们建议对此类公司应用 PS 估值方法进行定价，例如激光设备、机器人本体、半导体设备。③ 应用类公司：此类公司产品技术壁垒高，但是相对成熟，我们建议应用 PE 估值方法。

（二）航空航天行业公司

航空航天包括飞机等航空装备和运载器等航天装备，是典型的知识密集型和技术密集型行业，具有很高的技术研发要求和行业壁垒，随着我国国产民机事业的不断发展，行业发展前景向好。该类产业链公司尤其是整机类公司的利润率可能受制于定价机制，利润率水平较低，导致 PE 估值长期偏高，不能反映行业未来长远发展，因此需要参考 PS 估值法进行定价。

（三）先进轨交行业公司

近年来的动车招标数量增加、城轨审批恢复、货运公转铁持续推进，以整车和零部件为代表的轨交设备行业保持增长，尤其是全国铁路固定资产投资连续多年（2015—2018 年）稳定在 8 000 亿元的水平，为轨交设备的发展注入稳定因素，同时先进轨交装备行业具有较高的资质和技术壁垒，在行业稳定发展的情况下，企业具有较高的盈利水平。综合行业发展阶段和企业盈利水平，我们认为先进轨交设备公司可以采用 PE 估值方法进行定价。

（四）海工装备行业公司

由于 2012—2016 年油价持续低迷，同时考虑到海工装备公司投资大、风险高、资产重的特点，对于此类长周期、高壁垒、技术密集型的重资产企业，应该关注其资产负债表的增值情况，可应用资产基础法进行估值。

三、电子行业

横向来看，电子行业子行业众多，每个细分领域所处的行业周期也有较大分化，电子行业目前主要有半导体和消费电子两大领域，具体面临的发展形势也略有不同。

（一）半导体行业

中国大陆已经成为全球半导体建厂潮的主要集中地，上游国产半导体设备和材料企业将是这一轮中国建厂投资的直接受益对象。根据 SEMI 数据，中国本土半导体产业的设备投资将在 2018—2020 年间达到新的高峰，预计投资金额分别为 108 亿美元、110亿美元、172 亿美元。我们持续看好国内半导体中长期的景气度，国内设备、材料企业处于替代初期，后续空间较大，且国产替代迫切性高，市场给予的估值也相对较高。另外，对于已经具备一定规模的国内半导体设计领域的厂商，后续有望继续受益于国产替代进程，这些细分领域的设计龙头公司，也凭借高成长、广阔空间、稀缺性享受到市场估值溢价。

（二）消费电子行业

行业进入成熟期，强者恒强。当前，全球智能手机出货量增长已经进入停滞甚至下滑状态，供应链也经历充分洗牌，新进入者难以再现前两个阶段的增长。我们判断后续龙头厂商会依靠规模优势、成本优势实现大者恒大、强者恒强，且此类公司经历充分竞争洗牌后，盈利能力已经相对稳定。

同时，纵向来看，单个子行业从诞生、成长、高速发展、成熟、衰退等各个周期阶段市场给予的估值也有所差异：

（1）对于快速爆发的细分领域，比如半导体设备、设计等行业，后续国产替代空间较大，行业先发企业有望享受行业增长红利。但同时半导体行业本身相较于其他细分行业属于技术及资金密集型行业，壁垒较高、投入期长，公司业绩兑现周期较长，短期可能出现增收不增利的情况。针对这类企业，在公司快速成长阶段宜用 PS 估值方法。

（2）对于发展阶段及盈利模式相对成熟的企业，PE 法较为合适。以消费电子板块为例，我们认为智能手机已经进入微创新时代的成熟期，产业链也已经经历长期的发展并逐渐进入洗牌阶段，公司也都在经历充分的行业竞争，成本压缩较为充分，净利率水平已经能合理衡量一家公司的竞争力。因此，我们认为 PE 是这类公司较为合理的估值方式。

（3）对于周期性较强、资产投入较大的行业，由于公司盈利受价格影响较大，用 PE 法估值也可能有偏颇，结合 PB、EV/EBITDA 等估值方式综合考量更合适。

（4）电子行业有些细分领域如被动元器件行业较为传统，行业竞争格局也相对稳定，技术进步相对消费电子行业更加缓和一些，这类公司增长相对较为稳健，现金流状况较好，DCF 等传统估值方法参考意义较佳。

四、计算机

自 2010 年创业板开启后，计算机公司上市家数开始明显增加，2009 年前整个 A 股计算机上市公司仅 40 家，而如今已接近 200 家。从 2010 年开始，上市公司数量的增加也使得计算机行业成为一个重要的细分研究领域。目前，A 股计算机公司常见的估值方式仍为 PE 估值法，相比沪深 300 的历史平均 12.5 倍市盈率（TTM），计算机行业的平均溢价率在 4.5 倍左右。同时，计算机行业公司相比沪深 300 的公司，估值波动性要大很多。

从业务结构来看估值差异，对于不同的细分行业，如云计算、大数据、金融 IT、医疗 IT 等，针对相应产业链位置以及不同驱动来源，会有更多符合行业公司发展特点的细化的估值方法。

（一）云计算

云计算企业按照所有资产情况可分为重资产的 IDC（互联网数

据中心）、IaaS（基础设施即服务）以及轻资产的 PaaS（平台即服务）、SaaS（软件即服务）、虚拟化厂商两大类，两类企业适用的估值方法稍有不同。上文提及的两大类估值方法中，绝对估值法虽然相较于相对估值法更有说服力和可信度，但所需数据较多，主观假设的因素对最终结果影响较大。同时，绝对估值法不能及时反映市场的变化，对短期交易的指导意义很小，因此，我们将在相对估值指标中寻找适合云计算企业的估值方法。

（1）重资产云计算企业：IDC 企业有着较大的固定资产支出和折旧，因此，市场上常用 PB、EV/EBITDA 方法来对 IDC 企业估值，美股 IDC 企业 Equinix PB 在 3.7～6.9X 之间，EV/EBITDA 在 13.2～31.0X 之间；IaaS 企业前期与 IDC 企业类似，有着较大的资产支出与折旧，因此，市场上常用 PB、EV/EBITDA 估值方法，而进入营收增长期，PS 估值也是常用的方法。

（2）轻资产云计算企业：轻资产云计算企业会面临业务快速扩张但在一定时期内盈利能力偏弱的情况，其营收往往先于盈利能力释放，因此，市场上通常用 PS 来对轻资产云计算企业估值。

（二）大数据

移动互联网、移动终端和数据传感器的出现，使数据以超出人们想象的速度快速增长。一方面，传统的软件已经无法处理伴随信息化技术的发展而带来的巨大信息量，另一方面，许多公司都已经认识到了大数据所蕴含的重要战略意义，纷纷开始进行布局，以迎接大数据技术革命正在带来的新的机遇和挑战。

除了 Google、IBM 等传统的互联网巨头之外，市场上还涌现出一批优秀的大数据公司。与我国相比，美国大数据产业已发展相对成熟，二级市场中大数据公司的估值方法也已基本达成共识，值得我们借鉴。

目前，美国上市的大数据公司基本采用 P/S 来进行估值，大多数区间在 2 至 11 倍 PS，PS 倍数的高低通常与总营收、公司进入稳定发展期后盈利能力等相关。

（三）金融 IT

金融科技公司通常具有高研发投入、快速产品迭代的特点，一方面是为了应对快速变化的行业需求，另一方面是由于积极采用各类新兴技术。相应地，金融科技公司相应的利润水平，会根据阶段性的研发等投入引起波动。但高研发投入是高成长的保证，因此，相比于常用的 PE 估值，以收入为锚定的 PS 估值方式更加适用于金融科技公司。

从 A 股公司的历史 PS 水平来看，除了 2015 年有较大波动之外，近两年来金融科技公司 PS 水平相应平稳，也说明了二级市场对以 PS 来对金融科技的估值的认同度。恒生电子作为 A 股市场典型的金融 IT 公司，其 PS 走势如图 5-2 所示。

（四）医疗 IT

医疗行业信息化将是大势所趋。传统医疗过程中，由于医疗技术和设备落后、医疗人员失误等因素可能会导致医疗差错。通过信息化实现整个诊疗过程的闭环管理，可利用校验、告警、提示等手

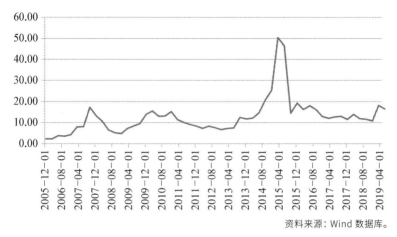

资料来源：Wind 数据库。

图 5-2　恒生电子 PS 走势图

段，减少治疗过程中由于医护人员疏忽而导致的过失。信息化的技术可以有效利用医院多年累积的医疗大数据，支撑医院临床研究与诊疗水平的提高。

参考海外三家市值较大的医疗信息化公司，CERNER（塞纳）、ATHN（雅典娜保健）以及 VEEVA SYSTEMS（维我软件），发现 PE（TTM）估值指标差别较大，其中雅典娜保健公司的 PE 指标最大，滚动市盈率高达 170 倍，CERNER 的 PE 指标最低，仅有 30 多倍，由此可见，市盈率指标无法反映企业收益的增长前景对企业价值的影响，对于高成长性企业来说，使用市盈率指标就不太合适。我们认为，对于医疗 IT 公司，最合适的估值指标为 PEG 指标，上述三家海外可比公司的 PEG 指标范围在 1.0～1.8 倍之间。

第四节　海外创新企业估值案例分享

一、云计算：亚马逊（AMZN.O）

对于亚马逊这类大型多元业务结构的企业进行估值时往往需要对于不同特点的业务采取不同的估值方式。对于此类较复杂的企业，分部加总估值法是市场常用的对多元化公司估值的方法，该方法将公司同时经营的不同业务分别选择合适的估值方法估值，再加总得到公司的总价值。但该估值方法也存在一定缺陷，它往往只是算出一加一等于二的部分，而忽略了协同效用带来的一加一大于二的部分或者一加一小于二的内耗情况。

第一阶段（1995—2000 年）：快速成长的电商巨头。

1995 年，亚马逊电子商务网站正式上线，上线三年后，亚马逊就被《福布斯》杂志评为世界上最大的网上书店。1997 年，CEO 杰夫·贝佐斯（Jeff Bezos）开始将经营范围从图书向其他商品扩张，1998 年收购了互联网电影资料公司，上线了音乐商店。到了 2000 年，亚马逊的宣传口号成为"世界最大网络销售商"。

作为互联网商业零售巨头，市场普遍采用 PCF 方法来对亚马逊电商业务进行估值，其原因在于零售的商业模式基本没有应收账款，现金流状况非常良好。互联网零售模式下，亚马逊所需要实际投入的资金只是库存，而亚马逊的应付账款周转天数可以达到 90 天左右。假设存货周转天数在 30 天左右，而货款可以等到 90 天左右才付款，这就意味着货款资金在亚马逊账面上有 60 天的时间可以由亚马逊自己用于继续购买库存或其他用途。因此即使亚马逊一开始并不盈利，但现金流从来不是问题，健康的现金流也是支撑亚马逊快速发展的重要因素之一。

亚马逊管理层高度关注自由现金流，杰夫·贝佐斯在 2004 年致股东信中提出"我们最终的财务指标、我们最想达成的长期目标，就是每股自由现金流"。因此，基于自由现金流的估值方法，如 PCF，能够反映出管理层对企业的预期，也是对亚马逊的主流估值方式之一。

由图 5-3 可见，2008 年以来大部分时间里，亚马逊 PCF 在 25～35 倍之间波动。

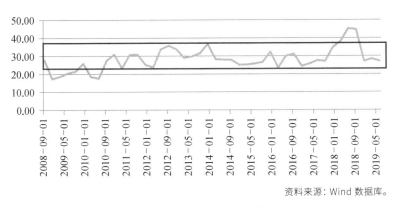

资料来源：Wind 数据库。

图 5-3　亚马逊市现率 PCF 走势图

第二阶段：云计算开启亚马逊发展新阶段。

在拥有电商的基础之后，2007 年亚马逊推出 Kindle 电子书，

2011 年推出 Kindle Fire 平板电脑，2012 年收购了自动化机器人 Kiva Systems，2014 年发布首款手机 Fire Phone。但这些业务都没有成为新的强劲增长点，直到 AWS 横空出世。2006 年亚马逊推出云计算服务平台 AWS，为全球 190 多个国家和地区的客户提供云计算基础设施服务和云计算解决方案。时至今日，AWS 稳稳占据全球云计算市场份额第一的位置，是毋庸置疑的全球云计算领导者。

云计算业务在投入期适用于 EV/EBITDA 方法估值，成熟期适用于 PS 估值。EV/EBITDA 估值的优点在于避免了基础设施高速投入期大量的折旧对估值的扭曲。亚马逊对 AWS 和基础设施的大量投资使折旧费用对公司的影响明显。2006 年亚马逊推出首批云产品 Simple Storage Service（S3）和 Elastic Compute Cloud（EC2），但由于市场的不确定性以及研发刚处于起步阶段，公司估值并没有显著变化。2015 年以来公司折旧与摊销费用占营业收入的比例维持在 6% 左右；EBITDA 利润率在 2015 年之前稳定在 5%～6% 之间，2015 年后逐年上升，2018 年由于净利润同比增长了 232.11%，达到历史最高的 100.73 亿美元，EBITDA 利润率超过 10%。因此，市场多采用 EV/EBITDA 来对亚马逊云计算业务进行估值。亚马逊企业倍数估值如图 5-4 所示。

2015 年后 AWS 业务发展明朗，市场普遍采用 PS 对其估值。2015 年亚马逊首次披露了 AWS 的财务数据：2014 年实现营收 46.4 亿美元，同比增长 49%。2015—2018 年 AWS 业务营收的复合增长率高达 53%，云计算业务进入高速成长期。根据 2018

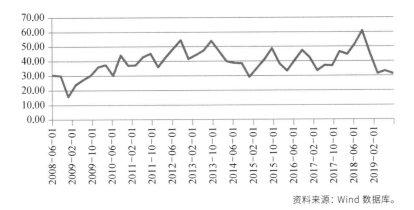

资料来源：Wind 数据库。

图 5-4　亚马逊企业倍数估值走势图

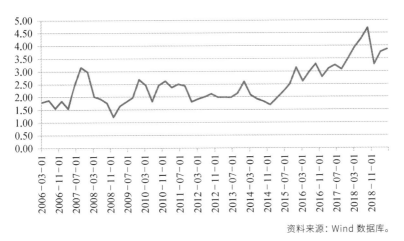

资料来源：Wind 数据库。

图 5-5　亚马逊市销率 PS 走势图

年报，AWS 的营收占比已超过 10%；据调研机构 Canalys 数据，2018 年 AWS 继续位居全球云计算市场第一，占有 31.7% 的市场份额。云计算业务的快速增长使得亚马逊 PS 自 2015 年的 2 倍持续增长至 4 倍左右。亚马逊市销率 PS 走势如图 5-5 所示。

二、半导体：应用材料（AMAT.O）

美国应用材料股份有限公司是全球最大的半导体和显示器面板研发、制造和服务公司，该公司成立于 1967 年，总部位于美国加利福尼亚州圣克拉拉，于 1978 年 1 月在美国纳斯达克上市。该公司自成立以来，一直是半导体领域的技术领导者，公司为世界半导体的发展提供强大的技术支持和设备保障，与英特尔、三星电子、台积电等客户保持紧密的战略合作关系。公司连续多年保持半导体厂商排名第一。据公司年报，在 2018 年度，公司的营业收入增长了 19%，净利润增长了 30%，公司 18 400 名员工中有 30% 为专业研究人员，拥有近 12 000 项专利，研发投入和知识产权储备均为行业领先。

公司建立初期，业务主要集中在 CVD 和离子注入设备，并于 1989 年成为首家能够利用自身生产线提供 200 mm 晶圆生产设备的公司，1992 年公司成为世界最大的半导体设备制造企业，能够为客户提供先进的半导体设备、显示面板以及高质量的产品服务，为客户解决工艺缺陷、产能、成本和技术改进等问题。

回顾该公司的发展历程，四个不同的成长阶段表现十分鲜明。

1986—1989 年高速成长期：上市初期，公司业务规模较小，还未形成规模效应。因此，净利率变化较大导致公司净利润水平波动较大，但销售收入的增长趋势相对稳定，可以作为估值的锚。

1989—1999 年成熟期：考虑到公司重资产高折旧的属性，主要适用 EV/EBITDA。在这段时期，公司主要依靠内生发展，业务粗具规模，净利润增速相对稳定，但考虑到公司的重资产高折旧属性，我们认为自由现金流相比净利润更能体现公司的价值，而 EBITDA 可以作为自由现金流（FCF）的模拟，且是标准型指标，因此，我们认为成熟期的公司适用 EV/EBITDA。

1999—2013 年：半导体设备行业在这一时期开始了行业整合，出现了较多兼并收购，叠加 2000 年左右的美国互联网泡沫及 2008 年的金融危机，或许一定程度影响了美股的估值水平，市场波动较为剧烈，因此，各类估值方法给出的估值水平差异较大。一般而言，公司对外兼并收购会带来净利润、销售收入、现金流、杠杆率等一系列财务指标的大幅波动，从而带来公司估值水平的剧烈波动。这种情况下，投资者可以采用并购中常用的 EV/EBITDA 进行估值。该公司在这一阶段的 EV/EBITDA 变化情况如图 5-6 所示。

2013 年之后：行业结构趋于稳定，并购活跃度降低，公司在竞争中巩固了行业地位，成为行业巨头。随着在行业中的竞争地位显著提升，以及半导体行业技术迭代的加快，半导体设备的需求空间相比 20 年前更加扩大，公司又开始发力，仅用了 4 年时间，营收规模上涨 1 倍，利润规模上涨 5 倍，公司进入了全面的成熟期，

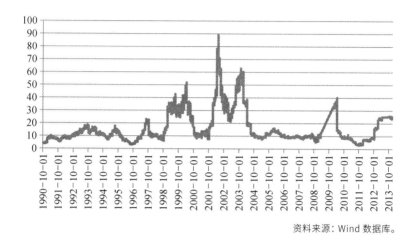

资料来源：Wind 数据库。

图 5-6　美国应用材料股份有限公司 1990—2013 年 EV/EBITDA 变化图

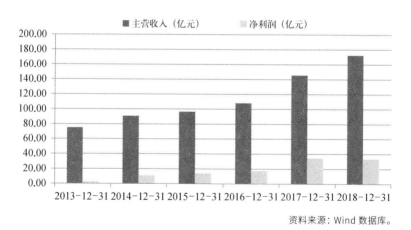

资料来源：Wind 数据库。

图 5-7　美国应用材料股份有限公司 2013—2018 年业绩表现情况

这个时候公司可以采取 PE 估值。公司 2013—2018 年的业绩表现情况如图 5-7 所示，2014—2019 年的 PE 变化情况如图 5-8 所示。

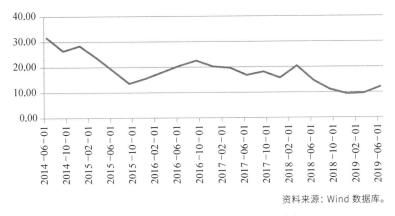

资料来源：Wind 数据库。

图 5-8　美国应用材料股份有限公司近 5 年 PE 变化图

三、生物制药：Loxo Oncology（LOXO.O）

Loxo Oncology 创立于 2013 年，总部位于美国康涅狄格州斯坦福德，是一家专注于肿瘤精准治疗药物开发的生物医药公司。2017 年收入仅为 2 130 万美元，净利润亏损 1.49 亿美元，上市以来 Loxo 持续亏损，2018 年底重磅药物 LOXO-101 获批 FDA，随即 2019 年初美国礼来公司宣布 80 亿美元收购 Loxo，充分体现溢价，当天 Loxo 股价上涨 66.33%。

Loxo Oncology 致力于为单基因异常引起的癌症患者提供针对性、突破性疗效的药品。公司拥有多个抗肿瘤产品管线，其中核心产品——LOXO-101，是一个有效的选择性酪氨酸激酶抑制剂，或称 TRK，一组在癌症发生和延续过程中扮演关键角色的信号分子。图 5-9 显示了 Loxo Oncology 的产品管线。

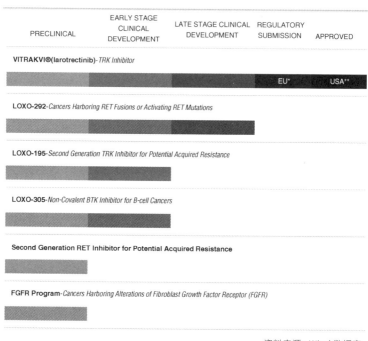

资料来源：Wind 数据库。

图 5-9　Loxo Oncology 的产品管线

　　TRK 抑制剂 Larotrectinib 是第一个正式批准上市的口服 TRK
抑制药物，同时也是第一个与肿瘤类型无关（tumor-agnostic）的
"广谱"抗癌药。2018 年 2 月，世界四大权威医学杂志之一的《新
英格兰医学》发表的一项关于 Larotrectinib 的临床研究结果显示，
对于年龄为 4 个月至 76 岁的患者，针对 17 种不同癌症治疗的总体
有效率为 75%，治疗效果理想，随后该数据也被 FDA 证实。

　　LOXO-195 是 Loxo Oncology 和 Bayer（拜耳）联合开发
的第二代 TRK 抑制剂，在美国被授予孤儿药资格。作为第二代的

TRK 抑制剂，LOXO-195 主要针对 TRK 基因突变导致药物耐受的癌症患者，如对第一代 TRK 抑制剂 Larotrectinib 产生耐药的患者，预计 LOXO-195 有望在 2022 年上市。

上述两种药物，VITRAKVI 和 LOXO-195 全部权益已出售给拜耳制药，目前公司体内还有 LOXO-292、二代 RET 抑制剂、LOXO-305、FGFR 抑制剂，所以在对公司进行估值测算时主要是基于后四类药物的收入测算。

（一）LOXO-292 收入测算

LOXO-292 为 first-in-class 口服 RET 抑制剂，该产品已获得美国 FDA 颁发的突破性治疗指定，用于治疗转移性 RET-融合阳性非小细胞肺癌患者。LOXO-292 正在进行全球多中心 Ⅰ／Ⅱ 期临床（突破性疗法，晚期临床阶段），用于晚期实体瘤。2018 年，LOXO-292 在美国被授予孤儿药指定用于治疗胰腺癌和在欧洲用于治疗甲状腺髓样癌，预计 LOXO-292 有望在 2020 年上市。

LOXO-292 渗透率预测：当前唯一接近获批的 RET 抑制剂，预计 2020—2023 年该产品为市场上唯一 RET 抑制剂。LOXO-292 被 FDA 授予突破性疗法地位，预计 2020 年上市，因此，渗透率预测从 2020 年开始计算。预计 LOXO-292 上市定价 3 万美元／月。RET 抑制剂覆盖癌种较多，目前仍未明确 PFS 数据，暂以 8 个月计算。考虑到 LOXO-292 已获 FDA 突破性疗法认定，覆盖部分孤儿药适应证，且在晚期临床阶段，给予 60% 的成功率预测。

LOXO-292 收入测算如表 5-2 所示。

表 5-2 LOXO-292 收入测算情况

LOXO-292 RET 肿瘤适应证收入测算	2019E	2020E	2021E	2022E	2023E	2024E	2025E	2026E	2027E	2028E	2029E
总人口（百万）	330	332.25	334.41	336.55	338.67	340.77	342.85	344.91	346.94	348.95	350.94
人口预期增长率	0.68%	0.65%	0.64%	0.63%	0.62%	0.61%	0.60%	0.59%	0.58%	0.57%	0.56%
肿瘤发生人数（十万人）	17.7	18.35	18.72	19.35	19.74	20.35	20.76	21.35	21.78	22.35	22.8
RET 突变发生率（人/十万人）	2 000	2 000	2 000	2 000	2 000	2 000	2 000	2 000	2 000	2 000	2 000
接受治疗患者比例	0%	2%	5%	8%	10%	17%	24%	31%	35%	35%	35%
治疗患者人数	0	734	1 872	3 096	3 947	6 919	9 963	13 237	15 244	15 645	15 958
LOXO-292 渗透率	0%	100%	100%	100%	100%	90%	85%	80%	75%	70%	70%
LOXO-292 使用患者数	0	734	1 872	3 096	3 947	6 227	8 469	10 590	11 433	10 952	11 171
LOXO-292 月用药费用（美元）	30 000	30 000	30 000	30 000	30 000	30 000	30 000	30 000	30 000	30 000	30 000
人均使用疗程（月）	8	8	8	8	8	8	8	8	8	8	8
LOXO-292 人均年用药费用（美元）	360 000	240 000	240 000	240 000	240 000	240 000	240 000	240 000	240 000	240 000	240 000
LOXO-292 适应证销售额（百万美元）	0	176.16	449.21	743.04	947.38	1 494.5	2 032.53	2 541.5	2 743.9	2 628.36	2 680.93
成功率调整	60.00%	60.00%	60.00%	60.00%	60.00%	60.00%	60.00%	60.00%	60.00%	60.00%	60.00%
LOXO-292 调整后销售额（百万美元）	0	105.7	269.52	445.82	568.43	896.7	1 219.52	1 524.9	1 646.34	1 577.02	1 608.56

资料来源：中信建投证券。

（二）二代 RET 抑制剂收入测算

二代 RET 抑制剂，定位于 LOXO-292 耐药患者的治疗，处于临床前期。LOXO-292 被 FDA 授予突破性疗法地位，预计 2020 年上市，保守估算 RET 综合突变率 2%。二代 RET 抑制剂需要入组 LOXO-292 不耐受或 LOXO-292 耐药患者，预计 2024 年商业化。其收入测算如表 5-3 所示。

（三）LOXO-305 收入测算

LOXO-305 属于二代 BTK 抑制剂，拟用于一代 BTK 抑制剂耐药患者。当前 BTK 抑制剂有两个上市品种，分别为伊布替尼（杨森）和 Acalabrutinib（阿斯利康），2018 年市场销售额约 40 亿美元，百济神州公司的 Zanubrutintb 也获得 FDA 的突破性疗法认定，有望于 2019 年上市。

LOXO-305 主要解决现有 BTK 抑制剂耐药问题，预计在 2023 年上市，收入测算如表 5-4 所示。

（四）FGFR 抑制剂收入测算：实体瘤新选择

成纤维细胞生长因子受体（FGFR）抑制剂，流行病学数据显示，FGFR 突变发生于 9.3%～22% 的非小细胞肺癌患者，也发生在部分乳腺癌、胃癌患者。该类抑制剂属于成熟靶点，成功概率高，但竞争激烈，具体收入测算结果如表 5-5 所示。

通过对以上管线产品未来收入预测的加总，我们大致可以测算出 Loxo 的销售额和现金流，然后采取 DCF 法进行估值。相关数据和估值结果如表 5-6、表 5-7 和表 5-8 所示。

表 5-3 二代 RET 抑制剂收入测算

RET 肿瘤适应证（一代耐药后）收入测算	2019E	2020E	2021E	2022E	2023E	2024E	2025E	2026E	2027E	2028E	2029E
总人口数（百万）	330	332.25	334.41	336.55	338.67	340.77	342.85	344.91	346.94	348.95	350.94
人口预期增长率	0.68%	0.65%	0.64%	0.63%	0.62%	0.61%	0.60%	0.59%	0.58%	0.57%	0.56%
肿瘤发生人数（十万人）	17.7	18.35	18.72	19.35	19.74	20.35	20.76	21.35	21.78	22.35	22.8
RET 突变发生率（人/十万人）	2 000	2 000	2 000	2 000	2 000	2 000	2 000	2 000	2 000	2 000	2 000
接受治疗患者比例	0%	0%	0%	0%	0%	4%	5%	9%	12%	16%	18%
治疗患者人数	0	0	0	0	0	1 628	2 076	3 630	5 226	6 929	7 979
二代 RET 抑制剂月用药费用（美元）	40 000	40 000	40 000	40 000	40 000	40 000	40 000	40 000	40 000	40 000	40 000
人均使用疗程（月）	12	12	12	12	12	12	12	12	12	12	12
二代 RET 抑制剂人均年用药费用（美元）	480 000	480 000	480 000	480 000	480 000	480 000	480 000	480 000	480 000	480 000	480 000
二代 RET 抑制剂渗透率	0%	0%	0%	100%	100%	100%	100%	100%	95%	90%	85%
二代 RET 抑制剂适应证销售额（百万美元）	0	0	0	0	0	781.44	996.34	1 742.16	2 383.27	2 993.11	3 255.41
成功率调整	25.00%	25.00%	25.00%	25.00%	25.00%	25.00%	25.00%	25.00%	25.00%	25.00%	25.00%
二代 RET 抑制剂调整后销售额（百万美元）	0	0	0	0	0	195.36	249.08	435.54	595.82	748.28	813.85

资料来源：中信建投证券。

表5-4 LOXO-305收入测算

B细胞淋巴瘤适应证收入测算	2019E	2020E	2021E	2022E	2023E	2024E	2025E	2026E	2027E	2028E	2029E
总人口数（百万）	330	332.25	334.41	336.55	338.67	340.77	342.85	344.91	346.94	348.95	350.94
人口预期增长率	0.68%	0.65%	0.64%	0.63%	0.62%	0.61%	0.60%	0.59%	0.58%	0.57%	0.56%
肿瘤发生人数（十万人）	17.7	18.35	18.72	19.35	19.74	20.35	20.76	21.35	21.78	22.35	22.8
B细胞淋巴瘤发生率（人/十万人）	3 734	3 734	3 734	3 734	3 734	3 734	3 734	3 734	3 734	3 734	3 734
接受治疗患者比例	42%	43%	44%	45%	46%	47%	48%	49%	50%	51%	52%
治疗患者人数	27 754	29 463	30 751	32 514	33 901	35 714	37 203	39 063	40 658	42 562	44 264
LOXO-305月用药费用（美元）	3 000	8 000	8 000	8 000	8 000	8 000	8 000	8 000	8 000	8 000	8 000
人均使用疗程（月）	12	12	12	12	12	12	12	12	12	12	12
LOXO-305人均年用药费用（美元）	96 000	96 000	96 000	96 000	96 000	96 000	96 000	96 000	96 000	96 000	96 000
LOXO-305渗透率	0%	0%	0%	0%	50%	50%	50%	40%	35%	30%	30%
LOXO-305适应证销售额（百万美元）	0	0	0	0	1 627.25	1 714.26	1 785.75	1 500.03	1 366.1	1 225.79	1 274.82
成功率调整	20.00%	20.00%	20.00%	20.00%	20.00%	20.00%	20.00%	20.00%	20.00%	20.00%	20.00%
LOXO-305调整后销售额（百万美元）	0	0	0	0	325.45	342.85	357.15	300.01	273.22	245.16	254.96

资料来源：中信建投证券。

表5-5　FGFR抑制剂收入测算

FGFR肿瘤适应证收入测算	2019E	2020E	2021E	2022E	2023E	2024E	2025E	2026E	2027E	2028E	2029E
总人口数（百万）	330	332.25	334.41	336.55	338.67	340.77	342.85	344.91	346.94	348.95	350.94
人口预期增长率	0.68%	0.65%	0.64%	0.63%	0.62%	0.61%	0.60%	0.59%	0.58%	0.57%	0.56%
肿瘤发生人数（十万人）	17.7	18.35	18.72	19.35	19.74	20.35	20.76	21.35	21.78	22.35	22.8
FGFR发生率（人/十万人）	5 000	5 000	5 000	5 000	5 000	5 000	5 000	5 000	5 000	5 000	5 000
接受治疗患者比例	34%	36%	38%	40%	40%	40%	40%	40%	40%	40%	40%
治疗患者人数	30 085	33 030	35 562	38 700	39 474	40 700	41 514	42 700	43 554	44 700	45 594
FGFR抑制剂月用药费用（美元）	30 000	30 000	30 000	30 000	30 000	30 000	30 000	30 000	30 000	30 000	30 000
人均使用疗程（月）	12	12	12	12	12	12	12	12	12	12	12
FGFR抑制剂人均年用药费用（美元）	360 000	360 000	360 000	360 000	360 000	360 000	360 000	360 000	360 000	360 000	360 000
LoxoFGFR抑制剂渗透率	0%	0%	0%	0%	10%	12%	14%	15%	15%	15%	15%
FGFR抑制剂适应证销售额（百万美元）	0	0	0	0	1 421.06	1 758.24	2 092.31	2 305.8	2 351.92	2 413.8	2 462.08
成功率调整	30.00%	30.00%	30.00%	30.00%	30.00%	30.00%	30.00%	30.00%	30.00%	30.00%	30.00%
FGFR抑制剂调整后销售额（百万美元）	0	0	0	0	426.32	527.47	627.69	691.74	705.57	724.14	738.62

资料来源：中信建投证券。

表 5-6 Loxo 调整后销售额

调整后销售额（百万美元）	2019E	2020E	2021E	2022E	2023E	2024E	2025E	2026E	2027E	2028E	2029E
LOXO-292（RETinhibitor）	0	105.7	269.52	445.82	568.43	896.7	1 219.52	1 524.9	1 646.34	1 577.02	1 608.56
LOXO-305（BTKinhibitor）	0	0	0	0	325.45	342.85	357.15	300.01	273.22	245.16	254.96
二代 RETinhibitor	0	0	0	0	0	195.36	249.08	435.54	595.82	748.28	813.85
FGFR 扣制剂	0	0	0	0	426.32	527.47	627.69	691.74	705.57	724.14	738.62
总销售额（百万美元）	0	105.7	269.52	445.82	1 320.19	1 962.39	2 453.44	2 952.19	3 220.95	3 294.59	3 416

资料来源：中信建投证券。

表 5-7 Loxo 现金流预测

	2019E	2020E	2021E	2022E	2023E	2024E	2025E	2026E	2027E	2028E
收入（百万美元）	0	106	270	446	1 320	1 962	2 453	2 952	3 221	3 295
净利润（百万美元）	0	11	27	45	132	294	491	738	805	824
销售净利率	0%	10%	10%	10%	10%	15%	20%	25%	25%	25%
自由现金流（百万美元）	0	-25	-11	-26	-28	125	307	560	630	654
2019 年现值（百万美元）		-23	-9	-19	-20	80	178	297	305	289

资料来源：中信建投证券。

表 5-8 Loxo 估值

无风险收益率	2.50%	自由现金流现值加总（百万美元）	1 077
市场风险溢价	7%	终值现值（百万美元）	6 745
beta	1	企业估值（百万美元）	7 822
股权成本	9.50%	减：债	0
债权成本	6%	股权估值（百万美元）	7 822
债权占比	0%		
股权占比	100%		
税率	15%		
WACC	9.50%		
永续增长率	5%		

资料来源：中信建投证券。

最终股权估值规模 78 亿美元左右，与其被收购的价值相当。

第五节 科创板估值案例

一、交控科技（688015.SH）

该公司是国内第一家工程应用自主 CBTC 系统（基于通信的列车自动控制系统）的厂商，其主要产品包括基础 CBTC 系统、CBTC 互联互通列车运行控制系统（I-CBTC 系统）、全自动运行系统（FAO 系统），其中在 FAO 产品方面，公司是国内目前唯一一家具有全自主 FAO 技术工程应用经验的厂商。

行业地位方面，公司牢牢把握北京等优势区域，开拓增量市场。据统计，以截至 2018 年底所有地铁线路保有量计，我国 12 家信号系统厂商中第一梯队是卡斯柯，市占率 30%。第二梯队包括交控科技、自仪泰雷兹、众合科技、南京十四所和通号国铁，每家市占率在 10% 左右。信号系统市场存在比较明显的区域性，每家信号系统厂商有自己的传统优势城市，交控科技在北京、乌鲁木齐、厦门、呼和浩特、贵阳等城市区域优势比较明显，也在积极开拓增量市场。

2018 年公司营收同比增长 32.2%，净利润同比增长 48%。随着行业技术水平的发展和实际运营的需要，互联互通逐渐成为主流需求，近 3 年 I-CBTC 系统营收也因此不断提高，2018 年为 7.83 亿元，占总营收比重达 71%。

根据 14 家机构对公司业绩的预测，公司 2019—2021 年营业收入分别为 15.57 亿元、20.36 亿元和 26.01 亿元，同比增速分别为 34%、31% 及 28%；归母净利润分别为 0.95 亿元、1.30 亿元和 1.72 亿元，同比增速分别为 44%、36% 及 32%。

鉴于公司目前业务已粗具规模，具有较为稳定的盈利水平，可以采用 DCF 法对公司进行估值。通过对公司的产品线和研发投入等领域进行梳理，对公司的市场空间和未来收入及利润进行测算，便可以对公司未来 10 年及更长一段时间的现金流情况进行预测。关于模型中的基本假设如下：

（1）增长率：假设第二阶段增长率为 10%；长期增长率

为 2%。

（2）β 值选取：采用中信行业分类——铁路交通设备的行业 β 作为公司无杠杆 β 的近似。

（3）税率：预测未来税收政策较稳定，结合公司过去几年的实际税率，假设公司未来税率为 10%。

（4）利率：将十年期国债收益率设定为市场无风险利率，即 3%；市场利率假定为 10%。

采用 DCF 法估值的预测结果如表 5-9 所示。

表 5-9　DCF 法估值预测

假　设	数　值
第二阶段（2022—2029）年数	8
第二阶段增长率	10%
长期增长率	2%
无风险利率 Rf	3%
β	1.06
Rm	10%
Ke	11.28%
税率	10%
Kd	4.45%
Ve	987.9
Vd	85.6
WACC	10.73%

根据上述假设，我们最终测算出来的 FCFF 估值结果如表 5-10 所示。

表 5-10　FCFF 估值结果

FCFF 估值	现金流折现值 / 百万元	价值百分比
第一阶段	182.53	6.23%
第二阶段	1 219.33	42.19%
第三阶段（终值）	1 488.42	51.50%
企业价值 AEV	2 890.29	100.00%
+ 非核心资产价值	105.35	3.65%
-少数股东权益	11.65	-0.40%
-净债务	85.89	-2.96%
总股本价值	2 898.40	100.28%
股本（万股）	160.00	
每股价值（元）	18.11	

关于表 5-9、表 5-10 中的指标解释：

EV = 股权价值 + 债权价值 - 现金；

$EBITDA$ = $EBIT$ + 折旧 + 摊销；

$EBIT$ = 营业利润 + 财务费用；

$WACC$ = [($Ke \times Ve$) + ($Kd \times Vd$)] / ($Ve+Vd$)；

Kd = 债务成本 = 平均债务利率 ×（1- 税率）=（短期借款 × 短期借款利率 + 长期借款 × 长期借款利率 + 长期应付债券 × 长期应付债券利率）/（长期借款 + 长期应付债券）×（1- 所得税税率）；

Ve = 股本价值 = 股价 × 总股本；

Vd = 债务价值 = 短期借款 + 长期借款 + 应付债券；

Ke = $Rf+\beta$（$Rm-Rf$）；

$FCFF=EBIT×$（1-所得税税率）+折旧-资本支出-非现金性流动资本变化。

一般情况下，由于绝对估值法涉及很多参数的假定，尤其是对公司长远发展过程中所需要承担的成本以及收入增速这两个关键变量往往会过于悲观或者乐观，所以在作绝对估值分析的最后都需要进行双变量敏感性测试，也就是要对公司承担的资金成本和未来增速分情况讨论。其敏感性测试如表 5-11 所示。

表 5-11 敏感性测试结果

敏感性测试 结果	长期增长率（g）				
WACC	1.00%	1.50%	2.00%	2.50%	3.00%
9.73%	19.82	20.50	21.27	22.15	23.15
10.23%	18.37	18.95	19.59	20.32	21.15
10.73%	17.08	17.57	18.11	18.73	19.42
11.23%	15.92	16.34	16.81	17.32	17.91
11.73%	14.88	15.24	15.64	16.08	16.57

根据敏感性测试结果，公司绝对估值的价格区间为 14.88～23.15 元/股，中性情况下的分析结果为 18.11 元。

二、容百科技（688005.SH）

该公司成立于 2014 年，是国内高镍三元正极材料龙头企业，主要从事锂电池正极材料及其前驱体的研发、生产和销售，主要产品包括 NCM523、NCM622、NCM811、NCA 等系列三元正极材料及其前驱体。公司是国内首家实现高镍三元正极材料 NCM811 量产的企业，在技术与规模方面具备优势，公司客户包括宁德时代、比亚迪、LG 化学、比克等国内外主流电池厂。

基本面上，公司 2018 年实现营业收入 30.41 亿元，同比增长 61.88%；实现归母净利润 2.13 亿元，同比增长 583.92%；2018 年公司毛利率为 16.62%，净利率为 6.94%，净资产收益率为 6.74%，资产负债率为 26.55%，总体经营状况良好。根据 Wind 数据库盈利预测数据，公司 2019—2021 年实现营业收入分别为 46.36 亿元、63.45 亿元和 86.44 亿元；实现归母净利润分别为 3.70 亿元、5.15 亿元和 6.74 亿元。

由于公司主营业务相对成熟，业绩增长较为平稳，而且在 A 股中能够寻找到与公司主营相似的可比公司，所以建议采用 A 股相对常用的 PE 估值法对公司进行估价。

在公司的可比公司中，A 股上市公司当升科技（300073）在业务上与公司最为相似，该公司业务领域涵盖锂电材料与智能装备两大板块，其中的锂电材料主要产品包括多元材料、钴酸锂、锰酸锂等正极材料与前驱体材料。公司锂电材料业务收入占比达到 90% 以上，因此可作为公司直接可比公司。同时，A 股从事锂电池正极材料或电池材料研发生产的企业格林美（002340）、杉杉股份（600884）、厦门钨业（600549）主要产品与公司存在相似之处，其估值如表 5-12 所示，可作为相对估值的参考。2019 年相关可比公司的市场一致预期 PE 约为 24 倍。

表 5-12　2019 年相关可比公司数据

代　码	证券简称	总市值 /亿元	流通市值 /亿元	市盈率 PE		
				TTM	19E	20E
300073.SZ	当升科技	100.8	100.8	29.54	25.85	18.83
600884.SH	杉杉股份	116.88	116.88	11.68	12.22	10.71
600549.SH	厦门钨业	190.51	190.51	78.58	35.24	29.88

资料来源：Wind 数据库，以 2019/8/6 收盘价计算。

参考目前市场给予公司行业的平均估值，我们按照公司 2019 年预测归母净利润 3.26 亿元，假设给予公司市场中性预期 24 倍的 PE 估值进行测算，得出公司对应的合理市值大约为 88.8 亿元。

三、中微公司（688012.SH）

该公司是面向全球的高端半导体微观加工设备供应商，主要业务是开发加工微观器件的大型真空工艺设备，包括等离子体刻蚀设备和薄膜沉积设备。等离子体刻蚀设备、薄膜沉积设备与光刻机是制造集成电路、LED 芯片等微观器件的最关键设备。公司核心技术及产品得到世界公认，其中等离子体刻蚀设备质量直逼美国同类公司，薄膜沉积设备在 CSS 中排名第一。

基本面方面，2016—2018 年度，公司营业收入分别为 6.09 亿元、9.72 亿元和 16.39 亿元，2017、2018 年度营业收入同比增长分别为 59.45% 和 68.66%，报告期内年均复合增长率为 64.00%。随着公司业务规模的扩大，公司半导体专用设备收入逐年增长，2016—2018 年度，公司专用设备业务收入占主营业务收入的比例分别为 80.07%、84.99% 和 85.29%。公司在 2017 年度实现扭亏为盈，2018 年度经营业绩继续保持良好增长的态势。根据 Wind 数据库盈利预测数据，公司 2019—2021 年实现营业收入分别为 21.41 亿元、27.46 亿元和 35.04 亿元；实现归母净利润分别为 1.76 亿元、2.59 亿元和 3.61 亿元。

国内半导体设备行业尚处于发展初期，盈利能力较差；同时考虑到半导体设备公司注重技术研发，属于技术密集型轻资产公司，使用 PS 估值或者 EV/S 估值较为合适。我们选取 A 股半导体前道设备平台型公司北方华创和后道测试设备龙头长川科技作为可比公司，如表 5-13 所示，平均 PS 为 14.8 倍，与 EV/S 指标大小类似。北方华创除了半导体设备业务之外，还有电子元器件业务，PS 估值偏低一些；长川科技目前收入体量较小，PS 估值偏高一些。综合考虑，因为中微公司规模介于北方华创和长川科技之间，我们认为给予中微公司 2019 年 15 倍 PS 估值较为合理，那么较为客观的市值规模大约为 321.15 亿元。

表 5-13 北方华创和长川科技相关数据

代 码	证券简称	总市值 /亿元	流通市值 /亿元	市销率 PS (TTM)	企业价值 /亿元	企业价值 / 收入（倍）	企业价值 / EBITDA（倍）
002371.SZ	北方华创	273.89	273.89	7.85	285.6	8.24	44.34
300604.SZ	长川科技	46.43	46.43	21.76	46.63	22.07	144.19

资料来源：Wind 数据库，以 2019/8/6 收盘价计算。

四、中国通号（688009.SH）

该公司长期深耕于轨道交通控制系统领域，已成为全球领先的轨道交通控制系统解决方案提供商。中国通号的历史可追溯至1953 年中国铁道部设立的通信信号工程公司。

公司主要业务包括轨道交通控制系统的设计集成、设备制造、系统交付，以及基础设施项目工程总承包业务。公司的客户主要是铁路建设方或轨交业主，中铁总、中铁建、中铁始终是公司的前三大客户。高铁、城际铁路建设持续性好，更新改造市场大幕将启。

截至 2018 年底，公司的中标里程覆盖率超过 60%。根据梳理，八纵八横待修建的铁路里程高达 14 373 公里，预计 2025年前全部完工，并且将集中于未来几年。八纵八横和城际铁路的建设持续性较强，能够为中国通号高铁控制系统业务持续带来新订单。另外，高铁轨道交通控制系统的生命周期一般在 10 年左右。从 2018 年开始，高铁轨道交通控制系统已逐步进入更新升

级周期，升级改造市场也将成为轨道交通控制系统行业重要的增
长贡献来源。

　　基本面方面，公司主营业务专一，海外市场提升空间大。
2016—2018 年公司分别实现营业收入 297.70 亿元、345.86
亿元和 400.13 亿元，复合年均增长率达 15.93%。分产品来
看，公司轨交控制系统收入占比分别是 79.84%、71.54%、
71.03%，连续三年超 70%，主营业务专一；分市场来看，海外
市场占比分别是 1.34%、2.28%、2.42%，国内市场仍是收入
大头，因此，海外市场提升空间大。2016—2018 年公司分别实
现归母净利润 30.45 亿元、32.22 亿元和 34.09 亿元，复合
平均增长率达 5.80%，业绩平稳增长，毛利率分别为 26.20%、
24.66%、22.70%，收入结构变化导致整体毛利水平有所下滑，
但明显高于行业平均水平。

　　中国通号于 2015 年在香港联交所主板上市。鉴于同一经营
实体在香港市场已经有持续交易记录，H 股市场估值不可避免地
将会影响到 A 股估值。过去 6 个月，中国通号 H 股平均总市值
为 462 亿元人民币。根据恒生沪深港通 AH 股溢价指数，2015
年以来，A+H 两地上市企业的平均溢价率为 28%，最高溢价率
为 49%，其溢价走势如图 5-10 所示。基于 H 股市值和 A 股平
均溢价率测算，可以得出中国通号 A 股总市值区间在 591 亿元
至 688 亿元之间。

资料来源：Wind 数据库。

图 5-10 恒生沪深港通 AH 溢价指数走势情况

五、虹软科技（688088.SH）

该公司为全球智能手机、智能汽车、IOT 等智能设备提供一站式视觉 AI 解决方案。公司在视觉 AI 算法领域已积累超过 20 年，拥有大量底层视觉 AI 算法。凭借强大的技术延展性和产品化能力，公司抓住了从数码相机、功能手机到智能手机的每一次产业升级机遇，是目前国内稀缺的通过技术授权实现盈利的 AI 公司。

公司的业务发展主要分为两大部分：

（一）智能手机业务

2018 年公司智能手机业务收入占比高达 96.57%，在全球智能手机销量持续下滑的背景下，2017、2018 年公司智能手机收入仍然实现了 80%、40% 的增长，增长主要来自手机单机价值量的提升。展望未来，手机双摄及多摄渗透率的提升、3D深摄的应用范围扩大、5G商用推动手机出货量提升以及屏下指纹技术的渗透率提升四大因素将驱动公司智能手机业务维持快速增长态势。

（二）智能驾驶业务

智能驾驶产业加速发展，根据中商产业研究院的研究统计，2020年全球车载摄像头出货量将达到8 361万颗，预计2018—2020年复合增速20%，其中中国市场需求量将超4 500万颗。虹软科技凭借积累的大量AI视觉基础能力，于2016年开始布局智能汽车领域，推出了DMS、ADAS、AP、AVM、BSD（盲区检测）等嵌入式车载视觉方案，并于2018年实现300多万元的收入。随着投入加大，预计2019—2021年公司智能汽车业务有望快速增长。

由于公司业务相对较为成熟并且实现盈利，可以参照可比公司法对公司进行估值。考虑到公司的业务结构，主要选取三类可比公司：一是在智能汽车、人工智能、光学屏下指纹分别有所布局的A股上市公司，包括智能汽车领域的四维图新、德赛西威、东软集团，人工智能领域的科大讯飞，光学屏下指纹领域的汇顶科技；二是与公司同属软件和信息技术服务业、主要下游为智能手机行业的A股上市公司，包括中科创达和诚迈科技；三是存在软件授权许可业务的上市公司，包括齐心集团和网达软件。相关可比公司数据如表5-14所示。

表 5-14　2019 年相关可比公司增长数据

代码	证券简称	2019 EPS	2020 EPS	2021 EPS	复合增速	2019PE	2020PE	2021PE
300496.SZ	中科创达	0.57	0.77	1.02	34%	53.23	39.19	29.59
002405.SZ	四维图新	0.23	0.28	0.35	24%	73.62	60.25	47.88
002920.SZ	德赛西威	0.77	0.93	1.13	21%	31.73	26.33	21.71
600718.SH	东软集团	0.35	0.44	0.51	21%	36.99	28.83	25.38
603160.SH	汇顶科技	3.38	4.01	4.66	17%	42.21	35.55	30.64
002301.SZ	齐心集团	0.44	0.6	0.79	33%	26.16	19.44	14.71
002230.SZ	科大讯飞	0.42	0.65	0.91	48%	81.72	52.63	37.46
	平均				28%	49.38	37.46	29.62

资料来源：华泰证券。

参考可比公司 2019 年平均 PE 为 49 倍，可比公司 2019—2021 年预计净利润复合增速为 28%，虹软科技 2019—2021 年预计净利润复合增速为 47%。考虑到虹软科技盈利模式的独特性及更高的成长性，给予公司 2019 年目标 PE 为 50～53 倍，对应目标市值为 126.5 亿～134.1 亿元。

通过上述收入利润测算，我们预计公司 2019—2021 年归母净利润分别为 2.53 亿元、3.83 亿元、5.44 亿元，分别同比增长 60.30%、51.77%、41.93%，即公司 2019—2021 年净利润复合增速预计为 47%，因此，我们取公司增长率 $G=47$：

（1）假设给予公司 $PEG=1$，则公司 2019 年目标 PE 为 47 倍，对应目标市值为 118.91 亿元；

（2）假设给予公司 *PEG*=0.9，则公司 2019 年目标 PE 为 42.3 倍，对应目标市值为 107.02 亿元；

（3）假设给予公司 *PEG*=1.1，则公司 2019 年目标 PE 为 51.7 倍，对应目标市值为 130.80 亿元。即采用 PEG 估值法对虹软科技进行估值的目标市值区间为 107.0 亿～130.8 亿元。

第六章 科创板的交易

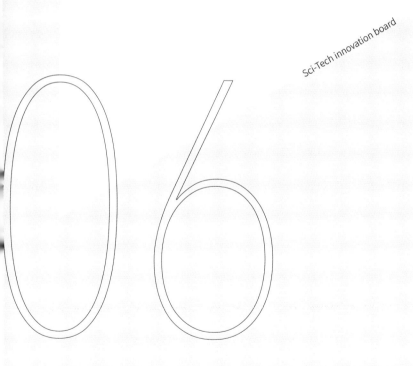

Sci-Tech innovation board

第一节 科创板交易规则

截至 2019 年 9 月 9 日，上交所共发布了六项科创板交易类文件，其中包括《上海证券交易所科创板股票交易特别规定》《上海证券交易所投资者适当性管理办法》《上海证券交易所科创板股票交易风险揭示书必备条款》《上海证券交易所科创板股票盘后固定价格交易指引》《上海证券交易所 中国证券金融股份有限公司 中国证券登记结算有限责任公司科创板转融通证券出借和转融券业务实施细则》和《上海证券交易所科创板股票异常交易实时监控细则（试行）》。这六项文件对投资者准入要求和适当性管理、投资者参与科创板市场的方式以及科创板竞价交易申报机制、融资融券、涨跌幅限制和异常波动等作出了详细的规定和说明。

一、投资者准入要求和适当性管理

《上海证券交易所科创板股票交易特别规定》对投资者准入门槛作了如下规定：

"第三条　科创板股票交易实行投资者适当性管理制度。会员应当制定科创板股票投资者适当性管理的相关工作制度，对投资者进行适当性管理。参与科创板股票交易的投资者应当符合本所规定的适当性管理要求，个人投资者还应当通过会员组织的科创板股票投资者适当性综合评估。

"第四条　个人投资者参与科创板股票交易，应当符合下列条件：

"（1）申请权限开通前 20 个交易日证券账户及资金账户内的资产日均不低于人民币 50 万元（不包括该投资者通过融资融券融入的资金和证券）；

"（2）参与证券交易 24 个月以上；

"（3）本所规定的其他条件。

"机构投资者参与科创板股票交易，应当符合法律法规及本所业务规则的规定。本所可根据市场情况对上述条件作出调整。

"第五条　会员应当对投资者是否符合科创板股票投资者适当性条件进行核查，并对个人投资者的资产状况、投资经验、风险承受能力和诚信状况等进行综合评估。

"会员应当重点评估个人投资者是否了解科创板股票交易的业务规则与流程，以及是否充分知晓科创板股票投资风险。

"会员应当动态跟踪和持续了解个人投资者交易情况，至少每两年进行一次风险承受能力的后续评估。

"第六条　会员应当全面了解参与科创板股票交易的投资者情

况，提出明确的适当性匹配意见，不得接受不符合适当性管理要求的投资者参与科创板股票交易。

"第七条 会员应当通过适当方式，向投资者充分揭示科创板股票交易风险事项，提醒投资者关注投资风险，引导其理性、规范地参与科创板股票交易。

"会员应当要求首次委托买入科创板股票的客户，以纸面或电子形式签署科创板股票交易风险揭示书，风险揭示书应当充分揭示科创板的主要风险特征。客户未签署风险揭示书的，会员不得接受其申购或者买入委托。

"第八条 投资者应当充分知悉和了解科创板股票交易风险事项、法律法规和本所业务规则，结合自身风险认知和承受能力，审慎判断是否参与科创板股票交易。"

除了上述在《上海证券交易所科创板股票交易特别规定》中规定的内容，《上海证券交易所投资者适当性管理办法》对投资者证券账户及资金账户内资产的认定及其参与证券交易经验的认定、投资者教育也提供了指导。另外，《上海证券交易所科创板股票交易风险揭示书必备条款》中还对投资者参与科创板交易应当关注的风险和情形作了详细说明。

二、参与方式

《上海证券交易所科创板股票交易特别规定》对投资者参与科

创板的方式作了如下规定：

　　"第九条　投资者参与科创板股票交易，应当使用沪市 A 股证券账户。

　　"第十条　投资者通过以下方式参与科创板股票交易：

　　"（1）竞价交易；

　　"（2）盘后固定价格交易；

　　"（3）大宗交易。

　　"盘后固定价格交易，指在收盘集合竞价结束后，本所交易系统按照时间优先顺序对收盘定价申报进行撮合，并以当日收盘价成交的交易方式。盘固定价格交易的具体事宜由本所另行规定。

　　"第十二条　科创板股票交易实行竞价交易，条件成熟时引入做市商机制，做市商可以为科创板股票提供双边报价服务。

　　"做市商应当根据本所业务规则和做市协议，承担为科创板股票提供双边持续报价、双边回应报价等义务。

　　"科创板股票做市商的条件、权利、义务以及监督管理等事宜，由本所另行规定，并经中国证监会批准后生效。"

三、竞价交易申报机制

　　《上海证券交易所科创板股票交易特别规定》对竞价交易的申报方式作了如下规定：

　　"第十六条　根据市场需要，本所可以接受下列方式的市价申报：

"（1）最优五档即时成交剩余撤销申报；

"（2）最优五档即时成交剩余转限价申报；

"（3）本方最优价格申报，即该申报以其进入交易主机时，集中申报簿中本方最优报价为其申报价格；

"（4）对手方最优价格申报，即该申报以其进入交易主机时，集中申报簿中对手方最优报价为其申报价格；

"（5）本所规定的其他方式。

"本方最优价格申报进入交易主机时，集中申报簿中本方无申报的，申报自动撤销。

"对手方最优价格申报进入交易主机时，集中申报簿中对手方无申报的，申报自动撤销。

"第十七条　市价申报适用于有价格涨跌幅限制股票与无价格涨跌幅限制股票连续竞价期间的交易。"

关于申报数量方面，上交所作了如下规定：

"第二十条　通过限价申报买卖科创板股票的，单笔申报数量应当不小于 200 股，且不超过 10 万股；通过市价申报买卖的，单笔申报数量应当不小于 200 股，且不超过 5 万股。卖出时，余额不足 200 股的部分，应当一次性申报卖出。"

除此之外，《上海证券交易所科创板股票盘后固定价格交易指引》对盘后固定价格交易提供了详细的说明，其中包括交易时间、交易机制和申报数量等一系列相关问题。

四、融资融券

《上海证券交易所科创板股票交易特别规定》对融资融券作了如下规定：

"第十三条　科创板股票自上市首日起可作为融资融券标的。证券公司可以按规定借入科创板股票，具体事宜另行规定。"

《上海证券交易所　中国证券金融股份有限公司　中国证券登记结算有限责任公司科创板转融通证券出借和转融券业务实施细则》对科创板转融通证券出借和转融券业务作了规定，其中包括出借人和从事转融券业务的券商的资格条件、证券出借和转融券的申报时间和流程。

五、涨跌幅限制

《上海证券交易所科创板股票交易特别规定》对涨跌幅作了如下规定：

"第十八条　本所对科创板股票竞价交易实行价格涨跌幅限制，涨跌幅比例为 20%。

"科创板股票涨跌幅价格的计算公式为：涨跌幅价格 = 前收盘价 × （1± 涨跌幅比例）。

"首次公开发行上市的股票，上市后的前 5 个交易日不设价格涨跌幅限制。

"第十九条　本所可以对科创板股票的有效申报价格范围和盘中临时停牌情形等另行作出规定，并根据市场情况进行调整。

"第二十一条　有价格涨跌幅限制的股票竞价交易出现下列情形之一的，本所公布当日买入、卖出金额最大的 5 家会员营业部的名称及其买入、卖出金额：

"（1）日收盘价格涨跌幅达到 ±15% 的各前 5 只股票；

"（2）日价格振幅达到 30% 的前 5 只股票，价格振幅的计算公式为：价格振幅 =（当日最高价格－当日最低价格）/ 当日最低价格 ×100%；

"（3）日换手率达到 30% 的前 5 只股票，换手率的计算公式为：换手率 = 成交股数 / 无限售流通股数 ×100%。

"收盘价格涨跌幅、价格振幅或换手率相同的，依次按成交金额和成交量选取。"

六、异常波动

《上海证券交易所科创板股票交易特别规定》对异常波动作了如下定义：

"第二十二条　股票竞价交易出现下列情形之一的，属于异常波动，本所公告该股票交易异常波动期间累计买入、卖出金额最大 5 家会员营业部的名称及其买入、卖出金额：

"（1）连续 3 个交易日内日收盘价格涨跌幅偏离值累计达到

±30%。

"收盘价格涨跌幅偏离值为单只股票涨跌幅与对应基准指数涨跌幅之差。基准指数由本所向市场公告。

"（2）中国证监会或者本所认定属于异常波动的其他情形。

"（3）异常波动指标自公告之日起重新计算。

"（4）无价格涨跌幅限制的股票不纳入异常波动指标的计算。

"本所可以根据市场情况，调整异常波动的认定标准。"

涨跌幅的计算以科创板指数为基准，在科创板指数发布之前以所有科创板上市公司（除无涨跌幅和全天停牌股票）当日收盘价涨跌幅的算术平均数为基准。《上海证券交易所科创板股票异常交易实时监控细则（试行）》对股票申报价格的要求、认定为异常波动的涨跌幅范围以及投资者异常交易行为的认定和监管作出了明确规定。

第二节　交易规则要点及其目的与意义

一、投资者准入要求和适当性管理

申请参与科创板的个人投资者需满足两个条件：

（1）申请权限开通前 20 个交易日证券账户及资金账户内的资产日均不低于人民币 50 万元，且不包括该投资者通过融资融券融入的资金和证券。此条件相比新三板日均账户资产达到 500 万元要低。根据上交所统计数据，日均账户资产达到 50 万元以上的自然人投资者虽然只占了自然人投资者总数的 14.64%，但所持股票的市值却占了所有自然人投资者持股总市值的 77.42%，可见将 50 万元作为投资者准入门槛是上交所经统计数据分析及多方考量设立的，目的是为了使更多投资者能参与科创板股票交易，帮助优质科创企业解决融资难问题。

（2）个人投资者须参与证券交易满 2 年，并且有一定的风险承受能力，了解并签署科创板风险揭示书。绝大多数的科创企业都属于中小企业，而中小企业具有发展不稳定、风险大的特点，因此，上交所对科创板个人投资者的交易经历、对风险的认知及风险承受能力都有一定的要求。

因此，监管机构对投资者准入门槛和适当性管理的要求，一方面是为了吸引有相应风险承受能力的投资者，防止不符合要求的投资者因价格波动大而对市场失去信心，对科创板的市场活跃度产生影响。另一方面，这些要求体现了监管机构对参与科创板的投资者的保护，这也是全球范围内成功的二板市场的一个特性。

二、参与方式和市价申报

科创板投资者除了可以用竞价交易和大宗交易的方式参与科创板，还可以通过盘后固定价格交易进行投资。新设盘后固定价格交易的目的是为了有效地防止盘尾大单对收盘价格造成的影响，这满足了以收盘价格进行交易的投资者的需求，从而吸引不同的投资者参与到科创板的交易中，如一些被动交易的基金等，为科创板注入活力。申报数量方面，为了提高科创板的市场流动性，买卖数量不再有 100 整数倍的规定：

（1）限价申报：不小于 200 股，不大于 10 万股。

（2）市价申报：不小于 200 股，不大于 5 万股。

（3）收盘定价申报：不小于 200 股，不大于 100 万股。

（4）买入超过 200 股部分可以以 1 股为单位递增。

（5）卖出少于 200 股时一次性申报卖出。

交易机制方面，科创板沿用了主板的"T+1"交割方式，制止了一笔资金在同一天内进行多次买卖，这有效地防止了投资者的投机行为，避免了股价的大幅波动，从而达到控制风险的目的。

三、融资融券

"科创板股票自上市首日起可作为融资融券标的"这一规定是科创板实行的一大改革。自股票上市起首日，投资者就可以向券商借券融券做空，这不仅提高了融券效率，还降低了融券成本，提高了科创板的定价效率。

四、涨跌幅限制和异常波动

涨跌幅方面，科创板放宽了限制，让市场决定股票价格，有助于提升市场活跃度。另一方面，上市后前 5 个交易日不设限，也是鼓励投资者理性分析企业价值和股票投资价值、不要有投机行为的体现。而对异常波动的规定是为了有效防止投资者的非理性交易行为，从而一步步引导投资者进行理性投资，有利于进一步完善我国的资本市场。

第三节　科创板的交易规则比较

一、创业板与科创板交易规则的主要区别

创业板与科创板交易规则方面有以下区别（见表 6-1）：

表 6-1　创业板与科创板交易规则比较

	创 业 板	科 创 板
涨跌幅限制	10%（ST 及 *ST 为 5%），上市首日限制为两次 20%，合计 44%	20%，上市后前 5 个交易日不设限
交易机制	竞价交易、大宗交易 T+1	竞价交易、大宗交易、盘后固定价格交易 T+1
投资者门槛	在主板的基础上，要求投资者有 2 年以上投资交易经验以及签署风险揭示书	开通前 20 个交易日证券账户及资金账户的资产日均不低于人民币 50 万元并参与证券交易满 24 个月
申报数量	买入数量为 100 股或其整数倍 卖出少于 100 股时一次性申报卖出	限价申报：不小于 200 股，不大于 10 万股 市价申报：不小于 200 股，不大于 5 万股 收盘定价申报：不小于 200 股，不大于 100 万股 买入超过 200 股部分可以以 1 股为单位递增 卖出少于 200 股时一次性申报卖出

（续表）

	创 业 板	科 创 板
融资融券	可作为融资融券标的的创业板股票需满足： （1）在深交所上市交易超过 3 个月。 （2）融资买入标的股票的流通股本不少于 1 亿股或流通市值不低于 5 亿元，融券卖出标的股票的流通股本不少于 2 亿股或流通市值不低于 8 亿元。 （3）股东人数不少于 4 000 人。 （4）在最近 3 个月内没有出现下列情形之一： ① 日均换手率低于基准指数日均换手率的 15%，且日均成交金额低于 5 000 万元； ② 日均涨跌幅平均值与基准指数涨跌幅平均值的偏离值超过 4%； ③ 波动幅度达到基准指数波动幅度的 5 倍以上。 （5）股票交易未被本所实行风险警示。 （6）深交所规定的其他条件	自上市首日起可作为融资融券标的

（1）科创板相较于创业板而言放宽了涨跌幅限制，并且科创板上市后前 5 个交易日不设限。这是科创板走向市场化的体现，放宽涨跌幅及首 5 日不设限可以使投资者进行自由交易，让市场来决定上市企业的股票价格和投资价值，并且鼓励投资者理性投资，自行发掘企业的真正价值。

（2）科创板新设了盘后固定价格交易的交易机制。这可以帮助科创板吸引更多的投资者，如一些希望以盘后价进行交易的投资者。此外，这也可以有效防止大单对收盘价的影响。

（3）科创板的投资者准入门槛要比创业板高。这主要是出于保护投资者的考虑，个人投资者容易出现非理性投资行为，设定较高门槛可以鼓励一部分不能承受大损失、大风险的投资者通过公募基金来参与科创板投资，而公募基金通常采用被动交易策略，希望以收盘价进行交易，因此，科创板的盘后固定价格交易机制以及较高的投资者门槛既不阻碍普通投资者参与科创板交易，又有效地保护了投资者权益、维护了科创板的交易秩序。

（4）在股票申报数量方面，投资者不再需要以 100 的整数倍购入股票了，超过 200 股的部分可以以 1 股为单位进行买卖，但卖出时少于 200 股的情况下需要一次性申报卖出，这在很大程度上提高了科创板的市场流动性。此外，上交所可以视市场情况，对包括申报价格范围、盘中临时停牌以及股票申报价的最小变动单位等作出调整，这既保证了科创板的市场活跃度，又维护了市场秩序。

（5）科创板股票自上市首日起可作为融资融券标的，而创业板则对作为融资融券标的的股票有一系列要求。科创板的这一融资融券新规为投资者融券做空降低了成本、提高了效率，优化了我国资本市场的融券机制，但是另一方面，结合上市后前 5 日不设涨跌幅限制来看，会增加盘中股价大幅波动的可能性，这对投资者来说是一大挑战，因而投资者在科创板交易时需特别注意控制风险。

二、新三板与科创板交易规则的主要区别

表 6-2 展示了新三板与科创板的交易规则对比，其不同点其一在于新三板不设涨跌幅限制，而科创板还是设有涨跌幅限制的。

因此，相较于科创板而言，新三板风险更大，因而新三板投资者在一般情况下仅限于机构投资者，使风险得到有效控制。新三板和科创板面临的共同问题是流动性，因其两者都服务于中小企业，市场流动性就成了一大难题。新三板和科创板都采用多种交易机制来促进市场流动性，并且在适当的时候引入做市商制度来解决此问题。不同的是，科创板还采用了盘后固定价格的交易机制来吸引投资者。除此之外，在科创板交易的投资者买入数量超过200股的部分可以以1股为单位递增，这也是科创板鼓励流动性的体现。相比之下，新三板须以1 000股及其整数倍进行交易的制度则不利于流动性，但因其投资者主要为机构投资者而影响不大。融资融券方面，由于新三板涉及的风险比科创板更大，因此，科创板股票可作为融资融券标的，而新三板股票目前不可以用作融资融券。

表6-2 新三板与科创板交易规则比较

	新 三 板	科 创 板
涨跌幅限制	不设限	20%，上市后前5个交易日不设限
交易机制	竞价交易、协议交易、做市商制度 T+1	竞价交易、大宗交易、盘后固定价格交易 T+1
投资者门槛	机构投资者	开通前20个交易日证券账户及资金账户的资产日均不低于人民币50万元并参与证券交易满24个月
申报数量	交易数量为1 000股或其整数倍 卖出少于1 000股时一次性委托卖出	限价申报：不小于200股，不大于10万股 市价申报：不小于200股，不大于5万股 收盘定价申报：不小于200股，不大于100万股 买入超过200股部分可以以1股为单位递增 卖出少于200股时一次性申报卖出
融资融券	—	自上市首日起可作为融资融券标的

三、港交所与科创板的交易规则比较

香港交易所采用了动态价格限制的市场交易机制，虽不设涨跌幅限制，但是会在个股价格剧烈波动的情况下触发冷静期，引导投资者冷静思考，并对该股票进行重新估价及调整交易策略。这一交易机制的设立既体现了港交所的市场化，又将风险降至最低。这与科创板股票上市首 5 日不设限、普通交易日设涨跌幅限制 20% 的目的相似，旨在使风险得到有效控制，从而保障投资者权益，维护股票市场交易秩序。

四、纳斯达克（NASDAQ）与科创板的交易规则比较

纳斯达克与科创板交易规则的主要区别可以总结为四点。第一，纳斯达克不设涨跌幅限制，而科创板设定了 20% 的涨跌幅限制，但上市后前 5 个交易日不设限。第二，纳斯达克设有做市商交易制度，而科创板目前还没有引入该机制。第三，纳斯达克采用"T+0"交割，而科创板以"T+1"方式进行交割。第四，投资者门槛方面，通过不同方式参与纳斯达克股票交易的投资者有不同的准入资金门槛，而科创板除了对投资者有准入资金要求外，还有对其风险承受能力和对风险认知方面的要求。综观以上四个区别，都是出于对科创板股票价格波动的考虑，我国资本市场还有待完善，投资者容易出现非理性投资、投机行为，因此，科创板并没有完全借

鉴纳斯达克的交易规则，而是根据我国资本市场现状进行了适当修改，引导投资者进行理性投资，逐步将资本市场推向市场化。

表 6-3 纳斯达克（NASDAQ）与科创板交易规则比较

	纳斯达克（NASDAQ）	科 创 板
涨跌幅限制	无限制	20%，上市后前 5 个交易日不设限
交易机制	竞价交易、做市商制度 T+0	竞价交易、大宗交易、盘后固定价格交易 T+1
投资者准入门槛	不同开户方式门槛不同	开通前 20 个交易日证券账户及资金账户的资产日均不低于人民币 50 万元并参与证券交易满 24 个月

第七章　科创板的持续监管

Sci-Tech innovation board

07

对科创板公司的持续监管主要以《科创板上市公司持续监管办法（试行）》作为制度参照，以《中华人民共和国公司法》《中华人民共和国证券法》等作为上位法基础，以《关于在上海证券交易所设立科创板并试点注册制的实施意见》为主要原则，建立以上市规则为中心的持续监管体系，从公司治理、信息披露、股份减持、重大资产重组、股权激励、退市等方面进行了具有专门性质的制度设计，为科创板的长期健康发展提供保障。

第一节　强化多边治理

一、基础治理结构

在公司治理基础结构方面，科创板公司应当依照《中华人民共和国公司法》《上市公司治理准则》、科创板《上市规则》等法律法规建立完善的公司治理结构，明确治理主体权责职能的划分。通过总结近年来公司治理中的突出问题和关键主体，对公司内外部治理问题予以集中规定。

控股股东和实际控制人，是公司治理中的"关键少数"。《上市规则》全面规定了其信息披露义务、对上市公司及其他股东的诚信义务、维护上市公司独立性等相关义务，特别强调不能通过非经营性资金占用、违规担保、利益输送型对外投资等各种方式，侵占上市公司利益。董事职责与"三会"规范运作方面，以概括列举方式，分别规定了董事忠实义务和勤勉义务的具体要求。在此基础上，对独立董事履行职责予以强调规定。"三会"方面，详细规定了股东大会、董事会、监事会召集召开及相关决议的披露要求。内控方面，要求上市公司保证内控制度的完整性、合理性及有效性。如《上市规则》直接要求"上市公司董事、监事和高级管理人员应当履行忠实、勤勉义务，严格遵守承诺，维护上市公司和全体股东利益"。

二、规范差异设置

在治理结构差异化设置方面，公司治理部分提出了对科创板公司及其控股股东、实际控制人的总体要求，并明确允许科创板公司采用"同股不同权"的双重股权结构，但也进行了更多的规范性安排。

投资者对科创板上市公司的治理事项有直接的参与权和表决权，整体上来讲，《上市规则》规定上市公司应当通过以下具体措施保障投资者的参与权和表决权：

一是在公司章程中规定股东大会的召集、召开和表决等程序，制定股东大会议事规则，并列入公司章程或者作为章程附件。

二是上市公司应当依据法律法规和公司章程召开股东大会，保证股东依法行使权利。规定期限内不能召开股东大会的，应当在期限届满前披露原因及后续方案。同时，采用网络投票、累积投票、征集投票等方式，保障股东参与权和表决权。

三是对于股东书面提议召开股东大会的，公司董事会应当在规定期限内书面反馈是否同意召开股东大会，不得无故拖延。股东依法自行召集股东大会的，公司董事会和董事会秘书应当予以配合，并及时履行信息披露义务。同时，上市公司应当依据法律法规、公司章程，发出股东大会通知，及时披露股东决策所需的其他资料。

三、压实中介职责

专业的外部机构治理力量一直是公司治理主体中的重要组成部分。压严压实保荐机构责任是实施注册制的重要支撑，科创板《上市规则》对保荐机构和保荐代表人责任进行了更为严格的要求，对中介机构持续督导职责予以强化和落实，这同时也是科创板公司外部治理特点之一。

根据《上市规则》的规定，为发行人首次公开发行股票提供保荐服务的保荐机构，应当对发行人进行持续督导。上市公司发行股份和重大重组的持续督导事宜，按照中国证监会和上海证券交易所有关规定执行，具体内容包括：

（1）延长持续督导期间，责任不因保荐机构的更换而免除或者终止；

（2）明确保荐机构督导与信披责任，督促科创公司建立规范运营制度并关注异常行为；

（3）定期出具投资研究报告，在科创公司基本面情况、行业情况、财务状况等方面形成研究报告并披露。上市公司日常经营出现表7-1所列情形的，保荐机构、保荐代表人还应当就相关事项对公司经营的影响以及是否存在其他未披露重大风险发表意见并披露。

表 7-1　保荐机构发表意见的情形

相关事项	具 体 情 形	督 导 职 责
信息披露	上市公司披露内容存在虚假记载、误导性陈述或者重大遗漏	保荐机构、保荐代表人应当持续督促上市公司充分披露投资者作出价值判断和投资决策所必需的信息，确保信息披露真实、准确、完整、及时、公平，并对其发表意见予以说明
承诺履行	上市公司或其控股股东、实际控制人披露、履行或者变更承诺事项不符合法律法规、上市规则等规定	督促上市公司或其控股股东、实际控制人对承诺事项的具体内容、履约方式及时间、履约能力分析、履约风险及对策、不能履约时的救济措施等方面进行充分信息披露，并监督其对相关行为进行补正
日常经营	（1）业务停滞，资产被查封、扣押或冻结，有未清偿到期债务。 （2）实际控制人、董事长、总经理等涉嫌犯罪被司法机关采取强制措施。 （3）涉及关联交易、担保等重大事项	保荐机构、保荐代表人应当协助和督促上市公司建立相应的内部制度、决策程序及内控机制以符合法律法规和科创板上市规则的要求，就相关事项对公司经营的影响以及是否存在其他未披露重大风险发表意见并披露

（续表）

相关事项	具 体 情 形	督 导 职 责
业务和技术	(1) 主要原材料供应或者产品销售出现重大不利变化。 (2) 核心技术人员离职。 (3) 核心知识产权、特许经营权或者核心技术许可丧失、不能续期或者出现重大纠纷。 (4) 主要产品研发失败。 (5) 核心竞争力丧失竞争优势或者市场出现具有明显优势的竞争者	保荐机构、保荐代表人就相关事项对公司核心竞争力和日常经营的影响，及是否存在其他未披露重大风险发表意见并披露
重要股东	(1) 所持上市公司股份被司法冻结。 (2) 质押上市公司股份比例超过所持股份80%，或者被强制平仓	保荐机构、保荐代表人应当就相关事项对上市公司控制权稳定和日常经营的影响，是否存在侵害上市公司利益的情形及其他未披露重大风险发表意见并披露。当控股股东、实际控制人、董监高及核心技术人员出现减持情形时，应关注相应主体减持公司股份是否合规以及对上市公司的影响等

资料来源：上交所。

四、责任失职处罚

上市公司也有配合保荐机构工作的义务，需要根据保荐机构和保荐代表人的要求，及时提供履行持续督导职责必需的相关信息。当发生应当披露的重大事项或者出现重大风险时，及时告知保荐机构和保荐代表人。根据保荐机构和保荐代表人的督导意见，公司应及时履行信息披露义务或者采取相应整改措施，协助保荐机构和保荐代表人披露持续督导意见，并为其工作职责提供必要的条件和便利。

当保荐机构未完全充分履行督导责任时，保荐机构、保荐代表人、证券服务机构及其相关人员未按规则履行职责，或者履行职责过程中未能诚实守信、勤勉尽责的，上交所可以根据情节轻重，对其采取口头警示、书面警示、监管谈话、要求限期改正等相应监管措施或者实施通报批评、公开谴责等纪律处分。

第二节　加强信披制度

一、基本披露要求

信息披露制度是我国上市公司和投资者进行沟通的主要方式之一，法律法规要求发行人、服务机构、上市公司等必须依法进行相应信息披露，并保证其真实、准确和完整。进一步说，信息披露一般应包括五方面基本原则，即真实性、准则性、完整性、及时性和公平性原则。从基础方面来说，与主板等要求无实质性差异。

对于科创板上市公司而言，更加完善的信息披露制度是其实施注册制的核心所在，为了让投资者能够更科学地作出投资决策，就要求我们明确信息披露每一个环节职责，强调首次信息披露和后续持续性信息披露的重要性。科创板总体沿用了现行信息披露的基本规范，同时针对科创板上市企业特点进行了差异化的制度安排。

首先，科创板发行人是公司信息披露的第一责任人，所披露信息必须真实、准确、完整，不得有虚假记载、误导性陈述或者重大遗漏。保荐人需对申请文件和信息披露资料进行全面核查验证并对真实性、准确性、完整性负责；证券服务机构对与其专业职责有关的内容负责。交易所对信息披露进行审核，通过问询保证信息披露内容的充分、一致和可理解。其次，重点关注尚未盈利企业信息披露，因尚未盈利企业商业模式并未被市场所验证，存在较大的风险性，对尚未盈利企业进行差异化的信息披露要求则会降低市场风险，相应的基础要求与解释已在前述章节作了论述。

二、注册制披露特点

前述只是作为最低性质的强制性披露内容而进行统一规定，科创板公司发行人、保荐人、证券服务机构和交易所亦有相应的具体责任。

发行人是信息披露第一责任人，应当保证信息披露的真实性、准确性和完整性。科创板采用更有针对性的信息披露制度。在共性的信息披露要求基础上，着重针对科创企业特点，强化行业信息、核心技术、经营风险、公司治理、业绩波动等事项的信息披露，并在信息披露量化指标、披露时点、披露方式、暂缓豁免披露商业敏感信息、非交易时间对外发布重大信息等方面，作出更具弹性的制度安排，保持科创企业的商业竞争力。此外，科创板强化了减持信息披露。在保留现行股份减持预披露制度的基础上，要求特定股东减持首发之前股份前披露公司经营情况，向市场充分揭示风险。控股股东和实际控制人应当积极配合科创公司履行信息披露义务，不得要求或者协助科创公司隐瞒重要信息。

保荐人、证券服务机构对发行人的信息披露承担把关责任。科创板采用更加严格的保荐机构持续督导职责。细化对于上市公司重大异常情况的督导和信息披露责任。要求保荐机构关注上市公司日常经营和股票交易情况，督促公司披露重大风险，就公司重大风险发表督导意见并进行必要的现场核查。保荐人承担"看门人"职责，按照依法制定的业务规则和行业自律规范的要求，对发行上市申请文件进行全面核查验证，确保发行上市申请文件及所披露信息的真实、准确、完整。证券服务机构同样要确保相关信息披露文件及所披露信息的真实、准确、完整，将发行人的诚信责任和中介机构的把关责任落实到位，这是发行上市监管的重要目标，也是注册制试点的改革方向。

《持续监管办法》同步提升了信息披露制度的弹性和包容度。考虑到科创板公司经营决策往往更加快速灵活，为帮助其提升商业竞争力，在信息披露的及时性要求、新闻发布与信息披露衔接和规则豁免等方面，给了科创板公司更多的自主空间，并主要体现在以下关键方面：

（1）优化信息披露制度。科创板公司应当主动披露行业信息，在年度报告中，披露行业发展状况及技术趋势、公司经营模式及核心竞争力、研发团队和研发投入等重要行业信息，尤其是科研水平、科研人员、科研投入等能够反映行业竞争力的信息以及核心技术人员任职及持股情况，便于投资者合理决策。强调公司进入新行业或主营业务发生变更时的转向披露要求。

（2）突出经营风险披露。科创公司应该披露可能对公司核心竞争力、经营活动和未来发展产生重大不利影响的风险因素，具体内容如表 7-2 所示。对于未盈利的公司、业绩大幅下滑的公司应披露经营风险；公司应披露知识产权与重大诉讼仲裁等重大风险；在年度报告和临时公告中必须持续披露行业经营性风险及重大事故等其他重大风险。科创公司尚未盈利时，应当披露尚未盈利的原因，以及对公司现金流、业务拓展、人才吸引、团队稳定性、研发投入、战略性投入、生产经营可持续性等方面的影响。

表 7-2　重大风险因素内容

重大风险因素	具 体 内 容
外部宏观环境发生重大不利变化	国家政策；市场环境；贸易条件
日常经营发生重大不利变化	原料价格；产品售价；市场容量；供销渠道；重要供应商；客户变化
核心竞争力丧失	核心技术人员离职；核心商标专利、特许经营权等丧失、到期或出现重大纠纷；主要产品、业务或依赖基础技术研发失败或被禁止使用；主要产品或核心技术丧失竞争优势
其他重大风险	不当履行社会责任；发生重大事故或负面事件；不当使用科学技术或违反科学伦理等

资料来源：上交所。

（3）增加股权质押高风险情形的披露。当科创板公司控股股东质押比例超过 50% 后，应全面披露质押股份基本情况、质押金额用途、自身财务状况、质押对控制权的影响等内容。如出现资信恶化或平仓风险时，须及时披露进展。

（4）优化重大交易与关联交易披露决策程序。规定以市值代替了净资产作为重大交易的测算指标，并对全资及控股子公司担保的股东大会审议程序进行适度的豁免。在扩展关联人的认定范围方面，将测算指标调整为成交金额 / 总资产或市值，披露标准从 0.5% 下调到 0.1%，股东大会审议标准从 5% 下调到 1%。

三、重大交易披露标准

在重大交易的信息披露标准方面，科创板上市规则引入"市值"指标。科创板公司有其自身的成长路径和发展规律，很多企业在前期技术攻关和产品研发期，投入和收益在时间上呈现出不匹配的特点，有的企业存在暂时性亏损，有的企业在研发阶段还没有产生收入，故科创板上市规则体现出明显的"市值"导向。新规定丰富完善了相关市场、财务指标体系，用市值代替净资产作为测算指标，将更有利于满足不同模式类型、不同发展阶段、不同财务特征的科创公司的上市需求。重大交易进行披露或股东会的决议标准内容如表 7-3 所示，括弧内为需要经过股东会进行决议的披露标准，一般来说，10% 为披露标准，50% 为股东会决议标准。

表 7-3 重大交易披露与股东决议标准比较

参照标准	主板 / 中小板	创 业 板	科 创 板
交易涉及的资产总额	最近一期经审计总资产的10%（50%）	最近一期经审计总资产的10%（50%）	最近一期经审计总资产的10%（50%）
交易的成交金额	最近一期经审计净资产的10%（50%）且绝对金额超过1 000（5 000）万元	最近一期经审计净资产的10%（50%）且绝对金额超过500（3 000）万元	上市公司市值的10%（50%）
交易标的的资产净额	—	—	上市公司市值的10%（50%）
交易标的最近一个会计年度营业收入	最近一个会计年度经审计营业收入的10%（50%）且绝对金额超过1 000（5 000）万元	最近一个会计年度经审计营业收入的10%（50%）且绝对金额超过500（3 000）万元	最近一个会计年度经审计营业收入的10%（50%）且绝对金额超过1 000（5 000）万元
交易产生的利润	最近一个会计年度经审计净利润的10%（50%）且绝对金额超过100（500）万元	最近一个会计年度经审计净利润的10%（50%）且绝对金额超过100（300）万元	最近一个会计年度经审计净利润的10%（50%）且绝对金额超过100（500）万元
交易标的最近一个会计年度相关的净利润	最近一个会计年度经审计净利润的10%（50%）且绝对金额超过100（500）万元	最近一个会计年度经审计净利润的10%（50%）且绝对金额超过100（300）万元	最近一个会计年度经审计净利润的10%（50%）且绝对金额超过100（500）万元

资料来源：上交所、深交所。

相应地，关联交易与担保方面的重大交易审议标准也更加严格，对关联交易披露及审议指标予以适当调整，同样从成交金额和净资产比例两个方面进行监管和披露。将现行的成交金额/净资产指标调整为成交金额/总资产或市值。同时，将披露标准从0.5%下调至0.1%，将应当提交股东大会审议通过的标准从5%下调至1%，如表7-4所示。

表7-4　董事会／股东会关联交易审议标准比较

参照标准	主板／中小板	创 业 板	科 创 板
董事会审议	与关联自然人发生的交易金额在 30 万元以上的关联交易	与关联自然人发生的交易金额在 30 万元以上的关联交易	与关联自然人发生的成交金额在 30 万元以上的交易
	与关联法人发生的交易金额在 300 万元以上，且占公司最近一期经审计净资产绝对值 0.5% 以上的关联交易	与关联法人发生的交易金额在 100 万元以上，且占公司最近一期经审计净资产绝对值 0.5% 以上的关联交易	与关联法人发生的成交金额占上市公司总资产或市值 0.1% 以上的交易，且超过 300 万元
股东大会审议	与关联法人发生的交易金额在 3 000 万元以上，且占公司最近一期经审计净资产绝对值 5% 以上的关联交易	与关联法人发生的交易金额在 1 000 万元以上，且占公司最近一期经审计净资产绝对值 5% 以上的关联交易	与关联人发生的交易金额站上市公司总资产或市值 1% 以上的交易，且超过 3 000 万元
	上市公司为关联人提供担保	上市公司为关联人提供担保	上市公司为关联人提供担保

资料来源：上交所、深交所。

四、监管与违规处罚

作为主要监管方，上交所通过审阅信息披露文件、提出问询等方式，进行信息披露事中事后监管，督促信息披露义务人履行信息披露义务，督促保荐机构、证券服务机构履行职责。信息披露涉及重大复杂、无先例事项的，上交所可以实施事前审核。注册制下的发行上市审核，在关注相关发行条件和上市条件的基础上，将以信息披露为重点，更加强化信息披露监管，更加注重信息披露质量，切实保护好投资者权益。交易所着重从投资者需求出发，从信息披露充分性、一致性和可理解性角度开展审核问询，督促发行人及其保荐人、证券服务机构真实、准确、完整地披露信息。这样的审核过程，是一个提出问题、回答问题，相应地不断丰富完善信息披露内容的互动过程；是震慑欺诈发行、便利投资者在信息充分的情况下作出投资决策的监管过程。但上交所对信息披露文件实施形式审核，对其内容的真实性不承担责任。上交所经审核认为信息披露文件存在重大问题，可以提出问询。科创板上市公司或者相关信息披露义务人未按照《科创板股票上市规则》规定或上交所要求进行公告的，或者上交所认为必要的，可以以交易所公告形式向市场说明有关情况。上市公司控股股东、实际控制人、董事、监事、高级管理人员违反信息披露规定的，上交所可以视情节轻重实施通报批评、公开谴责、认定不适合担任董监高、收取惩罚性违约金等纪律处分。

根据上交所《科创板股票上市规则》，保荐机构、保荐代表人、证券服务机构及其相关人员未按规则履行职责，或者履行职责过程中未能诚实守信、勤勉尽责的，上交所可以根据情节轻重，对其采取口头警示、书面警示、监管谈话、要求限期改正等相应监管措施或者实施通报批评、公开谴责等纪律处分。相关主体制作或者出具的文件存在虚假记载、误导性陈述或者重大遗漏的，上交所可以采取 3 个月至 3 年内不接受保荐机构、证券服务机构提交的申请文件或信息披露文件，1 年至 3 年内不接受保荐代表人及其他相关人员、证券服务机构相关人员签字的申请文件或者信息披露文件的纪律处分。

与沪市主板一样，科创板上市公司应通过上交所上市公司信息

披露电子化系统登记公告；相关信息披露义务人应当通过上市公司
或者上交所指定的信息披露平台办理公告登记。同时，上市公司和
相关信息披露义务人应当在上交所网站和中国证监会指定媒体上披
露信息披露文件，并保证披露的信息与登记的公告内容一致。未能
按照登记内容披露的，应当立即向上交所报告并及时更正。投资者
可以通过上述平台及时查阅信息披露文件。

五、现行披露实践

　　信息披露是注册制的核心，监管机构针对科创板上市过程中的
多个环节给予严格监管，从审核到注册阶段，已有机构因擅自修改
申请文件而接受处分。正是因为科创板在信息披露真实准确完整方
面的要求非常严格，所以必须通过严格贯彻以信息披露为核心的注
册制的方法，提高中介机构和上市公司的质量。实践中，保荐机构
在信息披露中担任重要角色，承担着科创板公司 IPO 阶段的材料
制作和报送工作，任何不真实、不完整的信息披露行为，均是对市
场秩序和市场生态的干扰。真实的信息披露直接决定科创板企业的
成色，保荐机构作为资本市场重要的组成部分，是科创板的第一道
关口。

　　根据科创板的相关规则，发行上市申请文件一经受理，审核问
询回复内容一经披露，对发行人及相关机构即产生法律约束力，信
息披露文件的法律责任并不因为终止审核而减免。上交所也明确表

示，如果终止审核前，发行人信息披露和中介机构执业已经存在违规问题，上交所将按照有关规定进行处理。

截至 2019 年 8 月 7 日，上交所科创板全部 151 家公司提交申请材料的公司中，已有 5 家公司审核状态为终止。按照披露的时间顺序，这 5 家公司分别是木瓜移动、和舰芯片、诺康达医药、海天瑞声、贝斯达医疗。上交所在相关公示中表明，发行人和保荐机构申请撤回发行上市申请后终止审核，是正常的审核机制和结果。在前期的审核进度和程序中，相关企业的核心技术及其先进性、同业竞争及关联交易等可能影响发行人独立持续经营能力的情形、财务会计基础工作的规范性和内部控制的有效性，以及相关信息披露的充分性、一致性、可理解性等事项，都受到重点关注。

总的来看，相关企业申请撤回发行上市申请，是综合考虑审核情况和自身状况后的选择。上交所按照设立科创板并试点注册制的改革要求，切实贯彻"以信息披露为中心"的审核理念，提高上市公司质量的具体体现。发行人及其中介机构如何能够真实、准确、完整地披露信息，对其能否顺利成功注册发行至关重要。

六、其他市场信息披露经验

国际交易市场对持续信息披露都提出了较高的监管要求，其中纳斯达克上市公司需要根据美国证券法、萨班斯法案等规定，按时发布季度报告、中期报告和年度报告。需要披露的基本内容包括：公司介绍、经营情况、重要财务数据、高管薪酬与持股情况、财务报告与审计报告等部分。其中，季度报告和中期报告的目的在于向投资者提供预测该营业年度业绩的资料，以确保上市公司信息公开的时效性。

作为补充，纳斯达克上市公司还制定了相应的临时信息披露制度与执行要求，防止内幕交易和股价操纵行为的发生，提高证券市场的透明度。根据规定，上市公司发生可能影响投资者决策的重大事件时，需要及时提交报告并披露。重大事项包括：公司控制权变化、重要资产处置、破产、变更审计师与董事等事项，与科创板重大交易披露事项相近。

国内中小板和创业板依照深交所《创业板股票上市规则》《中小企业板上市公司规范》等规则指引进行连续信息披露。上市公司董事、监事和高级管理人员应当保证公司所披露的信息真实、准确、完整、及时、公平，并且应当同时向所有投资者公开披露重大信息，确保所有投资者可以平等获取同一信息，不得私下提前向特定对象单独披露、透露或者泄露。

港交所《上市规则》则强调了上市公司的一般披露责任与具体披露责任，其中一般披露责任要求发行人在合理切实可行的情况下，尽快向交易所、股东及其证券持有人通知任何与集团有关的资料，并提出披露方式平等性、董事保密责任、披露时间、影响盈利预测事件、非经常性损益等方面的具体要求。

第三节 优化减持方式

一、减持具体安排

科创板公司高度依赖创始人以及核心技术团队，未来发展具有不确定性，需要保持股权结构的相对稳定，保障公司的持续发展。为此，配套规则对科创板公司股份减持作出了更有针对性的安排：

（1）保持控制权和技术团队稳定。控股股东在解除限售后减持股份，应当保持控制权稳定和明确；控股股东、实际控制人、核心技术人员等股东（特定股东）应承诺上市后 36 个月不坚持所持有首发前股份。

（2）对尚未盈利公司股东减持作出限制。对于上市时尚未盈利的公司，控股股东、董监高人员及核心技术人员在公司实现盈利前不得减持首发前股份，但公司上市届满 5 年的，不再受此限制。

（3）优化股份减持方式。允许特定股东每人每年在二级市场减持 1% 以内首发前股份，在此基础上，拟引导其通过非公开转让方式向机构投资者进行减持，不再限制比例和节奏，并对受让后的股份设置 12 个月锁定期，对于司法强制执行等方式减持的，受让方式限售 6 个月。

（4）为创投基金等其他股东提供更为灵活的减持方式。在首发前股份限售期满后，除按照现行减持规定实施减持外，PE/VC 等创投基金可通过二级市场、协议转让、非公开转让多种方式灵活减持，以便利创投资金退出，促进创新资本形成。

（5）强化减持信息披露。在保留现行股份减持预披露制度的基础上，要求二级市场减持交易提前15个交易日预披露，特定股东减持首发前股份前披露公司经营情况，对减持进展及时披露，向市场充分揭示风险。

我国股份减持的制度基础与历史沿革如表7-5所示。

表 7-5　股份减持制度基础与历史沿革

时　间	制定机构	制　度　基　础
2016 年	证监会	《上市公司大股东、董监高减持股份的若干规定》（证监会公告〔2016〕1号）
2017 年	证监会	《上市公司股东、董监高减持股份的若干规定》（证监会公告〔2017〕9号）
2017 年	上交所深交所	《上市公司股东及董监高管理人员减持股份实施细则》
2018 年	证监会	《上市公司创业投资基金股东减持股份的特别规定》（证监会公告〔2018〕5号）
2018 年	上交所深交所	《上市公司创业投资基金股东减持股份实施细则》

资料来源：笔者整理。

二、减持差异特点

围绕科创板定位、科创板企业的特点，股份减持制度体现出多个方面的差异化特点，上交所科创板公司监管部对此进行了监管解答。

（一）监管三种类型股东

重点监管大股东、董监高、特定股东三类股东，其在持股比例、信息获取、减持成本方面具有优势地位，特别是在我国目前的投资者结构和市场环境下，这种优势更为显著。

（1）大股东指持股5%及以上的股东或控股股东，具有持股比例和信息优势。

（2）董监高减持限制系针对其所有的股份，无持股比例的限制，如果同时构成大股东或特定股东的，需同时遵守相关规定。

（3）持有公开发行前股份和上市公司非公开发行股份的特定股东，在持股成本上具有价格优势。

（二）限制三种减持方式

（1）通过集中竞价进行减持。大股东减持、特定股东减持特定股份，在任意连续90个自然日内，不超过总股本的1%。股东减持非公开发行股份时，解禁后1年内不超过所持有该次非公开发行股份数量的50%，且同时与上述90日1%的规定叠加适用，按照孰低原则执行。

（2）通过大宗交易进行减持。大股东减持、特定股东减持特定股份时，任意连续90个自然日内不得超过总股份的2%，同时受让方在6个月内不得转让。

（3）通过协议转让进行减持。大股东减持、特定股东减持特定股份时，单个受让方的受让比例不得低于公司总股本的5%（司法过户、国资审批等情形除外）。协议转让导致大股东丧失大股东身份，或则协议转让特定股份的，6个月内出让方与受让方须共同遵守集中竞价交易减持任意连续90日内不得超过总股本

1% 的规定。

（三）关注三个注意事项

（1）混合持股的减持顺序。在规定的减持比例范围之内，视为优先减持受到减持规定限制的股份；在规定的减持比例范围之外，视为优先减持不受到减持规定限制的股份；首次公开发行前股份视为优先于上市公司非公开发行股份进行减持；最后，协议转让认定的减持顺序与上述反向处理。

（2）持股合并计算。单个股东开立多个证券账户，以及股东开立信用证券账户的，各账户持股按合并计算，各账户可减持数量，按照比例分配。存在一致行动人情况时，大股东与一致行动人持股合并计算，并作为一个整体来遵守减持比例、信息披露等规定。

（3）科创板上市公司均为增量，不涉及规则溯及力问题。

（四）遵守三个信批时点

（1）事前披露减持计划。大股东、董监高拟在未来 6 个月内减持股份的，需提前 15 个交易日报告并公告其减持计划，披露减持股份的数量、来源、原因以及时间区间和价格区间。

（2）事中披露减持进展。大股东董监高在实施减持计划过程中，其减持数量过半或减持期间过半时，应当披露减持的进展情况。控股股东、实际控制人及其一致行动人减持达到公司股份总数 1% 的，还应当在该事实发生之日起的第二个交易日内就该事项作出公告。减持期间内，上市公司披露高送转或筹划并购重组的，应同步披露减持进展及相关性。

（3）事后披露减持情况。大股东、董监高在其披露的减持计划实施完毕后或者减持期间届满后 2 个交易日内，再次公告减持的具体情况。

（五）遵守三个专门条款

当公司股东或实际控制人等减持方违反以下专门条款时，即存在禁止进行减持的情形。

（1）上市公司或大股东违法违规。上市公司或者大股东因涉嫌证券期货违法犯罪，被中国证监会立案调查或被司法机关立案侦查期间，及行政处罚决定、刑事判决作出之后未满 6 个月。

（2）董监高违法违规。因涉嫌证券期货违法犯罪，被中国证监会立案调查或被司法机关立案侦查期间，及在行政处罚决定、刑事判决作出之后未满 6 个月。或因违反交易所业务规则，被公开谴责未满 3 个月。

（3）上市公司因欺诈发行 / 重大违法触及退市风险警示标准，在相关行政处罚或移送公安机关决定作出后，公司股票终止上市或恢复上市前，其控股股东、实际控制人和董监高，及其上述主体的一致行动人，不得减持股份。

三、其他市场减持经验

（一）纳斯达克市场比较

纳斯达克要求持有上市公司股份超过 5% 的大股东、公司高级管理层和董事等关联方以及从关联方中获得股票的人，在卖出股票时必须遵守严格的分步程序和披露程序，并符合美国《证券法》所作出的五项规定：① 满足锁定期要求，卖出前必须持有这些限制性证券至少 1 年；② 减持股票前必须要公布足够的最新信息；③ 满足出售的股份数额不能超过同类已发行股份的 1% 或不能超过 4 周内平均周交易量的较高者；④ 必须为普通的经纪交易，经纪人不能收取高于正常水平的佣金，以防止利益输送；⑤ 按照《证券法》144 号限售条例要求，填写限售申请表格并向美国 SEC 进行报备。

（二）香港市场比较

香港市场主要是通过《香港证券及期货条例》《香港联交所综合主板上市规则》和《香港联交所综合创业板上市规则》，对持股 5% 以上的股东以及董事、高管减持股票的行为进行规范，规则的要求主要体现在锁定期和信息披露两个方面。

（1）锁定期。按照要求，控股股东在公司上市后，会受到诸多出售股份的限制，包括上市之日起 6 个月内不得转让；上市之日起 7 至 12 个月内不得丧失控股地位；控股股东质押必须如实披露；在上述期间额外买卖证券的，需满足上市规则有关公众持股量的要求等。此外，IPO 前承诺购买一定数量股份的机构投资者和大型企业等投资者，也需要在 IPO 中遵守锁定期的限制，时间通常为 6 个月。

（2）信息披露。持股 5% 以上的股东在以下三类情形发生时必须及时披露：① 首次持有某一上市公司 5% 以上的权益；② 持有某一上市公司股份的权益下降至 5% 以下；③ 持股达到 5% 以后持股比例跨越某个处于 5% 以上的百分率整数。对于董事和高管也有同样的信息披露要求，其必须披露的信息包括四类：① 所持有的上市公司的任何股份权益，且不只限于有投票权的股份；② 所持有的上市公司的任何关联企业的股份权益；③ 所持有的上市公司的债券权益；④ 所持有的上市公司任何关联企业的债券权益。上述董事和高管必须披露所有交易，没有比例界限，即便持有极少量的股份或者债券也要披露。

国内中小板和创业板对大股东减持规定首先遵守证监会《上市公司股东、董监高减持股份的若干规定》、沪深交易所发布的实施细则等，同时还需遵守《创业板上市公司规范运作指引》《中小企业板上市公司规范运作指引》等要求。针对过桥减持、恶意减持和精准减持等问题，在保持现行持股锁定期、减持数量比例规范等相关制度规则不变的基础上，有针对性地从减持数量、减持方式以及信息披露等方面对上市公司股东的减持股份行为作出了要求，特别是针对大宗交易、协议转让和竞价交易等各个阶段都作了不同形式的规定。主要的监管形式包括大股东与一致行动人在上市后、资产重组后有相应的锁定期，董监高在关键信息披露前、离职后的减持锁定与减持数量要求。

纳斯达克市场及我国的香港市场、中小板和创业板市场的减持规定比较如表 7-6 所示。

表 7-6 其他市场减持规定

	纳斯达克	港交所	中小板/创业板
锁定期	卖出前必须持有这些限制性证券至少1年	至少6个月内不得转让，且不失去大股东地位	非控股股东上市后12个月内，控股股份36个月内不得减持
信息披露	减持股票前必须要公布足够的最新信息	股东持股以5%为关键节点必须及时披露，董监高相应行为也应披露	披露减持意向，提前3个交易日披露提醒性公告，集中竞价则提前15个交易日向交易所备案并披露
减持数量	不能超过同类已发行股份的1%或不能超过4周内平均周交易量的较高者	不得减持至失去控股股东地位	连续90日内集中竞价不超过1%；大宗交易不超过2%；锁定期届满后减持不超过持有的50%

资料来源：纳斯达克、港交所、深交所。

第四节 重大资产重组

一、重组制度沿革

科创板公司持续监管规定了更加市场化的并购重组制度，其中《上市规则》说明，科创板公司重大资产重组依照《上市公司重大资产重组管理办法》（以下简称《重组办法》）及中国证监会其他相关规定、上市规则及上交所其他规定，实施重大资产重组。2019年6月30日，证监会修改《上市公司重大资产重组管理办法》并向社会公开征求意见，为科创板提供制度支撑基础。2019年8月23日，证监会发布《科创板上市公司重大资产重组特别规定》（以下简称《重组特别规定》），上交所同时发布《上海证券交易所科创板上市公司重大资产重组审核规则（征求意见稿）》（以下简称《重组审核规则》）为科创板的重组事项作出了专门的制度补充。有关制度历史沿革如表 7-7 所示。

表 7-7　重大资产重组制度沿革

时间	名　称	主　要　内　容
2008	《上市公司重大资产重组管理办法》	沿用《关于上市公司重大购买、出售、置换资产若干问题的通知》基本框架，系统性地对上市公司重大资产重组进行监管
2011	《上市公司重大资产重组管理办法(2011 修订)》	(1) 明确借壳上市要求； (2) 明确发行股份购买资产要求； (3) 明确配套融资要求
2014	《上市公司重大资产重组管理办法(2014 修订)》	(1) 简政放权，将部分审核交由交易所监管； (2) 明确创业板不允许借壳上市； (3) 明确借壳上市标准参照首发上市条件； (4) 取消发行股份购买资产设置规模下限
2016	《上市公司重大资产重组管理办法(2016 修订)》	(1) 明确借壳上市不得进行配套融资； (2) 规定借壳上市中累计首次原则的期限由永久变更为 60 个月； (3) 借壳上市指标增加净资产、营业收入、净利润、主营业务根本变化等指标，以及规定证监会可以兜底地认为上市公司发生根本变化的其他情形； (4) 进一步强化违法及失信的相关约束
2019	《上市公司重大资产重组管理办法(2019 修订征求意见)》	(1) 取消重组上市认定标准中的净利润指标； (2) 进一步缩短累计首次原则期限至 36 个月； (3) 推进创业板重组上市改革，允许符合产业定位的相关资产在创业板重组上市； (4) 回复重组上市配套融资； (5) 明确科创板重大资产重组的过渡管理办法
2019	《科创板上市公司重大资产重组特别规定》《上海证券交易所科创板上市公司重大资产重组审核规则(征求意见稿)》	(1) 全面规定了科创公司重大资产重组、发行股份购买资产及重组上市应当符合的要求； (2) 明确了科创公司、交易对方、中介机构各方义务及信息披露要求； (3) 规定了上交所重组审核的内容、方式及程序

资料来源：笔者整理。

二、《重组办法》的适用性

(一) 主要修订内容

《上市公司重大资产重组管理办法》2019 年的修订内容，进

一步在"适应性"和"包容度"方面作出改进:

一是拟取消重组上市认定标准中的"净利润"指标,支持上市公司依托并购重组实现资源整合和产业升级。

二是拟将"累计首次原则"的计算期间进一步缩短至 36 个月,引导收购人及其关联人控制公司后加快注入优质资产。

三是促进创业板公司不断转型升级,拟支持符合国家战略的高新技术产业和战略性新兴产业相关资产在创业板重组上市。

四是拟恢复重组上市配套融资,多渠道支持上市公司置入资产改善现金流、发挥协同效应,引导社会资金向具有自主创新能力的高科技企业集聚。

此次修订还明确了科创板公司并购重组监管规则衔接安排,简化指定媒体披露要求。科创板并购重组涉及发行股票的,实行注册制,由上交所审核通过后报中国证监会注册,实施程序更为高效便捷。同时,要求科创板公司的并购重组应当围绕主业展开,标的资产应当与上市公司主营业务具有协同效应,严格限制通过并购重组"炒壳""卖壳"。上市公司筹划重大事项,持续时间较长的,应当按照重大性原则,分阶段披露进展情况,及时提示相关风险,不得仅以相关事项结果尚不确定为由不予披露。投资者应当及时关注上市公司披露的信息,作出合理投资决策。

(二)中介机构持续督导

上市公司通过发行股份实施再融资或重大资产重组的,提供服务的保荐机构或财务顾问应当履行剩余期限的持续督导职责:

（1）重大资产重组实施注册制。科创板公司发行股份购买资产、合并、分立，由上交所审核，中国证监会注册，实施更为便利。

（2）严格限制"炒壳"行为。重大资产重组涉及购买资产的，标的资产应当符合科创板定位，与上市公司主营业务具有协同效应，有利于促进主营业务整合升级。上市公司应当确保能够对收购的标的资产实施有效控制，保证标的资产合规运行，督促重大资产重组交易对方履行承诺。

（3）规范"商誉"会计处理。科创板公司实施重大资产重组的，按照《企业会计准则》的有关规定确认商誉，并结合宏观环境、行业环境、实际经营状况及未来经营规划等因素，谨慎实施后续计量、列报和披露，并结合宏观环境、行业环境、实际经营状况及未来经营规划等因素，及时进行减值测试，足额计提减值损失并披露公允反映商誉的真实价值。

三、《重组特别规定》与《重组审核规则》的针对性

（一）基本要求变化

《重组特别规定》《重组审核规则》作为科创公司的并购重组的特别规则，应优先适用。《重组审核规则》规定了科创公司重大资产重组、发行股份购买资产及重组上市三种并购重组形式的基础要求，相较于《重组办法》，更加清晰、明确。科创板公司的重大资产重组基本要求如表7-8所示。

表 7-8　科创板公司重大资产重组基本要求

要素	《重组特别规定》与《重组审核规则》	《重组办法》
重组标的	标的资产应当： (1) 符合科创板定位； (2) 所属行业应当与科创公司处于同行业或者上下游； (3) 与科创公司主营业务具有协同效应	所购买资产与现有主营业务没有显著协同效应的，应当充分说明并披露本次交易后的经营发展战略和业务管理模式，以及业务转型升级可能面临的风险和应对措施
重组标准	按照《重组办法》第十二条予以认定，但其中营业收入指标执行下列标准：购买、出售的资产在最近 1 个会计年度所产生的营业收入占科创公司同期经审计的合并财务会计报告营业收入的比例达到 50% 以上，且超过 5 000 万元人民币	第十二条规定： (1) 购买、出售的资产总额占上市公司最近 1 个会计年度经审计的合并财务会计报告期末资产总额的比例达到 50% 以上； (2) 购买、出售的资产在最近 1 个会计年度所产生的营业收入占上市公司同期经审计的合并财务会计报告营业收入的比例达到 50% 以上； (3) 购买、出售的资产净额占上市公司最近 1 个会计年度经审计的合并财务会计报告期末净资产额的比例达到 50% 以上，且超过 5 000 万元人民币
发行股份价格	科创公司发行股份的价格不得低于市场参考价的 80%。市场参考价为本次发行股份购买资产的董事会决议公告日前 20 个交易日、60 个交易日或者 120 个交易日的公司股票交易均价之一	上市公司发行股份的价格不得低于市场参考价的 90%。市场参考价为本次发行股份购买资产的董事会决议公告日前 20 个交易日、60 个交易日或者 120 个交易日的公司股票交易均价之一
重组上市条件	科创公司实施重组上市的，标的资产对应的经营实体应当符合科创板发行要求，并符合下列条件之一： (1) 最近 2 年净利润均为正且累计不低于人民币 5 000 万元； (2) 最近 1 年营业收入不低于人民币 3 亿元，且最近 3 年经营活动产生的现金流量净额累计不低于人民币 1 亿元	应当符合下列等多项规定： (1) 符合本办法第十一条、第四十三条规定的要求； (2) 上市公司购买的资产对应的经营实体应当是股份有限公司或者有限责任公司，且符合《首次公开发行股票并上市管理办法》规定的其他发行条件； (3) 上市公司及其最近 3 年内的控股股东、实际控制人不存在因涉嫌犯罪正被司法机关立案侦查或涉嫌违法违规正被中国证监会立案调查的情形，但是，涉嫌犯罪或违法违规的行为已经终止满 3 年，交易方案能够消除该行为可能造成的不良后果，且不影响对相关行为人追究责任的除外； (4) 上市公司及其控股股东、实际控制人最近 12 个月内未受到证券交易所公开谴责，不存在其他重大失信行为

资料来源：证监会、上交所。

（二）重组的针对性安排

以注册制为核心的科创板公司包容性地接受多种上市标准，针对这些情况下的重大资产重组也作出了相应规定：

（1）存在表决权差异安排的公司。除符合《注册管理办法》规定的相应发行条件外，其表决权安排等应当符合《上市规则》等规则的规定，并符合下列条件之一：① 最近 1 年营业收入不低于人民币 5 亿元，且最近 2 年净利润均为正且累计不低于人民币 5 000 万元；② 最近 1 年营业收入不低于人民币 5 亿元，且最近 3 年经营活动产生的现金流量净额累计不低于人民币 1 亿元。

（2）尚未盈利的标的资产。科创公司实施重组上市，标的资产对应的经营实体尚未盈利的，本次交易实施完毕后的控股股东、实际控制人除应遵守《重组办法》关于股份转让的相关规定外，在科创公司重组上市后首次实现盈利前，自所取得股份不得转让期限届满后 24 个月内，每 12 个月转让的该股份不得超过科创公司股份总数的 2%。

（3）红筹企业的相关要求。实施重大资产重组或者发行股份购买资产的科创公司为创新试点红筹企业，或者科创公司拟购买资产涉及创新试点红筹企业的，在计算重大资产重组认定标准等监管指标时，应当采用根据中国企业会计准则编制或调整的财务数据，可以按照境外注册地法律法规和公司章程履行内部决策程序。应按照红筹信披的相应规定，在重大资产重组报告书中披露标的资产的财务会计信息。

（三）对重组的信息披露强调

（1）符合法定条件。科创板重大资产重组应当充分披露交易是否符合法定条件，独立财务顾问、证券服务机构出具的相关文件中，应当就本次交易是否合法合规逐项发表明确意见，并且具备充分的理由和依据。

（2）符合信息披露要求。申请文件及信息披露内容应当真实、准确、完整，包含投资者作出价值判断和投资决策所必需的信息，披露内容应当一致、合理，具有内在逻辑，简明易懂，便于一般投资者阅读和理解。

（3）重点披露事项。披露内容至少应包含以下方面：标的资产与科创公司主营业务的协同效应；交易方案的合规性、交易实施的必要性、交易安排的合理性、交易价格的公允性、业绩承诺和补偿的可实现性；标的资产的经营模式、行业特征、财务状况；本次交易和标的资产的潜在风险。

四、重组审核机构与流程

（一）重组审核机构

科创板公司重组审核实行电子化审核，申请、受理、问询、回复等事项通过上交所并购重组审核业务系统办理，更加便利科创公司和相关方提交审核材料、回复审核问询、了解审核进度或进行审核沟通。科创板重大资产重组部门及其职责如表7-9 所示。

表7-9　科创板重大资产重组部门与职责

部　门	职　责
并购重组审核部门	对科创公司发行股份购买资产或重组上市申请文件进行审核，出具审核报告
审核联席会议	对科创公司发行股份购买资产申请进行审议，提出审议意见
科创板股票上市委员会	对科创公司重组上市申请进行审议，提出审议意见
上交所	结合审核联席会议或上市委员会审议意见，出具同意发行股份购买资产或重组上市的审核意见，或者作出终止重组审核的决定。对不涉及股份发行的重组上市，上交所结合上市委员会审议意见，直接作出是否同意重组上市的决定
证监会	上交所向中国证监会报送同意发行股份购买资产或者重组上市（不涉及发行股份的除外）的审核意见，证监会审核通过后予以注册

资料来源：笔者整理。

（二）重组审核流程

在审核程序方面，《重组审核规则》规定了申请与受理、审核部门问询、审核联席会议或上市委员会审议、向证监会报送审核意见等环节。审核流程如图7-1 所示。

具体在申请与受理、审核部门审核、审核联席会议或上市委员会审议、上交所形成审核意见并报送证监会、审核时限、审核程序优化安排、科创定位、协同效应咨询等方面作出了具体安排。此外，《重组审核规则》还就审核的中止与终止、复核与复审、会后事项、传闻澄清与投诉举报、现场检查以及重大疑难或无先例事项请示安排等作出了规定。

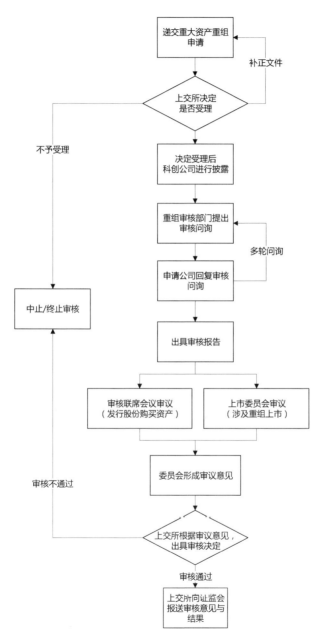

图 7-1 科创板公司重大资产重组审核流程图

五、其他市场重组经验

港交所在 2019 年针对《上市规则》中借壳上市、持续上市准则条文进行修订，针对上市"壳公司"收购非上市公司资产和业务的重组过程作出详细规定。包括交易规模、目标资产质量、发行人业务性质及规模、主营业务出现根本转变、控制权或实际控制权变动以及一连串的交易或安排。修订要求发行人不得在控制权变动之时或其后 36 个月内将其全部或大部分原有业务出售或作实物配发，亦不得在实际控制权转手之时或其后 36 个月内进行有关出售或作实物配发。同时，港交所禁止通过以大规模发行证券换取现金、发行人控制权或实际控制权转变、将资金用作收购不相关新业务等方式进行借壳。

国内中小板与创业板在重大资产重组业务方面与主板一致，接受《上市公司重大资产重组管理办法》（2019）的指导，其中具有重要意义的修订在于，此次管理办法拟支持符合国家战略的高新技术产业和战略性新兴产业相关资产在创业板重组上市，这是自 2013 年，证监会通过《关于在借壳上市审核中严格执行首次公开发行股票上市标准的通知》实质禁止创业板重组上市以来的首次政策放松。证监会表示，通过"全链条"严格执行新规，借重组上市"炒壳""囤壳"之风已得到明显抑制，市场和投资者对高溢价收购、盲目跨界重组等高风险、短期套利项目的认识也日趋理性。经研究后，为支持科技创新企业发展，允许符合国家战略的高新技术产业和战略性新兴产业相关资产在创业板重组上市。同时明确，非前述资产不得在创业板重组上市。

第五节　拓宽股权激励

一、激励制度修订

股权激励是科创板公司吸引人才、留住人才、激励人才的一项重要制度，相较于 2016 年《上市公司股权激励管理办法》，科创板《持续监管办法》设置了更加灵活和大范围的股权激励计划，也对其进行了有针对性的制度设计，激励具体措施包括：

（一）提高激励比例上限

授予规模上限由公司股本总额的 10% 增加至 20%。对于新增限制性股票类型，应当就激励对象分次获益设立条件，并在满足各自获益条件时分批进行股权登记。获益条件包含 12 个月以上任职期限的，实际授予的权益进行登记后，可不再设置限售期。

（二）拓宽授予对象范围

单独或合计持有上市公司 5% 以上股份的股东、实际控制人及其配偶、父母、子女以及外籍员工，并在上市公司担任董事、高级管理人员、核心技术人员或者核心业务人员的，均可以成为激励对象。此项变化充分考虑了科创公司高度依赖创始人和核心骨干的特点，进一步对现有股权激励制度予以放宽。

(三) 增加授予价格灵活性

取消限制性股票的"不得低于激励计划公布前 1 个交易日股票交易均价的 50% 以及前 20 个交易日、前 60 个交易日、前 120 个交易日股票交易均价之一的 50%"的收益价格限制。但值得注意的是，在股权激励价格条款出现前述情形时，科创板公司需聘请独立财务顾问，独立财务顾问对股权激励计划的可行性、是否有利于上市公司的持续发展、相关定价依据和定价方法的合理性、是否损害上市公司利益以及对股东利益的影响发表专业意见。

(四) 提升激励实施便利性

科创板《上市规则》在股权激励方面作出更灵活的安排，在特定条件下取消了对股权激励需要回购注销限制；允许满足激励条件后，上市公司将限制性股票登记至激励对象名下，实际授予的权益进行登记后，可不再设置限售期，便利了实施操作。此外，根据境内市场的发展阶段，《持续监管办法》强调了股权激励必须与公司业绩相挂钩，避免出现业绩下滑、公司管理层仍能通过股权激励获益的不正常情况。

鉴于科创企业的经营在较大程度上依赖于公司的核心员工，公司的核心竞争力很大程度体现在对人力资本的拥有水平和对人力资本潜在价值的开发能力上，股权激励计划可以把员工、管理者、股东的长远利益、公司的长期发展结合在一起。而科创板允许科创企业在上市前、上市时和上市后等不同阶段制定或实施股权激励，并对现有股权激励制度作了进一步优化和突破，体现出了极大的灵活性，以及增强企业凝聚力、维护企业长期稳定发展、建立健全激励约束长效机制的价值导向（见表 7-10）。

表 7-10　股权激励阶段与形式安排

上　市　前	上　市　时	上　市　后
可采用员工持股计划、期权激励计划等方式	允许员工设立资管计划通过集中竞价、大宗交易等方式参与配售	可采用限制性股票、股票期权或上交所认可的其他方式，其中限制性股票还包括分次获益股票

资料来源：笔者整理。

二、激励形式采用

针对股权激励的具体实施形式，科创板公司可以采用员工持股、期权激励、限制性股票等方式进行，具体如表 7-11 所示。

表 7-11　科创板公司现行股权激励情况

激励方式	概念说明	相　关　规　定	实施公司
员工持股计划	科创企业根据公司自主决定、员工自愿参加的原则，在履行决策程序情况下通过合法的方式使得员工直接或间接持有公司股份，并与其他投资者权益平等，盈亏自负，风险自担	根据《科创板审核规则》《科创板审核问答一》等相关规定，科创企业实施员工持股计划可以通过公司制企业、合伙制企业、资产管理计划等持股平台间接持股，并需建立持股平台内部的流转、退出机制，以及股权管理机制。员工持股计划原则上应主要以货币实缴出资，也允许以科技成果出资入股	华兴源创、凌志软件、安集微电子

（续表）

激励方式	概念说明	相 关 规 定	实施公司
期权激励计划	科创板申报企业采用期权激励计划的方式进行股权激励主要是指科创企业在公司上市前制定、上市后实施的授予满足一定条件的激励对象在未来以约定的行权价格和条件购买股份的股权激励方式	根据《科创板审核问答一》等相关规定，科创企业实施期权激励计划的激励对象需符合《科创板上市规则》规定，激励计划的必备内容与基本要求、激励工具的定义与权利限制、行权安排、回购或终止行权、实施程序、信息披露等内容参考《上市公司股权激励管理办法》相关规定予以执行。科创企业在有效期内的期权激励计划所对应股票数量占上市前总股本比例原则上不得超过15%，不得设置预留权益；在审期间，不应新增期权激励计划，相关激励对象不得行权	硅产业、海尔生物医疗、九号智能
限制性股票	激励对象按照股权激励计划规定的条件，获得的转让等部分权利受到限制的科创板公司股票	《审核规则》《持续监管办法》等制度，取消了关于限制性股票授予价格的限制，使公司可根据自身具体情况自主确定授予价格，充分调动激励计划的激励性，有效发挥人才的激励作用	晶晨半导体

资料来源：笔者整理。

相应地，股权激励安排作为关键信息披露事项之一，2019年7月12日，上交所发布了《科创板上市公司信息披露工作备忘录第四号——股权激励信息披露指引》，规范科创板上市公司与股权激励相关的信息披露行为。通过在信息披露规范等激励约束强化方面的制度设计，建立合理有效的绩效评价体系以及激励约束机制。根据公司战略目标和持续发展，与公司绩效、个人业绩相联系，保持高级管理人员和核心员工的稳定，避免损害公司及股东利益。强调了股权激励必须与公司业绩相挂钩，避免出现业绩下滑、公司管理层仍能通过股权激励获益的不正常情况。

三、激励方案实践

建立发行人高管与核心员工认购机制，有利于向市场投资者传递正面信号。《上海证券交易所科创板股票发行与承销业务指引》明确了发行人高管和核心员工参与配售方式、数量以及信息披露等方面的规定。

发行人的高级管理人员与核心员工设立专项资产管理计划参与本次发行战略配售的，应当在招股意向书和初步询价公告中披露专项资产管理计划的具体名称、设立时间、募集资金规模、管理人、实际支配主体以及参与人姓名、职务与比例等。专项资产管理计划的实际支配主体为发行人高级管理人员的，该专项资产管理计划所获配的股份不计入社会公众股东持有的股份。前述专项资产管理计划获配的股票数量不得超过首次公开发行股票数量的10%，且应当承诺获得本次配售的股票持有期限不少于12个月。

从科创板25家首批上市的公司来看，有8家设立了员工持股计划进行认购，认购金额为10.31亿元，占8家公司募资总额的5.8%。这8家公司的员工持股方案如表7-12所示。

表7-12　已上市科创公司员工持股方案

上市公司	员工持股方案	认购数量	持股比例
睿创微纳	睿知1号	300万股	5%
光峰科技	家园1号	454万股	6.69%
中国通号	丰众1号至5号	10 873万股	20.14%
交控科技	丰众6号	345.6万股	2.16%

（续表）

上市公司	员工持股方案	认购数量	持股比例
心脉医疗	心脉 1 号	154.2 万股	2.14%
乐鑫科技	乐鑫员工	84.05 万股	1.05%
安集科技	安集员工	40.72 万股	3.07%
虹软科技	虹软家园 1 号	205.4 万股	4.46%

资料来源：上交所、招股说明书等。

第六节　鼓励社会责任

一、社会责任要求

上市公司在社会责任方面的制度约束经历了一个补充完善的过程，如表 7-13 所示。

表 7-13　上市公司社会责任制度要求

年份	制度基础	制定机构	内 容 要 求
2005	《中华人民共和国公司法》	全国人大	公司要遵守社会公德、商业道德，诚实守信，接受政府和社会公众的监督，承担社会责任
2008	《关于中央企业履行社会责任的指导意见》	国务院国资委	坚持以人为本、科学发展，在追求经济效益的同时，对利益相关者和环境负责
2008	《关于加强上市公司社会责任承担工作的通知》	上交所	倡导公司积极承担社会责任、关注经济利益的同时，充分关注利益相关者的共同利益，促进社会经济的可持续发展
2018	《上市公司治理准则》	证监会	应贯彻落实创新、协调、绿色、开发、共享的发展理念，弘扬优秀企业家精神，积极履行社会责任
2018	《科创板股票上市规则》	上交所	积极承担社会责任，维护社会公共利益，并披露保护环境、保障产品安全、维护员工与其他利益相关者合法权益

资料来源：笔者整理。

　　证监会 2018 年《上市公司治理准则》修订内容中要求，上市公司应当贯彻落实创新、协调、绿色、开发、共享的发展理念，弘扬优秀企业家精神，积极履行社会责任，形成良好的公司治理实践。考虑到科创类上市公司的业务技术领域复杂、社会影响面较广，科创板《上市规则》明确要求其积极承担社会责任，维护社会公共利益，并披露保护环境、保障产品安全、维护员工与其他利益相关者合法权益等情况。其中针对其科技创新属性，尤其强调了科创公司应当遵守科学伦理，尊重科学精神，恪守应有的价值观念、社会责任和行为规范，发挥科学技术的正面效应。上市公司应当在定期报告中披露履行社会责任的情况，并视情况编制和披露社会责任报告、可持续发展报告、环境责任报告等文件。

　　在新兴科学创新领域，产品及研发可对社会及时代带来变革，引领产业走向新轨道。在肯定其积极正面影响的同时，也不能忽视科学技术的应用可能对社会带来的风险与负面效应。一方面科创类上市公司的主营业务及研发方向包括新能源、新技术、新材料等，与国家鼓励倡导的节能减排、绿色低耗、深化供给侧结构性改革、提升人民生活幸福感等社会责任密切相关，这是与传统行业区别较大的经营特征。另一方面科创类上市公司运用新兴技术及研发对社会造成的影响较大，其是否能高效使用自然资源，制定可靠的生产环境与产品安全质量保证体系，尊重科学精神，恪守应有的价值观念，是普遍被大众和监管机构关心的问题。

实践中，社会责任行为的践行与社会责任报告的信息披露将对科创板公司产生更深远的影响。科创板公司更多地依靠机构投资者进行市场询价，作为关注长期价值投资的专业投资者，相较于财务信息，其关注度更为全面广泛。社会责任报告即是全方位展示公司治理、日常运营及形象宣传的良好渠道，同时也有助于上市公司平稳股价，提升可持续发展能力。科创板上市指引中对公司履行社会责任的强调，顺应了国际形势，迎合了国内监管趋势，同时也帮助公司通过主动披露社会责任履行情况，积极回应监管机构、资本市场及媒体的期待。

二、ESG 投资前景

ESG，即环境、社会和公司治理。随着公司在经营过程中对利益相关者和社会责任的重视，公司治理观念也由传统的单边股东治理观发展到多方的利益相关者共同治理观。企业在寻求经济利益、对股东承担法律责任的同时，也对员工、消费者、自然环境等承担责任，并应考虑经营行为是否具有重要的社会影响。

作为资本市场中的重要角色，机构投资者在道义上承担着促进社会进步的使命，并且在吸纳公众资金进行投资的过程中，被期待发挥更积极的公司治理作用，在为公众带来投资收益的同时，还应有社会层面的贡献。作为公众利益的代表，机构投资者具有多种经济动机与道德压力去监督和影响公司的社会责任行为，而随着机构投资者投资金额的增加和范围的扩大，机构投资者不仅关注于公司的财务绩效，同时也对包含环境责任在内的公司战略行为予以重视，而且机构投资者应将公司在产品质量、环境保护、社区服务方面的行为视为一种长期发展利益的表现。当前，全球范围内众多金融机构都已将 ESG 因素纳入自身的研究及投资决策体系中，而许多国家的证券交易所及监管机构也相继制定政策规定，要求上市公司自愿自主或者强制性披露 ESG 相关信息。

此次上交所《上市规则》针对科创公司所提出的社会责任要求，是结合信息披露核心制度作出的前瞻性安排。长久来看，ESG 投资在中国未来发展前景广阔。主要体现在两个方面：一是中国责任投资规模年均增速较快；二是中国上市公司企业社会责任报告披露率逐渐增加，体现出上市公司对社会责任表现的重视程度，ESG 投资也将间接受益。学术研究和投资实践均证明环境、社会与治理要素对投资回报的积极影响，在投资中运用 ESG 要素能促进行业整体的健康发展，全面实现其有效配置社会资源、促进社会稳定发展的功能。ESG 投资能够获得超额回报、实现财务收益和社会贡献的双重目标，从而增加个人投资者和机构投资者对科创板公司价值的认同度。

三、目前 ESG 实践

基于对 ESG 责任投资理念的肯定以及其投资价值的体现，

ESG 投资不断发展，其在全球养老金市场的应用得到很大重视并日益广泛。欧洲最大的养老金资产管理机构 APG 早在 1999 年就将 ESG 投票机制纳入股东大会，并于 2007 年开始责任投资。而欧洲监管部门在对养老金市场 ESG 投资的推动上发挥了很大作用。欧洲退休金协会（PensionsEurope）自 2016 年从多方面对 ESG 投资在养老计划中的应用给出规定，其中要求私人养老金计划应将 ESG 因子纳入治理和管理管理决策，并定期披露 ESG 投资策略。这项规定在 2019 年 1 月即开始执行。此外，日本政府养老投资基金（GPIF）于 2017 年 7 月宣布选出三只 ESG 指数作为被动投资的追踪标的，同时计划将 ESG 的投资配比从目前的 3% 提升至 10%，将引导约 290 亿美元的资金投向 ESG 相关股票。

国内方面，中国证监会和证券投资基金业协会不断鼓励和引导公募基金、私募基金和资产管理计划等在内的社会资本参与社会责任投资。多家基金加入了联合国责任投资原则 UNPRI，积极将责任投资原则和 ESG 因素纳入投资决策和资产管理中。2019 年，MSCI（摩根士丹利资本国际公司）首次将 A 股股票纳入 MSCI 指数，并计划在 2020 年进一步加大纳入 A 股的数量并推出 A 股 ESG 领导者指数。根据 MSCI 的选股标准，上市公司 ESG 信息的披露情况是其重要考量因素。MSCI 的这一举措不仅加大了海外资金进入 A 股的投资比例，加快我国 A 股市场与国际市场对接的进程，也倒逼了国内市场进一步完善 ESG 责任投资体系的建设，推动更多机构将 ESG 因子纳入投资决策中。

第七节　严格退市安排

一、明确退市标准

科创板的退市制度设计更为清晰，分为被动退市与主动退市两种情况。被动退市进一步细分为重大违法强制退市、交易类强制退市、财务类强制退市、规范类强制退市等几种情况。对于科创板公司的退市标准，将重点落实"从严性"原则，充分借鉴已有的退市实践经验，重点从标准、程序和执行三方面进行了严格规范。根据《上海证券交易所科创板股票上市规则》的相关规定，上市公司股票被终止上市的，不得申请重新上市。从标准上来看，主要划分了重大违法指标、交易类指标、财务类指标、规范类指标共四类退市指标（见表 7-14）。

表 7-14　科创板退市标准

退市指标	具 体 内 容	监 管 规 范
重大违法指标	欺诈发行，重大信息披露重大违法，公共安全重大违法	科创公司构成欺诈发行、重大信息披露违法或其他涉及国家安全、公共安全、生态安全、生产安全和公众健康安全等领域的重大违法行为的，股票应当终止上市
交易类指标	连续 20 个交易日低于股票面值；连续 20 个交易日市值低于 3 亿元；连续 20 个交易日股东数低于 400 人；连续 120 个交易日累计成交量低于 200 万股	科创公司股票交易量、股价、市值、股东人数等交易指标触及终止上市标准的，股票应当终止上市，具体标准由交易所规定
财务类指标	最近一年扣除非净利润或净利润其中一个为负，且营业收入低于 1 亿元；最近一年净资产为负值；研发型企业研发失败或被禁止使用	科创公司丧失持续经营能力，财务指标触及终止上市标准的，股票应当终止上市。科创板不适用单一的连续亏损终止上市指标，交易所应当设置能够反映公司持续经营能力的组合终止上市指标

（续表）

退市指标	具 体 内 容	监 管 规 范
规范类指标	重大会计差错；信息披露或规范运作重大缺陷；无法表示或否定审计意见	科创公司信息披露或者规范运作方面存在重大缺陷，严重损害投资者合法权益、严重扰乱证券市场秩序的，其股票应当终止上市。交易所可依据《中华人民共和国证券法》在上市规则中作出具体规定

资料来源：上交所。

在重大违法类强制退市方面，吸收了最新退市制度改革成果，明确了信息披露重大违法和公共安全重大违法等重大违法类退市情形，重大违法强制退市流程更为简化，不再需要走"退市风险警示—暂停上市—终止上市"的流程，可直接由交易所认定是否进行强制退市，体现了科创板对欺诈发行、重大信息披露违法、威胁国家安全、公共安全等情况的零容忍。

在市场指标类退市方面，构建成交量、股票价格、股东人数和市值四类退市标准，指标体系更加丰富完整，交易类强制退市中增加了市值连续20个交易日低于3亿元的退市标准，意味着股价长期下行、市值负向波动也将直接终止上市。这是对美股市场退市制度的借鉴，体现了科创板对市场交易类指标的重视。

在财务类指标方面，在定性基础上作出定量规定，多维度刻画丧失持续经营能力企业的基本特征，不再采用单一的连续亏损退市指标。新增了"明显丧失持续经营能力"的情形，并给出细化标准，包括主营业务停滞、经营资产无法维持正常经营等。且此类情形不需实施退市风险警示，而是直接启动股票退市程序。

在规范类指标方面，在保留现有未按期披露财务报告、被出具无法表示意见或否定意见审计报告等退市指标的基础上，增加信息披露或者规范运作存在重大缺陷等合规性退市指标。

二、简化退市程序

对于退市程序而言，简化了退市环节，取消暂停上市和恢复上市程序，而是"实施退市风险警示—退市"或直接退市。通过对应当退市的企业直接终止上市，避免重大违法类、主业"空心化"的企业长期滞留市场，扰乱市场预期和定价机制。退市程序流程图如图 7-2 所示 。

压缩退市时间，触及财务类退市指标的公司，第一年实施退市

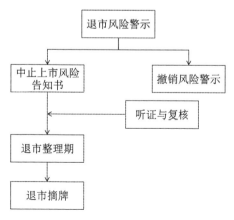

图 7-2 科创板公司退市程序流程图

风险警示，第二年仍然触及将直接退市。不再设置专门的重新上市环节，已退市企业如果符合科创板上市条件的，可以按照股票发行上市注册程序和要求提出申请、接受审核，也是对接注册制的一种安排，有助于市场的有序进退。但因重大违法强制退市的，不得提出新的发行上市申请，只能永久退出市场。

科创公司的退市执行也更加严格。现行退市制度执行中的突出问题是，个别主业"空心化"企业，通过实施不具备商业实质的交易，粉饰财务数据，规避退市指标。为解决这一问题，科创板退市制度特别规定，如果上市公司营业收入主要来源于与主营业务无关的贸易业务或者不具备商业实质的关联交易收入，有证据表明公司已经明显丧失持续经营能力，将按照规定的条件和程序启动退市。

三、主动退市申请

科创板上市公司出现下列情形之一的，可以向上交所申请主动终止上市：① 上市公司股东大会决议主动撤回其股票在上交所的交易，并决定不再在上交所交易；② 上市公司股东大会决议主动撤回其股票在上交所的交易，并转而申请在其他交易场所交易或转让；③ 上市公司向所有股东发出回购全部股份或部分股份的要约，导致公司股本总额、股权分布等发生变化不再具备上市条件；④ 上市公司股东向所有其他股东发出收购全部股份或部分股份的要约，导致公司股份总额、股权分布等发生变化不再具备上市条件；⑤ 除上市公司股东外的其他收购人向所有股东发出收购全部股份或部分股份的要约，导致公司股本总额、股权分布等发生变化不再具备上市条件；⑥ 上市公司因新设合并或者吸收合并，不再具有独立法人资格并被注销；⑦ 上市公司股东大会决议公司解散；⑧ 中国证监会和上交所认可的其他主动终止上市情形。

科创板公司主动撤回其股票在上交所交易的，需要经出席会议的全体股东所持有效表决权三分之二以上通过外，还须经出席会议的除下列股东以外的其他股东所持有效表决权的三分之二以上通过：① 上市公司的董事、监事、高级管理人员；② 单独或合计持有上市公司 5% 以上股份的股东。同时还规定，上市公司应当在上述股东大会召开通知发布之前，充分披露主动终止上市方案、退市原因及退市后的发展战略，包括并购重组安排、经营发展计划、异议股东保护的专项说明等，以实现对中小投资者的保护。

可以看到，科创板借鉴了最新的退市改革成果，将执行史上最严的退市制度，有执行强、标准严、程序简等特征。任何成熟健康的资本市场，必须是一个"有进有出"的市场，通过精简退市流程，缩短退市时间，科创板可以实现快进快出，维系市场活力。科创板以更加完善、严格的退市制度与其配合，实现良性的持续发展。

四、其他市场退市经验

目前在全球资本市场中，美股为市值规模最大的资本市场，纽交所和纳斯达克上市公司同时也具有较高的退市率。通过对1980—2017 年的美股退市公司数据进行分析，可以得出其中有过半是因正常的市场并购或私有化行为而退市，若并购方同样也是上市公司，其资产实质上仍随并购方股票而在市场上流动。真正意义上因为财务原因和股价过低问题导致退市的公司合计约占退市公司的 24%。美股主要交易所退市情况如表 7-15 所示。

表 7-15 美股主要交易所退市情况

退市原因	纽交所	纳斯达克	整 体
被合并	41%	41%	41%
财务问题	55%	13%	11%
市场因素	2%	10%	8%
自愿退市	1%	7%	5%
破产清算	5%	4%	4%
证券变更	5%	2%	3%
其他	1%	1%	1%
退市合计	60%	78%	72%
留存合计	40%	22%	28%
公司总数	6 235	13 372	19 607

资料来源：沃顿研究数据中心（WRDS）、上交所。

具体来看，美股较高退市率的原因主要在于其较为开放的上市和退市制度设计保证了上市公司的整体水平。并购、私有化等主动退市行为的灵活性，以及后续流程与退市机制都对投资者权益的保护进行了充分考量。这其中作为主要基础的退市制度设计，也反映了纽交所和纳斯达克的差异化，为科创板退市规则的制定提供了参考。

其中值得关注的是纳斯达克没有制定专门的退市标准，因其采用灵活的上市方案，满足不同阶段的公司在纳斯达克资本市场、全球市场、全球精选市场三个子板块内上市。当上市公司未持续满足上市条件时，即被视为触发了退市摘牌条件，若公司在书面通知后45日内没有拿出相应的整改计划以改善公司使符合标准，就转入退市程序。因此，公司需要在经营期间连续满足上市标准，避免退市情况的发生。此外，纳斯达克还有针对上市公司股价的"一美元规则"，当上市公司股价连续30个交易日低于1美元时，交易所将发出警告，若公司股价在后续180日内没有相应的回升，则公司将进入退市程序。

亚洲市场方面，香港证券交易所的退市公司数量和占比相较于美股而言较低。根据《香港交易所市场资料》披露，2008年至2018年11月期间，主板与创业板累计退市213家，其中主板退市94家，创业板退市119家，但创业板中仅有13家为退市处理，其余均为向主板进行转板，退市率不足1%。

港交所主板和创业板采用相同的强制退市标准，其中对退市的定量指标要求较少，只有公众持股数量和财务指标中的资产负债比两项，对公司经营结果则不设量化标准，判断挂牌公司是否能够失去上市地位主要取决于发行人能否履行持续责任。当上市公司存在以下三种情况时，可进行强制退市：

（1）公众人士所持有的证券数量少于已发行股份数目总额的25%；

（2）发行人没有足够的业务运作或相当价值的资产，以保证其证券可继续上市；

（3）交易所认为发行人或其业务不再适合上市。

纳斯达克、深交所创业板和港交所主板的退市标准比较如表7-16所示。

表 7-16　纳斯达克、深交所创业板以及港交所主板退市标准

纳斯达克退市标准		深交所创业板退市标准		港交所主板退市标准	
权益标准	股东权益、公众持股数量、公众持股市值、股价、总股东数量、做市商数量	交易类指标	公众持股数量、交易系统成交量、每股收盘价	定量标准	公众人士所持有的证券数量少于已发行股份数目总额的 25%
市值标准	股票市值、公众持股数量、公众持股市值、股价	持续经营指标	发行人被接管、清盘或解散、净资产为负	定性标准	交易所认为发行人无足够业务运作或相当价值的资产，出现财政困难，以致严重损害发行人继续经营业务的能力或发行人的负债额高于其资产值；交易所认为发行人或其业务不再适合上市
总资产、总收入标准	总资产、总收入等	合规性要求指标	财务报告披露、无法表示或否定审计意见、连续接受交易所谴责		
补充定性标准	财报披露、公司治理、社会责任、董事薪酬				

资料来源：纳斯达克、港交所、深交所。

目前在国际成熟资本市场上，上市公司有序进退已经是一种普遍现象，退市原因除了违规事项外，公司还可以因战略并购、市场转板、私有化等原因选择主动退市。另一方面，这些交易所制定了完善的退市制度与程序安排，尤其是退市后成熟的配套制度，有效地保护了投资者权益。结合我国科创板上市规则的制定与实践情况，国际成熟市场的退市经验对我们具有一定的借鉴意义。

第八章　科创板的投资者保护

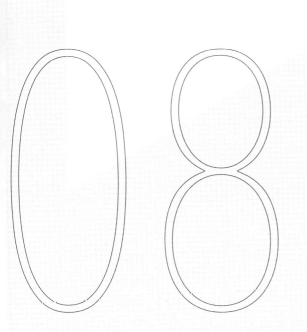

Sci-Tech innovation board

第一节　科创板参与主体

科创板的市场参与主体包括发行人及其控股股东和实际控制人、证券服务机构、投资者。各参与主体各司其职，建立以信息披露为核心的发行上市机制，让投资者在信息充分的市场环境中作出理性判断和投资决策。

一、发行人及其控股股东和实际控制人的责任义务

科创板对发行人的治理结构、技术创新、业务、行业发展等全面进行考量。对拟在科创板上市企业提出了更高的要求。发行人申请首次公开发行股票并在科创板上市，应当符合科创板定位，面向世界科技前沿、面向经济主战场、面向国家重大需求。优先支持符合国家战略，拥有关键核心技术，科技创新能力突出，主要依靠核心技术开展生产经营，具有稳定的商业模式，市场认可度高，社会形象良好，具有较强成长性的企业。

　　与核准制相比，在科创板注册制下证券发行审核机构只对注册文件进行规范性审查，不进行实质性判断，而由发行人和证券服务机构对信息披露的真实性、准确性和完整性负责。在此背景下，发行人是信息披露第一责任人，对信息的真实性、准确性和完整性负有诚信义务和法律责任，发行人要充分披露投资者作出价值判断和投资决策所必需的信息，确保信披真实、准确、完整、及时、公平。

　　根据证监会发布的《科创板首次公开发行股票注册管理办法（试行）》及《科创板上市公司持续监管办法（试行）》相关规定：

　　"发行人作为信息披露第一责任人，应当诚实守信，依法充分披露投资者作出价值判断和投资决策所必需的信息，所披露信息必须真实、准确、完整，不得有虚假记载、误导性陈述或者重大遗漏。

　　"发行人应当为保荐人、证券服务机构及时提供真实、准确、完整的财务会计资料和其他资料，全面配合相关机构开展尽职调查和其他相关工作。发行人的控股股东、实际控制人应当全面配合相关机构开展尽职调查和其他相关工作，不得要求或者协助发行人隐瞒应当披露的信息。"

　　发行人的控股股东、实际控制人指使发行人从事欺诈发行、虚假陈述的，应承担相应法律责任。根据上交所《关于切实提高招股说明书（申报稿）质量和问询回复质量相关注意事项的通知》，当公司被认定欺诈发行时，公司及其控股股东、实际控制人在中国证监会等部门确认后 5 个工作日内须启动股份购回程序，购回公司本次公开发行的全部新股作出承诺；存在老股配售的，实施配售的股东还应当承诺购回已转让的原限售股份。

二、证券服务机构的责任义务

科创板的证券服务机构包括保荐机构、会计师事务所、律师事务所、资产评估机构等，是具有专业知识和专门经验的专业服务机构，对发行人提供的信息资料进行核查验证和专业判断并出具意见，起到客观、独立、专业的把关作用。为保护投资者利益，科创板强化证券服务机构的尽职调查义务和核查把关责任。证券服务机构应当履行对于信息披露内容的特别注意义务，承担对于信息披露内容的客观、专业核查责任。

根据《科创板首次公开发行股票注册管理办法（试行）》相关规定：

"保荐人应当诚实守信，勤勉尽责，按照依法制定的业务规则和行业自律规范的要求，充分了解发行人经营情况和风险，对注册申请文件和信息披露资料进行全面核查验证，对发行人是否符合发行条件、上市条件独立作出专业判断，审慎作出推荐决定，并对招股说明书及其所出具的相关文件的真实性、准确性、完整性负责。

"证券服务机构应当严格按照依法制定的业务规则和行业自律规范，审慎履行职责，作出专业判断与认定，并对招股说明书中与其专业职责有关的内容及其所出具的文件的真实性、准确性、完整性负责。

"证券服务机构及其相关执业人员应当对与本专业相关的业务事项履行特别注意义务，对其他业务事项履行普通注意义务，并承担相应法律责任。"

科创板对违法违规行为进行强有力追责，大幅提高违法违规成本，对违法违规的证券服务机构及相关人员将采取严厉的监管措施，对发行人、上市公司的虚假记载、误导性陈述或重大遗漏负有责任的证券公司、会计师事务所、律师事务所、资产评估机构等证券服务机构，要承担相应的法律责任。证券服务机构明知或者应当明知发行人虚构或者隐瞒重要信息、骗取发行注册的，依法追究刑事责任。

三、科创板投资者的权利义务

投资者参与科创板股票交易前，应当充分知悉和了解科创板股票交易风险事项、境内法律和上交所业务规则，结合自身风险认知和承受能力，做好足够的风险评估与财务安排，审慎判断是否参与科创板股票交易，避免遭受难以承受的损失。

对于发行人的控股股东、实际控制人指使发行人从事欺诈发行、虚假陈述的，投资者有权要求控股股东、实际控制人及相关证券服务机构承担民事赔偿责任。在这里，可理赔情况的认定主要依据是"卖者"是否尽到其信息披露义务,及相关证券服务机构是否履行了其特别注意义务和普通注意义务,对于不存在违法违规行为而单纯经营失败的上市公司,严格落实投资风险"买者自负"原则。

投资者参与科创板应当遵守相关法律法规,包括但不限于:不借用或出借证券账户;不参与"垫资开户";不提供虚假身份或资产证明信息;不得滥用资金、持股等优势进行集中交易,影响股票交易价格正常形成机制。上交所对违反相关规定的投资者可采取相应的监管措施或者纪律处分,对于涉嫌内幕交易、市场操纵等违法违规行为,依法上报证监会查处。

第二节 投资者保护机制

建立健全科创板投资者保护机制,维护投资者合法权益,是设立科创板并试点注册制的重要任务。科创板投资者保护机制以"适当性"为基础,围绕投资者适当性管理,落实科创板投资者教育及风险揭示,并建立责令回购制度、集体诉讼制度等一系列保护投资者权益的机制和措施。

一、投资者适当性管理

科创板企业商业模式新,技术迭代快,业绩波动和经营风险相对较大，为了保护投资者合法权益，根据《上海证券交易所科创板股票交易特别规定》，科创板的股票交易实行投资者适当性管理制度。

（一）科创板投资者适当性准入要求

个人投资者参与科创板股票交易，应符合以下适当性条件：

（1）申请交易权限前 20 个交易日证券账户及资金账户内的资产日均不低于人民币 50 万元（不包括该投资者通过融资融券融入的资金和证券）；

（2）参与证券交易满 24 个月以上（含）；

（3）通过证券公司组织的适当性综合评估；

（4）上交所或证券公司规定的其他条件。

其中，证券公司对投资者的适当性综合评估不仅包括对投资者适当性条件的核查，还包括个人投资者的资产状况、投资经验、风险承受能力和诚信状况的综合评估，以全面了解参与科创板股票交易的投资者情况，并提出明确的适当性匹配意见。同时，证券公司还将重点评估个人投资者是否了解科创板股票交易的业务规则与流程，以及是否充分知晓科创板股票投资风险，具体形式包括通过证券公司组织的科创板知识测试、签署《科创板股票风险揭示书》等。此外，证券公司还将动态跟踪和持续了解个人投资者的交易情况，至少每两年对个人投资者进行一次风险承受能力的后续评估。

符合相关法律法规的机构投资者，可以直接申请开通科创板股票交易权限，无须满足上述资产和交易经验的条件。

（二）证券账户及资金账户内资产的认定标准

关于证券账户及资金账户内资产，具体认定标准如下：

（1）可用于计算个人投资者资产的证券账户，应为中国结算开立的证券账户，以及投资者在证券公司开立的账户。中国结算开立的账户包括 A 股账户、B 股账户、封闭式基金账户、开放式基金账户、衍生品合约账户及中国结算根据业务需要设立的其他证券账户。可用于计算投资者资产的资金账户，包括客户交易结算资金账户、股票期权保证金账户等。

（2）中国结算开立的证券账户内的下列资产可计入投资者资产：股票，包括 A 股、B 股、优先股、通过港股通买入的港股和全国中小企业股份转让系统挂牌股票；公募基金份额；债券；资产支持证券；资产管理计划份额；股票期权合约，其中权利仓合约按照结算价计增资产，义务仓合约按照结算价计减资产；上交所认定的其他证券资产。

（3）投资者在证券公司开立账户的下列资产可计入投资者资产：公募基金份额、私募基金份额、银行理财产品、贵金属资产等。

（4）资金账户内的下列资产可计入投资者资产：客户交易结算资金账户内的交易结算资金；股票期权保证金账户内的交易结算资金，包括义务仓对应的保证金；上交所认定的其他资金资产。

（5）计算融资类业务相关资产时，应按照净资产计算，不包括融入的证券和资金。

（三）证券交易经验的认定标准

个人投资者参与 A 股、B 股和股转系统挂牌股票交易的，均可计入其参与证券交易的时间。相关交易经历自投资者本人一码通下任一证券账户在上海证券交易所、深圳证券交易所及股转系统发生首次交易起算。首次交易日期可通过证券公司向中国结算查询。

（四）适当性管理的民事责任

根据《最高人民法院关于为设立科创板并试点注册制改革提供司法保障的若干意见》，投资者适当性管理义务的制度设计，是为了防止投资者购买与自身风险承受能力不相匹配的金融产品而遭受损失。科技创新企业盈利能力具有不确定性、退市条件更为严格等特点，决定了科创板本身有一定风险。对于证券公司是否充分履行投资者适当管理义务的司法审查标准，核心是证券公司在为投资者提供科创板股票经纪服务前，须按照一般人能够理解的客观标准和投资者能够理解的主观标准向投资者履行了告知说明义务。对于因未履行投资者适当性审查、信息披露及风险揭示义务给投资者造成的损失，人民法院应当判令证券公司承担赔偿责任。

二、投资者教育及风险揭示

加强投资者教育是设立科创板的重要保障，上交所发布的《关于科创板投资者教育与适当性管理相关事项的通知》明确了证券公司落实投资者教育工作的义务，对证券公司有关科创板投资者教育工作作出了详细的规定和指引，主要有以下几个方面的内容：

（一）投资者教育

证券公司应制定科创板投资者教育工作制度，统筹组织分公司、证券营业部等分支机构开展投资者教育工作，并根据投资者的不同特点和需求，对科创板投资者教育工作的形式和内容作出具体安排。

（二）风险揭示

证券公司应根据《上海证券交易所科创板股票交易风险揭示书必备条款》，制定《科创板股票交易风险揭示书》（以下简称《风险揭示书》），提醒投资者关注投资风险。证券公司为投资者开通科创板股票交易权限前，应当要求投资者签署《风险揭示书》。

《风险揭示书》应当至少包括下列内容：

（1）科创板企业所处行业和业务往往具有研发投入规模大、盈利周期长、技术迭代快、风险高以及严重依赖核心项目、核心技术人员、少数供应商等特点，企业上市后的持续创新能力、主营业务发展的可持续性、公司收入及盈利水平等仍具有较大不确定性。

（2）科创板企业可能存在首次公开发行前最近 3 个会计年度未能连续盈利、公开发行并上市时尚未盈利、有累计未弥补亏损等情形，可能存在上市后仍无法盈利、持续亏损、无法进行利润分配等情形。

（3）科创板新股发行价格、规模、节奏等坚持市场化导向，询价、定价、配售等环节由机构投资者主导。科创板新股发行全部采用询价定价方式，询价对象限定在证券公司等七类专业机构投资者，而个人投资者无法直接参与发行定价。同时，因科创板企业普遍具有技术新、前景不确定、业绩波动大、风险高等特征，市场可比公司较少，传统估值方法可能不适用，发行定价难度较大，科创板股票上市后可能存在股价波动的风险。

（4）初步询价结束后，科创板发行人预计发行后总市值不满足其在招股说明书中明确选择的市值与财务指标上市标准的，将按规定中止发行。

（5）科创板股票网上发行比例、网下向网上回拨比例、申购单位、投资风险特别公告发布等与目前上交所主板股票发行规则存在差异，投资者应当在申购环节充分知悉并关注相关规则。

（6）首次公开发行股票时，发行人和主承销商可以采用超额配售选择权，不受首次公开发行股票数量条件的限制，即存在超额配售选择权实施结束后，发行人增发股票的可能性。

（7）科创板退市制度较主板更为严格，退市时间更短，退市速度更快；退市情形更多，新增市值低于规定标准、上市公司信息披露或者规范运作存在重大缺陷导致退市的情形；执行标准更严，明显丧失持续经营能力，仅依赖与主业无关的贸易或者不具备商业实质的关联交易维持收入的上市公司可能会被退市。

（8）科创板制度允许上市公司设置表决权差异安排。上市公司可能根据此项安排，存在控制权相对集中，以及因每一特别表决权股份拥有的表决权数量大于每一普通股份拥有的表决权数量等情形，而使普通投资者的表决权利及对公司日常经营等事务的影响力受到限制。

（9）出现《上海证券交易所科创板股票上市规则》以及上市公司章程规定的情形时，特别表决权股份将按 1∶1 的比例转换为普通股份。股份转换自相关情形发生时即生效，并可能与相关股份转换登记时点存在差异。投资者需及时关注上市公司相关公告，以了解特别表决权股份变动事宜。

（10）相对于主板上市公司，科创板上市公司的股权激励制度更为灵活，包括股权激励计划所涉及的股票比例上限和对象有所扩大、价格条款更为灵活、实施方式更为便利。实施该等股权激励制度安排可能导致公司实际上市交易的股票数量超过首次公开发行时的数量。

（11）科创板股票竞价交易设置较宽的涨跌幅限制，首次公开发行上市的股票，上市后的前 5 个交易日不设涨跌幅限制，其后涨跌幅限制为 20%，投资者应当关注可能产生的股价波动的风险。

（12）科创板在条件成熟时将引入做市商机制，请投资者及时关注相关事项。

（13）投资者需关注科创板股票交易的单笔申报数量、最小价格变动单位、有效申报价格范围等与上交所主板市场股票交易存在差异，避免产生无效申报。

（14）投资者需关注科创板股票交易方式包括竞价交易、盘后固定价格交易及大宗交易，不同交易方式的交易时间、申报要求、成交原则等存在差异。科创板股票大宗交易，不适用上交所主板市场股票大宗交易中固定价格申报的相关规定。

（15）科创板股票上市首日即可作为融资融券标的，与上交所主板市场存在差异，投资者应注意相关风险。

（16）科创板股票交易盘中临时停牌情形和严重异常波动股票核查制度与上交所主板市场规定不同，投资者应当关注与此相关的风险。

（17）符合相关规定的红筹企业可以在科创板上市。红筹企业在境外注册，可能采用协议控制架构，在信息披露、分红派息等方面可能与境内上市公司存在差异。红筹公司注册地、境外上市地等地法律法规对当地投资者提供的保护，可能与境内法律为境内投资者提供的保护存在差异。

（18）红筹企业可以发行股票或存托凭证在科创板上市。存托凭证由存托人签发、以境外证券为基础在中国境内发行，代表境外基础证券权益。红筹公司存托凭证持有人实际享有的权益与境外基础证券持有人的权益虽然基本相当，但并不能等同于直接持有境外基础证券。投资者应当充分知悉存托协议和相关规则的具体内容，了解并接受在交易和持有红筹公司股票或存托凭证过程中可能存在的风险。

（19）科创板股票相关法律、行政法规、部门规章、规范性文件（以下简称法律法规）和交易所业务规则，可能根据市场情况进行修改，或者制定新的法律法规和业务规则，投资者应当及时予以关注和了解。

《风险揭示书》应当以醒目的文字载明：

"本《风险揭示书》的揭示事项仅为列举性质，未能详尽列明科创板股票交易的所有风险，投资者在参与交易前，应当认真阅读有关法律法规和交易所业务规则等相关规定，对其他可能存在的风险因素也应当有所了解和掌握，并确信自己已做好足够的风险评估与财务安排，避免因参与科创板股票交易遭受难以承受的损失。

"投资者在本《风险揭示书》上签字，即表明投资者已经理解并愿意自行承担参与科创板股票交易的风险和损失……"

（三）提供投资者教育资料

证券公司应当按照上交所要求，及时向投资者转发或推送上交所提供的有关科创板投资者教育的相关资料。

（四）投资者教育渠道和基地

证券公司应通过官方网站、手机 APP、微信公众号等互联网平台，实体及互联网投资者教育基地，营业场所的投资者园地、公告栏，交易系统客户端及客服中心电话或短信等交易服务渠道，向投资者全面客观介绍参与科创板股票交易的法律法规、业务规则和主要交易风险，提示其关注科创板上市公司披露的信息、科创板股票在退市制度安排和涨跌幅限制等交易制度上与主板市场存在的差异事项，审慎参与科创板股票交易。

（五）科创板培训师资力量

证券公司应当在总部配备科创板业务培训讲师。培训讲师在参加上交所组织的培训后，承担培训公司内部工作人员的职责，面向公司总部及分支机构工作人员开展业务培训。

（六）投诉渠道和处理流程

证券公司应当通过公司官方网站、手机 APP、营业场所的投资者园地、公告栏等多种渠道向投资者公示投诉渠道和处理流程，妥善处理纠纷，引导投资者依法维护自身权益。

（七）投诉记录与跟踪

证券公司应当完整记录投资者投诉受理、调查和处理的过程，并形成纸面或者电子档案。证券公司应当建立重大投诉或交易纠纷的报告和后续处理的持续跟踪机制。

三、责令购回制度

责令购回制度是针对欺诈发行行为专门设定的一种可以为投资者提供直接经济赔偿的行政监管手段，不仅能减轻投资者举证责任负担，节省巨额的诉讼费用，还可以大幅缩短获得赔偿的时间。

根据证监会发布的《公开发行证券的公司信息披露内容与格式准则第 41 号——科创板公司招股说明书》，发行人应充分披露发行人、股东、实际控制人、发行人的董监高、核心技术人员以及保荐人及证券服务机构等作出的重要承诺，承诺事项即包括对欺诈发行上市的股份购回承诺。

根据证监会发布的《科创板首次公开发行股票注册管理办法（试行）》，发行人存在欺诈发行行为并已经发行上市的，可以依照有关规定责令上市公司及其控股股东、实际控制人在一定期间从投资者手中购回本次公开发行的股票。

2019 年 8 月 1 日，上交所科创板上市审核中心发布的《关于切实提高招股说明书（申报稿）质量和问询回复质量相关注意事项的通知》明确了上市公司被认定欺诈发行时，上市公司及其控股股东、实际控制人在确认后 5 个工作日内启动股份购回程序。

四、集体诉讼制度

证券集体诉讼是由权利受到损害的投资者以自己名义并代表与自己存在相同法律事实的人，向法院提起的诉讼。集体诉讼制度的核心在于"声明退出"机制，除非集体成员在一定的时间范围内，向法院明确表示自己不愿意被包括在集体诉讼中，否则集体诉讼的法律后果直接对该名成员产生法律拘束力，更加方便投资者维权。

我国现有证券诉讼制度下，假设一家上市公司进行欺诈发行或虚假陈述，导致投资者蒙受损失，这时，投资者可以通过法院登记加入诉讼，成为此案中的共同诉讼原告一分子。但问题在于，如果想要进行索赔的原告都需要去法院登记，就会有很多投资者由于各种原因不能去登记，不少投资者可能错过参加共同索赔的机会。

集体诉讼制度能够在最大限度惩罚违规违法的上市公司的基础上，最大限度保护投资者利益。美国是目前世界上集体诉讼应用最广泛的国家。其集体诉讼制是一项特殊法律安排，采用"默示加入"和"声明退出"机制，这样的机制能够创造出一个非常大的索赔集团，所有在股票受影响的时间段买入的股东均可成为原告，最后判决或和解协议也默认覆盖所有股东。诉讼一般由代表原告的律师事务所推动，原告不用掏钱，胜诉后律师才收钱。由于这种风险费一般都很高，律师即使事先不收费，但照样有充分的激励为原告方利益效劳。卷入美国证券集体诉讼的上市公司往往赔偿金额惊人，有的甚至倾家荡产。

一个比较广为人知的案件就是安然公司集体诉讼案件，其自1997 年以来的财务造假行为被 SEC 揭露，发现共虚报利润 6 亿美元并隐瞒 24 亿美元的到期债务，公司股价应声大跌 75% 并持续缩水，最终在 2001 年 12 月申请破产保护，导致机构股东、个人投资者与公司员工的利益受到重大损失。

2002 年 1 月，基于投资者保护原则，众多饱受损失的股东联合向联邦得克萨斯法庭发起集体诉讼，指控公司高管、审计服务机构、法律服务机构与金融服务机构等中介协助安然公司进行财务舞弊行为。作为处罚，安然公司被纽交所强制退市并剔除道·琼斯成分股，SEC 向其开出 5 亿美元的严厉罚单。公司 CEO 杰弗里·斯基林等 29 名高管人员以财务造假、证券欺诈等罪名被联邦法院处以判罚。

正是这项集体诉讼制度，让安然公司向投资者支付了 71.4 亿美元的和解金。花旗银行、摩根大通、美洲银行因财务欺诈被判分别向破产受害者支付 20 亿美元、22 亿美元和 6 900 万美元的赔偿款，会计师事务所安达信则因协助舞弊与妨碍司法罪名，就此退出审计行业。同时也促进了萨班斯-奥克斯利法案的正式颁布，以强化投资者利益保护。最后，根据集体诉讼制度的激励设计，帮助受损投资者发起诉讼的律师获得超 6 亿美元的律师费用，创下了美国历史上单笔最高的集体诉讼原告律师费纪录。

建立证券集体诉讼制度有助于提高投资者维权收益，降低维权成本。早在 2000 年左右，证监会就曾呼吁推动建立投资者集体诉讼制度。随着科创板的顺利推出，有中国特色的证券集体诉讼制度正呼之欲出。2019 年 5 月 15 日，证监会副主席阎庆民在"5·15 全国投资者保护宣传日"启动仪式上提出，要推动建立符合中国市场实际的集体诉讼制度，完善证券侵权民事赔偿诉讼制度，健全示范判决等机制，研究建立投资者专项赔偿基金。6 月 28 日，证监会发布的《证监会有关负责人就设立科创板并试点注册制有关问题答记者问》表示将推动建立证券集体诉讼制度。9 月 9 日至 10 日，在全面深化资本市场改革工作座谈会上，证监会明确提出，要加强投资者保护，推动建立具有中国特色的证券集体诉讼制度。

第三节 科创板投资者注意事项

一、差异化交易规则

科创板企业业务模式较新、业绩波动可能性较大、不确定性较高，为防止市场过度投机炒作、保障流动性，科创板股票交易设置了差异化的制度安排，诸如适当放宽涨跌幅限制、调整单笔申报数量、上市首日开放融资融券业务、引入盘后固定价格交易等。此外，科创板还对连续竞价阶段的限价订单设置了有效申报价格范围的要求，对科创板的市价订单申报要求填写买入保护限价或者卖出保护限价。对此，投资者应当予以关注。

（1）科创板股票交易的涨跌幅比例是如何规定的？

科创板股票竞价交易实行价格涨跌幅限制，涨跌幅比例为20%。首次公开发行上市的股票，在上市后的前5个交易日不设涨跌幅限制。科创板股票不实行当日回转交易，投资者当日买入的科创板股票在次一交易日才能卖出。投资者需关注可能产生的股价波动风险。

（2）科创板股票交易的单笔申报数量是如何规定的？

不同于主板市场，投资者通过限价申报买卖科创板股票，单笔申报数量应当不小于200股，且不超过10万股。投资者通过市价申报买卖的，单笔申报数量应当不小于200股，且不超过5万股。投资者参与盘后固定价格交易提交的收盘定价申报买卖的，单笔申报数量应当不小于 200 股，且不超过 100 万股。申报买入时，单笔申报数量超过 200 股的部分，可以以 1 股为单位递增，如 201 股、202 股等。申报卖出时，单笔申报数量超过 200 股的部分，可以以 1 股为单位递增。余额不足 200 股时，应当一次性申报卖出，如 199 股需一次性申报卖出。

（3）在连续竞价阶段，科创板投资者限价买卖申报的有效价格范围是怎样规定的？

投资者在科创板连续竞价阶段（9∶30 至 11∶30、13∶00 至 14∶57）提交的限价申报，应符合以下要求，否则交易所将作废单处理：① 买入价格不得高于买入基准价格的 102%；② 卖出价格不得低于卖出基准价格的 98%。

这里提到的"买入基准价格"，是指即时揭示的最低卖出申报价格；如无即时揭示的最低卖出申报价格，则是即时揭示的最高买入申报价格；如无即时揭示的最高买入申报价格，则是最新成交价；如当日无成交的，则是前收盘价。

例如，投资者小王想买入科创板股票 A，如果此时无即时揭示的最低卖出申报价格，也无即时揭示的最高买入申报价格，而股票 A 的最新成交价为 100.00 元 / 股，那么，小王的买入申报就不得高于 100.00 元 ×102%=102.00 元 / 股。

"卖出基准价格"是指即时揭示的最高买入申报价格；如无即时揭示的最高买入申报价格，则是即时揭示的最低卖出申报价格；如无即时揭示的最低卖出申报价格，则是最新成交价；如当日无成交的，则是前收盘价。

例如，投资者小王打算卖出所持有的科创板股票 A，如果此时无即时揭示的最高买入申报价格，仅有即时揭示的最低卖出申报价格，为 100.00 元 / 股，那么，小王的卖出申报价格就不得低于 100.00×98%=98.00 元 / 股。

在开市期间临时停牌阶段的限价买卖申报，不适用上述规定。

（4）在连续竞价阶段，科创板投资者通过市价申报买卖科创板股票，如何设置保护限价？

科创板实行市价申报设置保护限价机制，投资者在连续竞价阶段提交的市价申报，申报内容应当包含自己可接受的最高买价或最低卖价。保护限价由投资者在进行每一笔市价委托时自行在交易客户端界面输入，为买入市价订单成交价格设置上限，为卖出市价订单成交价格设置下限，投资者输入的保护限价会直接影响订单是否申报成功。

（5）投资者如何参与盘后固定价格交易？

盘后固定价格交易是指：在收盘集合竞价后，上交所交易系统按照时间优先顺序对收盘定价申报进行撮合，并以当日收盘价成交的交易方式。

盘后固定价格交易时间是每个交易日的 15：05 至 15：30，当日 15：00 仍处于停牌状态的股票不进行盘后固定价格交易。上交所接受交易参与人收盘定价申报的时间为每个交易日 9：30 至 11：30、13：00 至 15：30。接受申报的时间内，未成交的申报可以撤销。撤销指令经上交所交易主机确认方为有效。提醒投资者注意的是，开市期间停牌的科创板股票，停牌期间可以继续申报。停牌当日复牌的，已接受的申报参加当日该股票复牌后的盘后固定价格交易。当日 15 : 00 仍处于停牌状态的，交易所交易主机后续不再接受收盘定价申报，当日已接受的收盘定价申报无效。盘后固定价格交易的申报方式为限价申报，申报数量范围为 200 股～ 100 万股。

（6）关于科创板股票作为融资融券标的，有何特殊规定？

与主板市场不同，科创板股票自上市首日起可作为融资融券标的，提醒投资者应注意相关风险。证券公司可以按规定借入科创板股票，具体事宜由上交所另行规定。

二、科创板新股申购

（1）投资者参与科创板股票网上申购时，需满足哪些方面的条件？

投资者参与科创板网上申购需满足以下两方面条件：① 符合科创板投资者适当性条件，且已开通科创板股票交易权限；② 符合关于持有市值的要求，即持有上海市场非限售 A 股股份和非限售存托凭证总市值在 1 万元以上（含 1 万元）。

（2）个人投资者参与科创板股票网上申购时，如何计算所持有的市值？

关于投资者持有市值的计算，按照《上海市场首次公开发行股票网上发行实施细则（2018 年修订）》，以投资者为单位，按其 T-2 日（T 日为发行公告确定的网上申购日，下同）前 20 个交易日（含 T-2 日）的日均持有市值计算；投资者持有多个证券账户的，多个证券账户的市值合并计算。不合格、休眠、注销证券账户不计算市值。

（3）如何根据持有市值计算网上投资者的可申购额度？

根据《上海证券交易所科创板股票发行与承销实施办法》，网上投资者根据其持有的市值确定网上可申购额度，每 5 000元市值可申购一个申购单位，不足 5 000 元的部分不计入申购额度。同时，每一个新股申购单位为 500 股，申购数量应当为500 股或其整数倍，但最高申购数量不得超过当次网上初始发行数量的千分之一，且不得超过 9 999.95 万股，如超过则该笔申购无效。

（4）投资者是否可以通过多个证券账户参与科创板股票网上申购？

在申购时间内，网上投资者按照委托买入股票的方式，以发行价格填写委托单进行申购。一经申报，不得撤单。同时，投资者只能使用一个证券账户参与网上公开发行股票的申购。如果同一投资者使用了多个证券账户参与同一只科创板新股的申购，或者投资者使用同一证券账户多次参与了同一只科创板新股申购，那么，以该投资者的第一笔申购为有效申购，其余申购均为无效申购。

（5）哪些投资者可以参与科创板股票网下申购？

参与科创板股票网下申购的投资者为参与网下询价并提供有效报价的网下投资者，也就是参与首次公开发行股票询价定价的证券公司、基金管理公司、信托公司、财务公司、保险公司、合格境外机构投资者和私募基金管理人等专业机构投资者。

三、科创板信息披露内容的查询

（1）投资者如何查询科创板上市公司信息披露文件？

与主板一样，科创板上市公司应当通过上交所上市公司信息披露电子化系统登记公告；相关信息披露义务人应当通过上市公司或者上交所指定的信息披露平台办理公告登记。同时，上市公司和相关信息披露义务人应当在上交所网站和证监会指定媒体上披露信息披露文件，并保证披露的信息与登记的公告内容一致。未能按照登记内容披露的，应当立即向上交所报告并及时更正。投资者可以及时查阅。

（2）投资者阅读科创板发行人预先披露的招股说明书等文件时需注意哪些方面？

首先，发行人预先披露的招股说明书等文件不是发行人发行股票的正式文件，投资者应当以正式公告的招股说明书全文作为作出投资决策的依据。其次，投资者需了解，此时发行人的发行上市申请尚需经上交所和证监会履行相应程序，故预先披露的招股说明书不具有据以发行股票的法律效力，仅供预先披露之用。

（3）科创板上市公司筹划重大事项持续时间较长时，投资者的知情权如何得到保障？

上市公司筹划重大事项持续时间较长的，应当按照重大性原则，分阶段披露进展情况，及时提示相关风险，不得仅以相关事项结果尚不确定为由不予披露。投资者应当及时关注上市公司披露的信息，作出合理投资决策。

（4）关于科创板上市公司财务指标异常的情况，投资者是否可以从保荐机构出具的报告中了解相关信息？

首次公开发行股票并在科创板上市的，保荐机构的持续督导期间为股票上市当年剩余时间以及其后3个完整会计年度。在持续督导期间，保荐机构应当在持续督导跟踪报告显著位置就上市公司是否存在重大风险发表结论性意见。投资者可以从保荐机构出具的报告中了解相关信息。

参考文献

［1］KROEBER A.. Developmental dreams: Policy and reality in China's economic reforms ［M］//KENNEDY S (Ed.). Beyond the Middle Kingdom: Comparative perspectives on China's capitalist transformation. Stanford: Stanford University Press, 2011: 44-65.

［2］MANSO, GUSTAVO. Motivating Innovation ［J］. The Journal of Finance, 2011, 66(5): 1823-1860.

［3］埃肯格林. 全球失衡与布雷顿森林体系的教训 ［M］. 张群群，译. 大连：东北财经大学出版社，2013.

［4］希普. 全球金融中的中国 ［M］. 上海：上海人民出版社，2017.

［5］田轩. 资本市场的创新逻辑 ［M］. 北京：北京大学出版社，2018.

［6］赵广君. 上市科创板 ［M］. 上海：上海科学技术出版社，2019.

［7］国泰君安证券股份有限公司. 科创板与注册制 ［M］. 上海：上海财经大学出版社，2019.

［8］申万宏源证券股份有限公司. 科创板投资一本通 ［M］. 上海：上海人民出版社，2019.

［9］邢会强. 科创板政策解读与法律规范集成 ［M］. 北京：中国法制出版社，2019.

［10］深圳证券交易所创业企业培训中心．中小企业板、创业板股票发行上市问答［M］．2版．北京：中国财政经济出版社，2017.

［11］沈春晖．一本书看透IPO：A股IPO全流程深度剖析［M］．北京：机械工业出版社，2018.

［12］谷志威．公司IPO上市操作指引（修订）［M］．北京：法律出版社，2015.

［13］卢圣宏．纳斯达克指南［M］．上海：上海财经大学出版社，2000.

［14］张晓斐．全球主要资本市场IPO新股发行上市审核研究及对科创板的启示［R］．上海证券交易所研究报告，2019.

［15］陈洁．科创板注册制的实施机制与风险防范［J］．法学，2019（01）.

［16］安青松．创新推动科创板和注册制试点［J］．中国金融，2018（24）.

［17］陈峥嵘．习近平总书记关于资本市场建设的重要论述研究［J］．证券市场导报，2019（04）.

［18］夏东霞，范晓．科创板注册制背景下对中介机构"看门人"角色的再思考［J］．财经法学，2019（03）.

［19］田轩．发展科创板和注册制促进资本市场创新改革［J］．清华金融评论，2019（6）.

［20］梁昱，刘碧波．激活新三板，为科创板保驾护航［J］．清华金融评论，2019（6）.

［21］李正全．科创板实践与资本市场改革［J］．清华金融评论，2019（6）.

［22］廖士光，缪斯斯，张晓斐，等．纽交所和纳斯达克上市制度变迁及启示［J］．证券市场导报，2018（1）.

［23］陈子曦．从纳斯达克看新三板再分层改革［J］．银行家，2018（3）.

［24］任泽平，翟盛杰，曹志楠．科创板＋注册制会成为中国版纳斯达克吗？［J］．卓越理财，2018（11）.

［25］ 朱嘉诚.科创板视野下我国差异化信息披露制度构建的进与退［J］.财经法学，2019，27（03）.

［26］ 汤亚平.中美创业板的相同与差异［J］.股市动态分析，2017（2）.

［27］ 高菲.争议中的双层股权结构：国际经验及对中国启示［J］.理论月刊，2018（8）.

［28］ 马立行.美国双层股权结构的经验及其对我国的启示［J］.世界经济研究，2013（4）.

附录　科创板受理企业全景扫描

一、科创板申报情况梳理

　　截至 2019 年 9 月 30 日，已有 160 家科创板受理企业，最近一个受理日期为 9 月 30 日；从 3 月 22 日公布第一批受理名单以来，目前整体受理节奏已经明显放缓；从受理批次数据来看，前 20 个批次平均每批受理 4.6 家，后 20 个批次平均每批受理家数仅 1.95 家（见附图 1）。

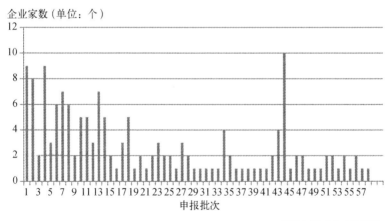

资料来源：Wind 数据库。

附图 1　科创板申报批次情况

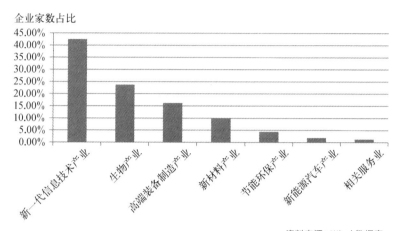

资料来源：Wind 数据库。

附图 2　科创板主题分布情况

　　从行业分类来看，新一代信息技术与生物医药两大领域占比约
2/3。新一代信息技术领域中，电子企业和软件企业占据多数；高
端装备制造产业位居第三，占比 16.78%；新材料产业位列第四，
其他几个行业内申报企业占比相对较小（见附图 2）。

　　多数申报企业呈现出小而美的特点，按照上市标准分类看，
83% 的企业选择了上市标准 1 进行申报，也就是预计市值不低于人
民币 10 亿元；8.13% 的企业选择了上市标准 4 进行申报，也就是
预计市值不低于人民币 30 亿元且最近一年营业收入不低于人民币 3
亿元；由于科创板也允许同股不同权以及红筹股上市，目前的申报
企业中，有 2 家企业选择了红筹股标准 2 上市，分别是华润微电子
和九号智能；1 家企业选择同股不同权上市，为优刻得（见附图 3）。

　　已受理企业审核进度快速推进。36 家企业已发行，5 家企业

企业家数占比

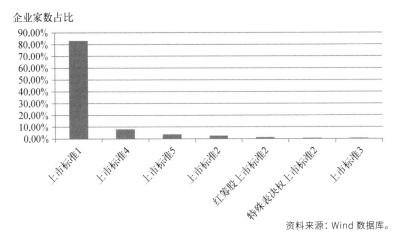

附图 3　科创板上市标准分布情况

企业家数（单位：个）

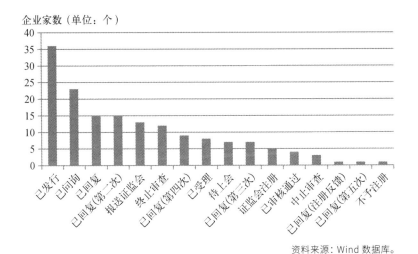

附图 4　科创板审核状态分布

通过证监会注册，13 家企业已报送证监会，超 50 家企业已回复问询，整体审核进度较为超预期（见附图 4）。

企业家数占比

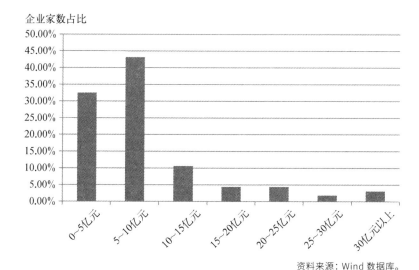

资料来源：Wind 数据库。

附图 5　科创板拟募集资金分布

从募资情况来看，大多数企业募资规模偏小；超 70% 的企业募集资金规模不足 10 亿元，其中 32.5% 的企业拟募资规模在 5 亿元以内，43.13% 的企业募资规模介于 5～10 亿元之间；其中募资额最大的当数中国通号，募资额超百亿元，而排名第二的优刻得募资规模不到 50 亿元，差距较大（见附图 5）。

二、申报企业基本面情况一览

（一）总资产

从目前申报企业的总资产分布情况可知，多数高科技企业都属于轻资产运营；从资产来看，截至 2019 年 8 月 1 日，科创板

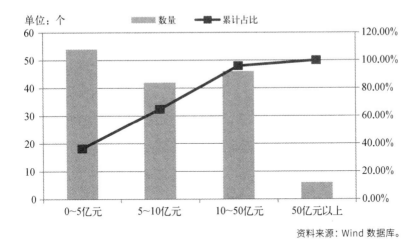

资料来源：Wind 数据库。

附图 6　科创板申报企业总资产分布情况

148 家企业 2018 年平均资产 20.27 亿元，超过 60% 的企业总资产规模在 10 亿元以下，其中大约有 54 家企业总资产规模在 5 亿元以下，占比 36%。其中，中国通号资产最大为 796.79 亿元，宝兰德资产最小为 1.91 亿元（见附图 6）。

（二）营业收入

从营收来看，科创板 148 家企业 2018 年平均营收 12.88 亿元。其中，中国通号营收最大为 400.13 亿元；泽璟制药营收最小，仅 100 万元左右。大约 60% 的企业营收规模在 5 亿元以下，32% 的企业营收规模在 3 亿元以下，收入过百亿元的仅 3 家企业，分别为传音控股、天合光能和中国通号（见附图 7、附表 2）。

营收增速方面，科创板 147 家企业 2018 年平均营收增速

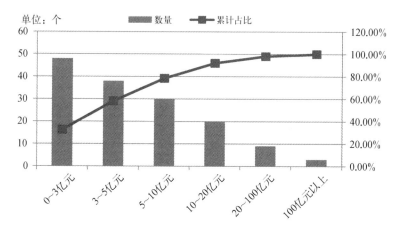

附图 7　科创板申报企业营收分布情况

为 55.14%，相对而言比较可观。其中，上海拓璞营收同比增速超 20 倍，主要源于其 2017 年营收数据的低基数，期间营收只有 996 万元；另有 8 家企业 2018 年营收增速为负，表现最差的为科创板第一股——华兴源创，2018 年营收同比增速为 -26.62%。大约 60% 的企业营收增速都在 40% 以下，但也说明大约有 40% 的企业增速在 40% 以上，这充分体现了科创板申报企业的高成长性（见附图 8、附表 2）。

（三）净利润

从归母净利润来看，科创板 149 家企业 2018 年平均净利润 1.14 亿元。其中，中国通号净利润最大为 34.09 亿元，共有 4 家企业利润为负，其中九号智能净利润亏损最大，为 -17.99 亿元。大约 70% 的企业净利润规模在 1 亿元以下，仅不到 3% 的企

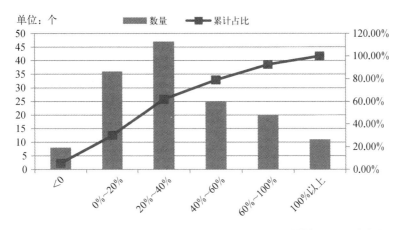

资料来源：Wind 数据库。

附图 8　科创板申报企业营收增速分布情况

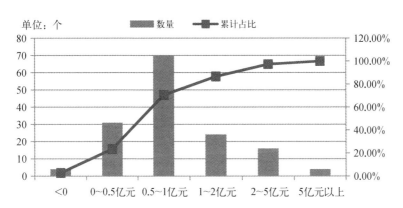

资料来源：Wind 数据库。

附图 9　科创板申报企业净利润分布情况

业净利润规模超过 5 亿元，这也反映出科创板申报企业或正处于发展初期，整体的盈利规模偏小（见附图 9、附表 2）。

从利润增速看，科创板 149 家企业 2018 年平均归母净利润

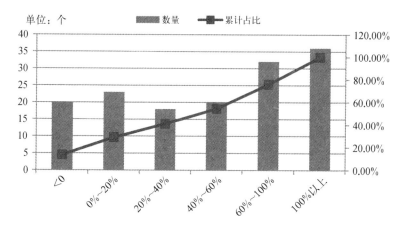

资料来源：Wind 数据库。

附图 10 科创板申报企业净利润增速分布情况

增速为 87.10%，充分体现出科创企业的高成长性，但是两极分化还是较为明显；20 家企业 2018 年净利润增速为负，其中百奥泰、九号智能以及泽璟制药的增速为超过 -100%；但是与此相对应的是，接近 60% 的申报企业净利润增速在 40% 以上，接近 25% 的企业增速在 100% 以上，其中安翰科技以 737% 的增速拔得头筹（见附图 10、附表 2）。

(四) 盈利质量

对于科创板申报企业的盈利质量分析，我们重点考察毛利率和净资产收益率（ROE）两个指标，前者反映企业的主营业务情况，后者反映股东权益的收益水平。

毛利率方面，依据可统计数据的 148 家申报企业，平均毛利率维持在 50.3% 的高水平。从毛利率水平分布来看，大约 60%

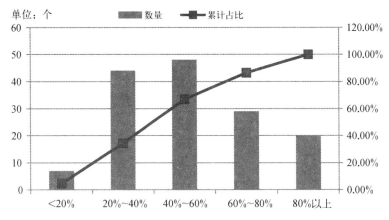

资料来源：Wind 数据库。

附图 11 科创板申报企业毛利率分布情况

的企业毛利率都在 40% 以上；从整体来看，申报企业的产品盈利水平较为理想；毛利率排名倒数的两家企业——和舰芯片、木瓜移动均已取消 IPO，其中和舰芯片毛利率为负值；近 14% 的企业毛利率在 80% 以上，排名前三的是微芯生物、宝兰德和虹软科技（见附图 11、附表 2）。

ROE 方面，依据可统计数据的 145 家申报企业，平均水平保持在 18.62%，相对高于 A 股以及创业板同行水平；多数企业的 ROE 居于 10% ~ 30% 的区间，大约 25% 的企业 ROE 超过 30%，最高的达 186%，为视联动力（见附图 12、附表 2）。

（五）研发投入

科创板既然定位于服务创新行业中的领先企业，而保持技术领

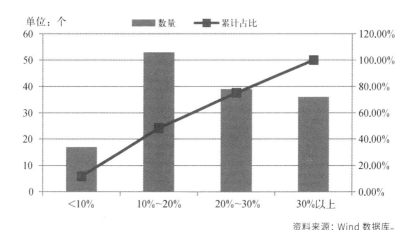

资料来源：Wind 数据库。

附图 12　科创板申报企业 ROE 分布情况

先水平的最关键因素之一往往取决于企业的研发实力。考察科创板申报企业的研发投入，发现相比 A 股其他板块，科创板近 3 年研发投入合计占营业收入的比值明显更高。

考察研发投入的绝对额，可以发现绝大多数申报企业的研发投入在 0.5 亿元以下，超过 1 亿元的企业数量仅 30 家，平均值为 0.89 亿元（见附图 13）。但是这也跟企业的发展阶段高度相关，这些企业大都处于发展初期，业务规模较小。

从研发投入占营收比例来看，申报企业的研发投入情况比较亮眼，剔除异常值后，147 家可供数据统计的企业研发投入比例平均为 11%，远高于 A 股同行；从分布区间看，多数企业研发投入占营收比例在 5%～10% 之间，超 30% 的企业研发投入比例超 15%（见附图 14）。

单位：个

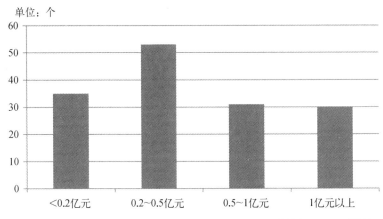

资料来源：Wind 数据库。

附图 13　科创板申报企业研发投入分布情况

单位：个

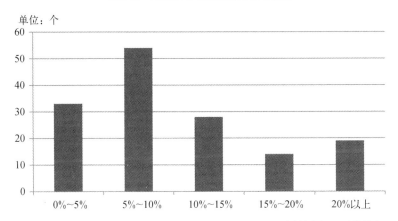

资料来源：Wind 数据库。

附图 14　科创板申报企业研发投入比例情况

研发人员数量方面，依据可统计数据的 141 家申报企业，平均每家企业的研发人员数量达 253 人，一半企业的研发人员数量都超过 150 人；从研发人员数量占全体员工的比例来看，多数企

单位：个

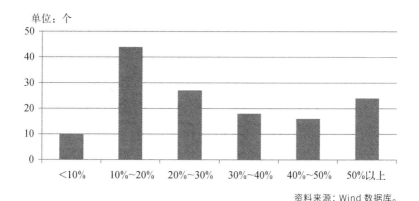

资料来源：Wind 数据库。

附图 15　科创板申报企业研发人员比例情况

业都处于 30% 以下，其中 10%～20% 区间占比最大；研发人员
所占比例超 50% 的企业数量达 24 家，占比 17%；占比最高的为
主营信息安全产业的连山科技，比例为 84%（见附图 15）。

三、已上市科创板企业情况分析

2019 年 7 月 22 日，科创板首批 25 家企业在上交所挂牌上
市交易。证监会和首批上市企业代表所在省市相关领导共同见证签
约。科创板首批企业挂牌上市交易，标志着设立科创板并试点注册
制这一重大改革任务正式落地。8 月 8 日，科创板又迎来 2 家新企
业上市，分别为晶晨股份和柏楚电子，至此，科创板已上市企业达
27 家。

科创板已上市企业展现出较好的盈利能力和成长性。已上市企

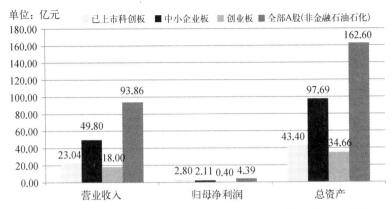

资料来源：Wind 数据库。

附图 16 科创板已上市企业与其他主板企业基本面对比情况

业均为盈利企业，2018 年营业收入均值为 23.04 亿元，归母净利润均值为 2.80 亿元。而 2018 年全 A（剔除金融石油石化）、中小板、创业板全部已上市企业营业收入均值分别为 93.86 亿元、49.80 亿元、18.00 亿元，归母净利润均值分别为 4.39 亿元、2.11 亿元、0.40 亿元（见附图 16）。

科创板已上市企业营收规模较小，但利润水平高于中小板和创业板，从营业收入、归母净利润同比增速的角度来看，这些企业也明显优于主板、中小板和创业板，且 25.98% 的资本回报率和 11.48% 的研发投入占比也远超目前场内其他板块（见附图 17）。

已上市 27 家科创板企业 IPO 募资 403 亿元，超募规模超 60 亿元，市场化定价下超募是一种正常现象。已上市企业平均

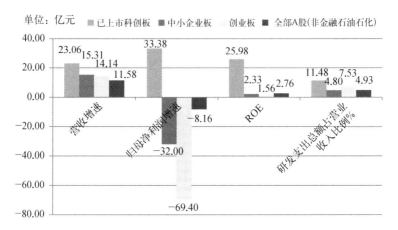

资料来源：Wind 数据库。

附图 17　科创板已上市企业与其他主板企业成长性对比情况

发行市盈率为 53.47 倍，显著高于行业平均市盈率的 33.68 倍。已上市企业的发行 PE 区间从 18.80 到 170.75 倍不等，平均为 53.40 倍，最低为中国通号的 18.8 倍，最高中微公司为 170.75 倍。27 家企业中仅中国通号、天宜上佳、航天宏图三家企业的发行 PE 低于行业 PE。我们认为，科创板企业因其所处发展阶段和业务模式的特点，发展潜力较大，较高的发行 PE 具有一定的合理性，投资者更应该结合成长性去看待发行 PE 较高这一现象。

科创板网下中签率远高于其他板块。已上市的 27 家企业网下中签情况中，A 类平均中签率（0.34%）>B 类平均中签率（0.32%）>C 类平均中签率（0.29%）。A 类科创板中签率较目前场内所有板块平均中签率提升了 8 倍左右，而 C 类更是提升了近 20 倍。较以往 A 类中签率与 C 类中签率 4 倍左右的差距而言，科创板网下 A 类与 C 类中签率差距并不明显，且 C 类不用摇号锁定，目前来看性价比较高（见附表 1）。

附表 1　A 股各板块网下打新中签率对比情况

板　块	2019 年 A 类中签率	2019 年 B 类中签率	2019 年 C 类中签率
主　板	0.05%	0.05%	0.02%
中小板	0.06%	0.06%	0.02%
创业板	0.03%	0.03%	0.01%
科创板	0.34%	0.32%	0.29%

资料来源：Wind 数据库。

网上发行方面，科创板已上市企业的中签率大约为 0.06%，与过去一年 A 股的平均中签率接近，并无任何明显优势，仅中国通号的中签率为 0.23%，远高于其他已上市科创板企业的网上打新中签率。

附表 2 科创板已申报企业一览

科创主题	证券简称	营业收入/亿元	营收增速/%	归母净利润/亿元	归母净利润增速/%	ROE（加权）/%	销售毛利率/%	研发支出/亿元	研发支出总额占营业收入比/%
高端装备制造产业	天准科技	5.08	59.24	0.94	83.16	26.30	49.17	0.80	15.66
高端装备制造产业	交控科技	11.63	32.16	0.66	47.96	17.91	26.93	0.77	6.66
高端装备制造产业	瀚川智能	4.36	78.81	0.70	118.21	47.39	35.61	0.20	4.50
高端装备制造产业	天宜上佳	5.58	10.01	2.63	18.56	24.29	75.11	0.32	5.78
高端装备制造产业	航天宏图	4.23	42.85	0.64	33.61	14.19	61.70	0.50	11.87
高端装备制造产业	道通科技	9.00	24.75	3.12	241.81	36.40	60.88	1.31	14.58
高端装备制造产业	创鑫激光	7.10	17.63	1.06	39.53	29.26	36.05	0.43	6.00
高端装备制造产业	迈得医疗	2.15	23.94	0.56	0.30	24.02	48.63	0.19	9.04
高端装备制造产业	利元亨	6.81	69.24	1.29	210.25	30.68	41.67	0.78	11.50
高端装备制造产业	江苏北人	4.13	64.50	0.48	42.19	17.90	24.87	0.13	3.07

（续表）

科创主题	证券简称	营业收入/亿元	营收增速/%	归母净利润/亿元	归母净利润增速/%	ROE（加权）/%	销售毛利率/%	研发支出/亿元	研发支出总额占营业收入比/%
高端装备制造产业	世纪空间	6.04	30.52	0.37	230.13	3.45	47.02	0.64	10.55
高端装备制造产业	鸿泉物联	2.48	−8.43	0.57	19.51	26.30	50.35	0.40	16.09
高端装备制造产业	博众精工	25.18	26.42	3.23	301.80	33.37	41.77	2.88	11.43
高端装备制造产业	石头科技	30.51	172.72	3.08	359.11	62.14	28.79	1.17	3.82
高端装备制造产业	国科环宇	1.87	48.13	0.13	236.33	16.93	38.79	0.10	5.19
高端装备制造产业	九号智能	42.48	208.32	−17.99	−186.84	—	28.66	1.23	2.90
高端装备制造产业	先临三维	4.01	10.41	0.09	−50.34	2.07	52.21	1.41	35.08
高端装备制造产业	瑞松科技	7.36	4.44	0.57	13.35	14.17	21.72	0.31	4.15
高端装备制造产业	秦川物联	2.03	25.80	0.44	341.95	19.95	44.42	0.18	8.64
高端装备制造产业	上海拓璞	2.28	2 190.35	−0.13	68.63	—	32.42	0.37	16.15

（续表）

科创主题	证券简称	营业收入/亿元	营收增速/%	归母净利润/亿元	归母净利润增速/%	ROE(加权)/%	销售毛利率/%	研发支出/亿元	研发支出总额占营业收入比/%
高端装备制造产业	埃夫特	13.14	68.01	0.06	119.66	0.42	12.80	0.78	5.91
高端装备制造产业	奥特维	5.86	3.53	0.51	83.02	15.52	34.07	0.57	9.77
高端装备制造产业	联赢激光	9.81	34.84	0.83	-5.68	11.34	33.48	0.51	5.21
高端装备制造产业	德马科技	7.22	19.31	0.58	41.35	23.27	27.75	0.33	4.60
高端装备制造产业	禾信仪器	1.35	31.49	0.25	21.97	19.19	70.41	0.30	22.16
节能环保产业	赛特新材	3.08	50.08	0.42	697.77	18.31	40.27	0.19	6.29
节能环保产业	金达莱	7.14	47.56	2.36	60.95	24.02	65.57	0.53	7.40
节能环保产业	万德斯	4.93	74.33	0.78	11.58	28.36	35.87	0.20	4.03
节能环保产业	奥福环保	2.48	26.59	0.47	-16.32	15.40	47.47	0.16	6.52
节能环保产业	天合光能	250.54	-4.22	5.42	-3.09	4.90	15.29	9.68	3.86

（续表）

科创主题	证券简称	营业收入/亿元	营收增速/%	归母净利润/亿元	归母净利润增速/%	ROE(加权)/%	销售毛利率/%	研发支出/亿元	研发支出总额占营业收入比/%
节能环保产业	德林海	2.08	74.98	0.80	162.87	63.99	57.29	0.11	5.26
节能环保产业	京源环保	2.53	52.51	0.54	84.42	22.15	41.77	0.10	3.79
生物产业	心脉医疗	2.31	39.96	0.91	43.01	50.15	78.81	0.48	20.71
生物产业	南微医学	9.22	43.93	1.93	90.45	36.17	63.77	0.49	5.33
生物产业	微芯生物	1.48	33.65	0.31	29.45	6.70	96.27	0.82	55.85
生物产业	洁特生物	2.07	24.21	0.53	30.92	24.77	44.19	0.09	4.16
生物产业	美迪西	3.24	30.57	0.59	46.79	18.85	36.13	0.17	5.10
生物产业	科前生物	7.35	16.19	3.89	21.43	50.22	84.42	0.48	6.48
生物产业	安翰科技	3.22	87.31	0.66	737.87	9.33	76.69	0.78	24.33
生物产业	特宝生物	4.48	38.75	0.16	209.62	3.26	87.52	0.43	9.67
生物产业	贝斯达(IPO终止)	4.71	13.49	1.08	4.64	9.67	46.81	0.45	9.50
生物产业	赛诺医疗	3.80	18.14	0.89	34.84	13.64	82.31	1.30	34.17
生物产业	海尔生物	8.42	35.45	1.14	88.70	11.89	50.75	0.90	10.74
生物产业	申联生物	2.75	-8.92	0.88	-11.25	14.04	80.17	0.21	7.74

（续表）

科创主题	证券简称	营业收入/亿元	营收增速/%	归母净利润/亿元	归母净利润增速/%	ROE(加权)/%	销售毛利率/%	研发支出/亿元	研发支出总额占营业收入比/%
生物产业	苑东生物	7.69	61.39	1.35	109.77	26.35	88.64	1.24	16.18
生物产业	热景生物	1.87	31.69	0.48	60.08	25.92	73.74	0.18	9.82
生物产业	博瑞医药	4.11	29.83	0.76	66.19	15.74	58.83	0.96	23.37
生物产业	华熙生物	12.63	54.41	4.24	90.70	24.40	79.92	1.04	8.25
生物产业	诺康达(IPO终止)	1.85	147.51	0.78	121.38	33.27	71.91	0.18	9.46
生物产业	佰仁医疗	1.11	19.82	0.50	18.13	31.38	91.05	0.13	11.65
生物产业	普门科技	3.23	28.94	0.81	43.81	12.92	59.57	0.67	20.61
生物产业	昊海生科	15.58	15.06	4.15	11.31	12.17	78.54	0.95	6.12
生物产业	浩欧博	2.01	37.68	0.40	88.04	34.59	70.63	0.24	11.99
生物产业	硕世生物	2.31	23.18	0.64	49.58	21.84	81.67	0.26	11.44
生物产业	卓越新能	10.18	16.57	1.34	106.26	22.36	15.68	0.48	4.69
生物产业	嘉必优	2.86	25.18	0.97	47.44	19.58	48.94	0.16	5.72
生物产业	祥生医疗	3.27	20.37	0.95	48.44	44.87	61.15	0.41	12.65
生物产业	东方基因	2.86	27.50	0.65	95.97	39.18	48.67	0.19	6.52
生物产业	赛伦生物	1.51	23.63	0.51	−49.19	18.59	85.40	0.13	8.37

(续表)

科创主题	证券简称	营业收入/亿元	营收增速/%	归母净利润/亿元	归母净利润增速/%	ROE(加权)/%	销售毛利率/%	研发支出/亿元	研发支出总额占营业收入比/%
生物产业	复旦张江	7.42	45.29	1.51	100.54	15.93	90.46	1.16	15.59
生物产业	泽璟制药	0.01	—	-4.40	-200.47	—	31.82	1.37	10 471.21
生物产业	吉贝尔	4.85	7.22	0.97	24.62	20.02	86.77	0.20	4.04
生物产业	三友医疗	2.22	58.83	0.62	101.18	19.63	88.55	0.13	5.99
生物产业	南新制药	7.01	101.58	0.54	97.15	25.79	85.58	0.42	5.93
生物产业	百奥泰	0.00	—	-5.53	-134.86	-774.82	—	5.42	—
生物产业	成都先导	1.51	184.10	0.45	294.80	36.41	82.66	0.62	40.92
相关服务业	泰坦科技	9.26	39.36	0.60	55.43	19.09	21.59	0.30	3.24
相关服务业	中国电器	25.98	33.74	2.07	84.91	18.98	29.72	1.99	7.67
新材料产业	方邦股份	2.75	21.42	1.17	21.67	31.08	71.67	0.22	7.88
新材料产业	沃尔德	2.62	12.33	0.66	14.03	20.53	51.82	0.17	6.35
新材料产业	西部超导	10.88	12.51	1.35	-4.95	7.11	36.77	0.91	8.32
新材料产业	铂力特	2.91	32.52	0.57	66.93	15.59	43.68	0.26	8.79
新材料产业	嘉元科技	11.53	103.68	1.76	107.10	28.68	27.21	0.38	3.32
新材料产业	联瑞新材	2.78	31.83	0.58	38.15	22.41	42.87	0.11	3.80
新材料产业	天奈科技	3.28	6.38	0.68	556.66	11.64	40.35	0.16	5.01

（续表）

科创主题	证券简称	营业收入/亿元	营收增速/%	归母净利润/亿元	归母净利润增速/%	ROE（加权）/%	销售毛利率/%	研发支出/亿元	研发支出额占营业收入比/%
新材料产业	广大特材	15.07	33.80	1.34	54.55	18.90	22.89	0.50	3.28
新材料产业	华特股份	8.18	3.90	0.68	40.34	12.86	32.91	0.22	2.64
新材料产业	久日新材	10.05	35.87	1.76	247.74	25.21	38.45	0.43	4.30
新材料产业	长阳科技	6.91	47.83	0.87	234.12	15.27	28.29	0.27	3.96
新材料产业	三达膜	5.90	0.68	1.81	-2.11	13.63	41.71	0.32	5.40
新材料产业	建龙微纳	3.78	54.70	0.47	562.03	47.21	34.89	0.12	3.28
新材料产业	硅产业	10.10	45.64	0.11	-94.99	—	21.99	0.84	8.29
新材料产业	金科环境	4.02	52.98	0.67	88.95	29.77	35.93	0.21	5.19
新材料产业	兴欣新材	3.02	24.29	0.61	60.35	33.11	37.16	0.10	3.23
新能源汽车产业	亿华通	3.68	83.12	0.24	-22.64	3.54	50.96	0.49	13.40
新一代信息技术产业	华兴源创	10.05	-26.63	2.43	16.03	30.83	55.38	1.39	13.78
新一代信息技术产业	睿创微纳	3.84	146.66	1.25	94.51	27.61	60.07	0.65	16.94
新一代信息技术产业	容百科技	30.41	61.88	2.13	583.92	8.51	16.62	1.20	3.94

(续表)

科创主题	证券简称	营业收入/亿元	营收增速/%	归母净利润/亿元	归母净利润增速/%	ROE(加权)/%	销售毛利率/%	研发支出/亿元	研发支出总额占营业收入比/%
新一代信息技术产业	杭可科技	11.09	43.88	2.86	58.50	36.56	46.66	0.57	5.18
新一代信息技术产业	光峰科技	13.86	72.01	1.77	67.91	41.25	43.48	1.36	9.79
新一代信息技术产业	澜起科技	17.58	43.19	7.37	112.41	37.11	70.54	2.77	15.74
新一代信息技术产业	中国通号	400.13	15.69	34.09	5.77	13.58	22.70	13.80	3.45
新一代信息技术产业	福光股份	5.52	-4.86	0.91	0.14	12.58	34.27	0.45	8.21
新一代信息技术产业	新光光电	2.08	14.48	0.73	80.80	17.97	48.59	0.12	5.88
新一代信息技术产业	中微公司	16.39	68.66	0.91	203.72	7.48	35.50	4.04	24.65
新一代信息技术产业	乐鑫科技	4.75	74.60	0.94	219.63	36.04	50.66	0.75	15.77
新一代信息技术产业	安集科技	2.48	6.64	0.45	13.14	13.87	51.10	0.54	21.64
新一代信息技术产业	虹软科技	4.58	32.42	1.58	82.49	22.85	94.29	1.49	32.42

（续表）

科创主题	证券简称	营业收入/亿元	营收增速/%	归母净利润/亿元	归母净利润增速/%	ROE（加权）/%	销售毛利率/%	研发支出/亿元	研发支出总额占营业收入比/%
新一代信息技术产业	晶晨股份	23.69	40.14	2.83	261.80	28.98	34.81	3.76	15.88
新一代信息技术产业	柏楚电子	2.45	16.58	1.39	6.24	54.23	81.17	0.28	11.47
新一代信息技术产业	宝兰德	1.22	41.19	0.51	49.13	35.13	94.98	0.22	17.97
新一代信息技术产业	凌志软件	4.67	22.01	0.91	17.38	16.52	40.97	0.43	9.15
新一代信息技术产业	金山办公	11.30	49.97	3.11	44.94	26.84	86.71	4.28	37.85
新一代信息技术产业	有方科技	5.57	11.66	0.43	-16.25	13.79	24.74	0.41	7.28
新一代信息技术产业	杰普特	6.66	5.20	0.93	6.49	24.30	34.20	0.53	8.01
新一代信息技术产业	和舰芯片（IPO终止）	36.94	9.95	0.30	-58.02	0.69	-35.46	3.86	10.45
新一代信息技术产业	国盾量子	2.65	-6.70	0.72	-2.45	8.35	74.33	0.96	36.35
新一代信息技术产业	木瓜移动（IPO终止）	43.28	89.89	0.83	35.11	24.01	4.38	0.31	0.71

（续表）

科创主题	证券简称	营业收入/亿元	营收增速/%	归母净利润/亿元	归母净利润增速/%	ROE（加权）/%	销售毛利率/%	研发支出/亿元	研发支出总额占营业收入比/%
新一代信息技术产业	当虹科技	2.04	46.46	0.64	57.07	18.19	61.74	0.37	17.99
新一代信息技术产业	中科星图	3.57	57.54	0.87	122.60	51.02	55.59	0.44	12.25
新一代信息技术产业	传音控股	226.46	12.98	6.57	-2.10	18.49	24.45	7.12	3.14
新一代信息技术产业	优刻得	11.87	41.39	0.80	4.54	5.50	39.48	1.60	13.51
新一代信息技术产业	聚辰股份	4.32	25.69	1.03	79.99	32.61	45.87	0.52	12.06
新一代信息技术产业	晶丰明源	7.67	10.40	0.81	6.85	34.52	23.21	0.61	7.93
新一代信息技术产业	紫晶存储	4.02	28.34	1.05	95.63	21.54	49.07	0.28	6.98
新一代信息技术产业	恒安嘉新	4.88	23.46	0.18	130.89	5.50	54.14	1.28	20.41
新一代信息技术产业	龙软科技	1.25	16.97	0.31	44.19	21.30	53.07	0.12	9.23
新一代信息技术产业	威胜信息	10.39	4.38	1.77	18.77	14.25	32.68	0.74	7.13

（续表）

科创主题	证券简称	营业收入 / 亿元	营收增速 /%	归母净利润 / 亿元	归母净利润增速 /%	ROE（加权）/%	销售毛利率 /%	研发支出 / 亿元	研发支出总额占营业收入比 /%
新一代信息技术产业	安博通	1.95	29.58	0.62	70.75	26.93	65.88	0.27	13.59
新一代信息技术产业	视联动力	11.52	231.24	4.75	561.37	186.35	82.10	1.23	10.71
新一代信息技术产业	海天瑞声（IPO 终止）	1.93	61.80	0.67	96.61	50.63	64.77	0.27	14.19
新一代信息技术产业	安恒信息	6.40	48.80	0.85	54.11	17.78	70.82	1.52	23.73
新一代信息技术产业	山石网科	5.62	21.43	0.69	14.75	30.67	76.30	1.56	27.83
新一代信息技术产业	卓易科技	1.76	15.32	0.52	55.95	19.21	49.19	0.20	11.61
新一代信息技术产业	映翰通	2.76	20.59	0.47	44.11	20.05	46.43	0.28	10.24
新一代信息技术产业	神工股份	2.83	123.49	1.07	132.43	41.76	63.77	0.11	3.86
新一代信息技术产业	致远互联	5.78	23.81	0.73	63.41	25.53	77.88	0.77	13.29
新一代信息技术产业	博拉网络	3.07	70.77	0.44	9.64	16.15	33.36	0.14	4.51
新一代信息技术产业	白山科技	10.52	69.63	0.50	180.84	10.60	20.53	0.79	7.54

（续表）

科创主题	证券简称	营业收入/亿元	营收增速/%	归母净利润/亿元	归母净利润增速/%	ROE（加权）/%	销售毛利率/%	研发支出/亿元	研发支出总额占营业收入比/%
新一代信息技术产业	八亿时空	3.94	70.76	1.14	114.62	23.91	55.16	0.18	4.59
新一代信息技术产业	连山科技	1.42	25.06	0.56	75.65	41.23	69.48	0.30	21.52
新一代信息技术产业	罗克佳华	3.89	17.08	0.64	79.00	47.18	41.01	0.26	6.64
新一代信息技术产业	清溢光电	4.07	27.55	0.63	62.07	12.55	31.47	0.17	4.09
新一代信息技术产业	华夏天信	4.74	129.26	0.90	31.39	26.96	59.80	0.37	7.81
新一代信息技术产业	普元信息	3.40	7.22	0.48	13.41	18.31	60.84	0.46	13.63
新一代信息技术产业	光云科技	4.65	29.89	0.83	-6.17	14.72	60.11	0.83	17.90
新一代信息技术产业	光通天下	2.11	55.02	0.61	31.58	21.03	46.63	0.16	7.66
新一代信息技术产业	泽达易盛	2.02	63.34	0.53	60.08	20.53	46.99	0.17	8.44
新一代信息技术产业	开普云	2.28	45.54	0.62	70.83	39.14	59.62	0.24	10.35
新一代信息技术产业	新数网络	2.33	-12.62	0.29	-12.72	16.61	26.46	0.11	4.88

（续表）

科创主题	证券简称	营业收入/亿元	营收增速/%	归母净利润/亿元	归母净利润增速/%	ROE（加权）/%	销售毛利率/%	研发支出/亿元	研发支出总额占营业收入比/%
新一代信息技术产业	华润微电子	62.71	6.72	4.29	511.03	10.61	25.20	4.50	7.17
新一代信息技术产业	兴图新科	1.98	33.12	0.43	33.00	24.67	70.75	0.28	14.30
新一代信息技术产业	慧辰资讯	3.60	13.79	0.61	117.15	11.59	39.14	0.16	4.40
新一代信息技术产业	宏晟光电	3.17	26.11	0.65	34.71	22.73	40.31	0.34	10.60
新一代信息技术产业	佛朗斯	7.30	27.08	0.49	38.62	11.70	38.47	0.23	3.11
新一代信息技术产业	山大地纬	4.14	36.73	0.89	63.29	14.53	48.22	0.59	14.33
新一代信息技术产业	中联数据	6.51	72.92	0.36	31.09	39.03	19.78	0.26	4.04
新一代信息技术产业	财富趋势	1.95	15.36	1.43	20.68	18.31	87.24	0.30	15.62
新一代信息技术产业	芯源微	2.10	10.59	0.30	16.03	14.80	46.49	0.34	16.29

资料来源：Wind 数据库，东方证券财富管理业务总部。（截至 2019 年 8 月 1 日）

檢